OFFEN
Wirtschafts- unc

Grundfragen der Weltagrarentwicklung

Teil einer internationalen Entwicklungsstrategie

Problemstellung
Dokumentation
Materialien

Westdeutscher Verlag Opladen 1972

ISBN 978-3-531-11169-8 ISBN 978-3-322-85667-8 (eBook)
DOI 10.1007/978-3-322-85667-8

Gesamtherstellung: Druckerei Dr. Friedrich Middelhauve GmbH, Opladen
Umschlag: Hanswerner Klein, Opladen

Herausgegeben von der Wirtschaftspolitischen Gesellschaft von 1947, Frankfurt a. M.,
Gernot Gather — Ulrich von Pufendorf
Redaktion: Helga Boss-Stenner, Ulrich von Pufendorf, K. Friedrich Schade
Holzhausenstraße 15, Fernruf 55 31 60
Postscheckkonto Frankfurt a. M. 880 00

Inhalt

Zur Einführung

An den Ergebnissen der 1961 mit großen Hoffnungen von der UNO verkündeten ersten Entwicklungsdekade ist sehr viel Kritik laut geworden, und zwar sowohl auf seiten der Völker der Dritten Welt als auch der alten Industrienationen. Wie sehr diese Kritik jedoch von kontroversen Grundauffassungen und Zielvorstellungen zwischen den hilfeleistenden und hilfeempfangenden Ländern bestimmt wird, hat die Welthandelskonferenz der UNO (UNCTAD) vom Mai dieses Jahres in Santiago de Chile wieder deutlich gemacht. Uns scheint einer der Hauptgründe für die Unvereinbarkeit der Standpunkte mit darin zu liegen, daß die entwicklungspolitische Konzeption bisher viel zu einseitig auf ökonomisch-technologischen Faktoren aufgebaut war, während die soziostrukturellen, anthropologischen und kulturellen – kurz die gesellschaftspolitischen – Aspekte der Weltentwicklung und die Rückkopplungsprozesse weitgehend ausgeklammert wurden. In diesem Sinne wurde bisher „Entwicklungspolitik" allzu einseitig als Anpassung an die wissenschaftlich-technologische Entwicklung verstanden, die von den alten Industrieländern vorgezeichnet war. Der Verlauf der ersten Entwicklungsdekade hat diese Illusion radikal zerstört. Erst wenn sich die Einsicht durchsetzt, daß es hier um einen soziokulturellen Totalprozeß geht, der alle Völker zur Anpassung an einen globalen Kulturwandel zwingt, besteht Aussicht auf eine dem Frieden dienende, konstruktive internationale Kooperation. Der Weg dahin scheint aber auf beiden Seiten noch weit.

Dieser Band der OW soll vor allem der Aufgabe dienen, am Beispiel des Weltagrarproblems deutlich zu machen, daß auf Seiten der alten Welt ein radikales Umdenken im Blick auf die Interdependenz der Weltentwicklung notwendig ist, wenn diese aus gefährlichen Konflikten und Spannungen herauskommen soll. Es gilt aufzuzeigen, daß es auch innerhalb der Industrienationen einen ganzen Komplex von Widersprüchen struktureller, ökonomischer, sozio-kultureller und politischer Art gibt, der eine weltweite Entspannung und die Entwicklung tragfähiger Sozialstrukturen mindestens ebenso stark behindert wie Mängel auf Seiten der sozialistischen Länder und der Dritten Welt.

Es erscheint uns notwendig, sich in der jetzigen Weltsituation über die internationalen Auswirkungen dieser inneren Widersprüche Klarheit zu verschaffen, wenn wir einen produktiven Beitrag zu einer zukunftsfähigen Entwicklungsstrategie leisten wollen, der ja auch in unserem eigenen langfristigen Interesse liegt. Den Anstoß dazu sollten wir in drei Phänomenen der internationalen Entwicklung finden:

1. Dem aus einem schmerzhaften Lernprozeß entstandenen Wissen, daß das westliche Gesellschaftssystem und seine Technologie nicht ohne weiteres in andere soziale, kulturelle, demographische und ökologische Strukturen transplantierbar sind.
2. Der Tatsache, daß die Theorie unbegrenzten wirtschaftlichen Wachstums zumindest für die bereits fortgeschrittenen Länder fragwürdig geworden ist infolge der Notwendigkeit, Umweltbedingungen und „sozialen Nutzen“ zu berücksichtigen und die Begrenztheit der Ressourcen unserer Erde zu bedenken. Hieraus sind auch für die Dritte Welt und ihre anders gelagerten Probleme Schlußfolgerungen zu ziehen.
3. Dem Auftreten Chinas mit einem bereits erfolgreich praktizierten Entwicklungsmodell, in dem die produktive Nutzung eines bisher besonders auf dem Lande weitgehend brachliegenden riesigen Arbeitspotentials für den gesellschaftlichen Aufbau gelungen zu sein scheint. In diesem Modell ist „die Wirtschaft weder Selbstzweck noch maßgebendes Kriterium für den Erfolg einer Gesellschaftsordnung, sondern lediglich Handlangerin beim Bau einer neuen, gerechteren und von inneren Widersprüchen freieren Sozialstruktur“.

Diese drei Phänomene sind auch für die Beurteilung des Weltagrarproblems von besonderer Relevanz:

- Die Fehleinschätzung der Agrarfrage spielt eine wesentliche Rolle bei dem unbefriedigenden Verlauf der ersten Entwicklungsdekade.
- Gewiß steht in armen, ohnehin bereits an Mangel an Nahrung wie auch an Gütern jeder Art, vollends aber unter dem Gewicht der Bevölkerungsexplosion leidenden Ländern das quantitative Wachstumsprinzip (in der Entwicklungskritik auch „Tonnenideologie“ genannt) im Vordergrund; aber seine Verabsolutierung als Fetisch eines Endzieles hat überall in der Welt den Prozeß der Anpassung und Eingliederung der Landwirtschaft in die moderne Entwicklung theoretisch wie praktisch verhindert.
- In der chinesischen Gesellschaftskonzeption wird ein neuer Ansatz sichtbar: er besteht nicht nur in der Mobilisierung der physischen, sondern auch der sozialen Energien der breiten ländlichen Bevölkerungsschichten für den Aufbau einer neuen Gesellschaft und für die Schaffung neuer Formen im Zusammenspiel von Agrar- und Industrieentwicklung auch auf regionaler Ebene. In dieser Konzeption liegt die

stärkste Herausforderung in der geistigen Konkurrenz um eine globale, agrargerechte Entwicklungsstrategie, für die die westliche Welt bisher nicht gerüstet ist.

Unsere eigene Agrarmisere kann als charakteristisches Beispiel dafür genannt werden, wie ungelöste Gestaltungsprobleme unserer Gesellschaft den Blick für globale Zusammenhänge weitgehend verbauen und wie allzu unbedachte Rücksichtnahme auf vermeintliche kurzschlüssige Interessenlagen langfristige Lösungen verhindern. Seit beinahe hundert Jahren schieben wir das Problem der sozialökonomischen Eingliederung der Landwirtschaft in das moderne, arbeitsteilige Wirtschaftssystem vor uns her, indem wir nur punktuell an den Symptomen herumkurieren, ohne uns an den Kern der Aufgabe heranzuwagen: eine sich selbst tragende moderne Landwirtschaft zu entwickeln. Die Gesellschaft als Ganzes hätte bereit sein müssen, eine humane und sozialökonomische Bereinigung der Agrarstrukturfrage zu ermöglichen, anstatt den staatlichen Organen die Sorge für die Landwirtschaft anzulasten.

Das Versagen der Industriegesellschaften – insbesondere der großen Nationalstaaten – bei der Lösung der Agrarfrage hat zu einem Antagonismus in unserer gesamten Wirtschaftspolitik geführt: Industrie- und Agrarpolitik wurden – weit über das berechtigte Maß hinaus – als Bereiche grundsätzlich verschiedener Gesetzmäßigkeiten verstanden. Unter der Schutzglocke des Nationalstaates haben sich die Leitprinzipien beider Wirtschaftszweige gesellschaftspolitisch immer weiter voneinander entfernt. Obwohl inzwischen die weltweiten Folgen der protektionistischen Agrarpolitik der Industrieländer unerträglich geworden sind, zeigt auch die effektive Entwicklung in der EWG, wie schwer es ist, zu einer die Sünde alter Zeiten überwindenden Synthese von Industrie- und Agrarpolitik im Rahmen einer Gesamtwirtschaftspolitik zu gelangen. (Dies auch dann, wenn die Erkenntnis der Unerläßlichkeit neuer Konzeptionen auf dem Tisch liegt.) Dabei spielt die Barriere des nationalen „Provinzialismus“ eine wichtige Rolle. Weil sich viele bei uns immer noch dem Irrglauben hingeben, die technisch-wissenschaftlichen Fortschritte lösten alle Probleme „automatisch“ – und das drinnen wie draußen – dringt es nicht in unser vom technologischen Überlegenheitsgefühl geprägtes Bewußtsein, in welchem Maße sich das westliche Gesellschaftssystem durch diese nicht nur unaufgelösten, sondern immer weiter verschärfenden inneren Widersprüche in der ganzen Welt unglaubwürdig und zugleich auch integrationsunfähig macht.

In den letzten Jahren wurde in der Agrarpolitik der Europäischen Gemeinschaft, besonders aber auch in der Agrarpolitik der Bundesrepublik, eine grundlegende Umorientierung von der einseitigen Agrarressortpolitik auf eine gesamtgesellschaftlich und wirtschaftlich integrierte Agrarpolitik eingeleitet. Wenn die Fortschritte bisher unbefriedigend sind, so liegt das nicht nur an den bekannten kurzfristigen interessenpolitischen Gegentendenzen, sondern viel mehr darin begründet, daß unsere Gesamtwirtschafts- und -gesellschaftspolitik diese neuen Impulse nicht mit der nötigen Entschlossenheit aufgenommen und in politisches Handeln umgesetzt hat.

Aus diesem Grunde möchten wir die in diesem Bande vorgetragene Kritik an der Agrarpolitik primär als Kritik an unserer Gesellschaftspolitik verstanden wissen. In einer freiheitlich-demokratischen Ordnung tragen die gesellschaftlichen Kräfte insgesamt die Verantwortung dafür, wenn wirtschaftspolitische Maßnahmen und Verhaltensweisen zu Fehlentwicklungen und Unfreiheit in einem der Teilbereiche führen.

Um den komplexen Charakter des Agrarproblems in das öffentliche Bewußtsein zurückzurufen, wird im ersten Teil dieses Bandes versucht, die deutschen, europäischen und internationalen Agrarprobleme in ihrer Interdependenz und unter gesamtgesellschaftlichem Aspekt zu analysieren, ihre historischen Wurzeln aufzuzeigen sowie Postulate für die Zukunft aufzustellen. Die Studie von Otto Schiller wird an dieser Stelle erstmals veröffentlicht. Sie darf, wenige Tage vor seinem unerwarteten Tod im Mai 1970 verfaßt, als eine Zusammenfassung seiner globalen agrar- und gesamtwirtschaftspolitischen Konzeption angesehen werden. Auch der Beitrag von Hans Wilbrandt basiert auf der gleichen weltorientierten Betrachtungsweise des Agrarproblems. Beide Autoren haben seit vielen Jahren die agrarpolitische Konzeption der Wipog mitprägen helfen.

Hans Wilbrandt ist zugleich Mitverfasser des vom Wissenschaftlichen Beirat des BMZ der Öffentlichkeit vorgelegten umfassenden Gutachtens über Ernährungsprobleme der Dritten Welt wie des Berichts einer Expertengruppe, die auf Initiative des Atlantischen Instituts und dank großzügiger Hilfe der Fritz-Thyssen-Stiftung einen „Vorschlag zur Neugestaltung der gemeinsamen Agrarpolitik" unter dem Titel „Die Zukunft der europäischen Landwirtschaft" erarbeitet hat. Sowohl diese mit freundlicher Genehmigung des Atlantischen Instituts im Teil II abgedruckte Denkschrift wie auch die Leitsätze aus dem Ernährungsgutachten nehmen im Gesamtthema dieses Bandes eine Schlüsselstellung ein.

Die im zweiten – dokumentarischen – Teil veröffentlichten wissenschaftlichen Gutachten sollen außer den konkreten Blickpunkten auf – Zukunft der europäischen Landwirtschaft – Welternährungslage – und der Erörterung von Agrarentwicklungsalternativen in der Dritten Welt die Pole anvisieren, zwischen denen eine dem Frieden dienende Konzeption von weltweit gültigen Prinzipien der Agrarentwicklung und -politik der Zukunft erarbeitet werden müßte. Hier liegt ein großes, unbeackertes Feld vor uns, auf dem bisher nur wenige Pioniere und Experten tätig geworden sind. Der interdisziplinäre Anspruch, der hier an die wissenschaftliche Forschung und die Publizistik gestellt wird, ist bisher fast völlig unbefriedigt geblieben.

Der Teil III dieses Bandes enthält Materialien, die das Nachdenken und Forschen in den von uns umrissenen Feldern anregen sollen. Hier werden verschiedene Probleme und Aspekte angeleuchtet, die den Leser nicht nur je nach Interesse zu intensiverer Beschäftigung mit dem einen oder anderen Fragenkreis veranlassen, sondern ihn auch aus verschiedener Sicht immer wieder auf die Interdependenzen stoßen sollen. Hervorzuheben sind hier vor allem die „Denkanstöße", die Sicco Mansholt in seinem Brief an den ehemaligen Präsidenten der Europäischen Gemeinschaft, Malfatti, zur zukünftigen europäischen Wirtschaftspolitik und der Notwendigkeit ihrer Orientierung am „Bruttosozialnutzen" aufgezeigt hat. Besondere Aufmerksamkeit verdienen – im Blick auf die in der westlichen Welt weithin verlorengegangenen historischen Dimensionen – die Betrachtungen zu dem bedeutenden Werk von Barrington Moore über die „Sozialen Ursprünge von Demokratie und Diktatur"; er hat bisher als einziger die Rolle von Bauern und Grundbesitzern bei der Entstehung der modernen Gesellschaft eindrucksvoll und weltweit beschrieben. Das in der westlichen Welt nahezu völlig verlorengegangene Wissen um diese Zusammenhänge ist ein großes Handicap für das Verständnis der Agrarprobleme, die heute in der Dritten Welt neu auf uns zukommen. Hans-Jürgen Puhle, Historiker der jüngeren Generation, interpretiert die bisher weitgehend unbekannt gebliebenen Gedanken Moores aus neuerer Sicht.

Dieser neue Band der Offenen Welt soll dazu beitragen, sowohl den globalen wie den humanen und den soziokulturellen Aspekt der Agrarfrage stärker, als das bisher meist geschieht, in den ihr gebührenden Mittelpunkt interdisziplinärer wissenschaftlicher Forschung zu stellen und das Interesse der Öffentlichkeit an der Agrarfrage – einem Stiefkind unserer Gesellschaft – neu zu beleben.

Die Redaktion

A. Problemstellung

Ulrich von Pufendorf

Die Agrarfrage: Sozialer Konfliktstoff in der Weltpolitik

I. Das Weltagrarproblem heute

Wohl in kaum einem anderen Bereich der menschlichen Gesellschaft herrscht eine derart paradoxe Situation wie in der Weltlandwirtschaft. Trotz weiter gestiegener Agrarproduktion hat sich in den Ländern der Dritten Welt – von wenigen Ausnahmen abgesehen, von denen noch die Rede sein wird – die Ernährungslage nicht sichtbar verbessert. Jedoch tritt eine fatale dialektische Diskrepanz zwischen Produktion und Distribution auf. Die hochentwickelten Industrieländer der westlichen Hemisphäre stehen bei rasch abnehmender Agrarbevölkerung und bei qualitativ wie quantitativ bester Ernährung vor dem Problem der Bewältigung die Wirtschaftlichkeit gefährdender Nahrungsgüterüberschüsse. Dagegen leben die Menschen in den Entwicklungsländern auf dem Lande weithin an der Grenze von Hunger, Unter- oder Fehlernährung. Der Kontrast wird meßbar an der Tatsache, daß die EWG-Staaten jährlich mehrere Millionen Tonnen Weizen denaturieren, d. h. für die menschliche Ernährung unbrauchbar machen, um den Bauern der sechs Gemeinschaftsstaaten höhere Einkommen zu garantieren, während die ärmeren ländlichen Bevölkerungsschichten in der Dritten Welt meist nicht einmal das Existenzminimum erreichen und hungern, weil sie keine Kaufkraft entwickeln können. Ein besonders gefährlicher Widerspruch liegt noch darin, daß die hochentwickelten Industriestaaten auf der einen Seite mit nicht unerheblichem Aufwand Agrarentwicklungshilfe in der Dritten Welt leisten, während sie auf der anderen Seite durch den Export ihrer Nahrungsgüterüberschüsse zu Dumpingpreisen die Chancen der Entwicklungsländer auf den Weltmärkten ruinieren.

Die nichtgesehene Interdependenz zwischen landwirtschaftlichem und gesellschaftlichem Fortschritt

Viel Energie und Geist wird zwar auf die Frage verwandt, mit welchen materiellen Hilfsgütern und wissenschaftlichen Methoden auf der Erde der Ertrag des Bodens gesteigert werden kann. Dagegen wird wenig bedacht, welchen Einfluß ländliche Sozialverfassung, eigene Wünsche, Hoffnungen und Enttäuschungen, Wertungen und Vorurteile der landbewirtschaftenden Menschen auf Umfang und Struktur der Nahrungsgütererzeugung ausüben. Kurzum: Der Mensch in der Landwirtschaft wird vergessen.

Noch immer lebt ein großer Teil der ländlichen Bevölkerung in der Welt in für uns unvorstellbarer Abhängigkeit und in Unmündigkeit. Feudalistische, patriarchalische oder rentenkapitalistische Strukturen versperren die Tore einer besseren Zukunft. Daß hier die eigentliche Einbruchstelle für revolutionäre Bewegungen liegt, läßt sich besonders anschaulich an der jüngeren Geschichte Chinas demonstrieren.

Der Irrglaube, die ländlichen Sozialprobleme ließen sich allein mit Hilfe der technisch-wissenschaftlichen Fortschritte lösen, ist in der ersten Entwicklungsdekade klar widerlegt worden. Im Gegenteil ist festzustellen, daß das Aufkommen der Mechanisierung und moderner landwirtschaftlicher Produktionsweisen zwar höhere Produktivität und bessere Erntezahlen bewirkt; sie wurden aber in der Regel erkauft durch Zerstörung der noch so armseligen Existenzbasis der ländlichen Schichten ohne bessere Möglichkeiten, vielmehr deren Landflucht und Absturz ins Unterproletariat im Zuge chaotischer Binnenwanderungen.

Nur eine zielbewußte Synthese zwischen agrarpolitischer und gesamtgesellschaftlicher Konzeption kann aus dem Dilemma der Agrarentwicklung herausführen, und zwar sowohl in der Dritten Welt als auch bei uns. Die im Weltagrarproblem steckende soziale Frage wird in ihrem ganzen Gewicht als weltpolitischer Konflikstoff erst erkennbar, wenn man sich vergegenwärtigt, daß die technisch-wissenschaftlichen Fortschritte in den arbeitsteilig hochentwickelten Industrieländern zu einem Zustand führen, in dem zwischen 5 und 8 % der Gesamtbevölkerung genügen, um die ganze Gesellschaft ausreichend – ja im Überfluß – mit Nahrungsgütern zu versorgen. Es sollte uns jedoch nachdenklich stimmen, daß es trotz erheblicher Steigerung der Erträge und auch der Arbeitsproduktivität infolge Verringerung der Zahl der in der Landwirtschaft tätigen Menschen aber auch in den hochentwickelten Industrieländern bisher nicht gelingen will, die Einkommensverhältnisse der Landwirte dem allgemeinen sozialökonomischen Fortschritt anzupassen.

Kein Blick für die soziokulturellen Bedingungen des gesellschaftlichen Wandels an der ländlichen Basis

Wenn man sozioökonomische Entwicklung heute global interpretiert als den Übergang von der agrarischen Mangel- zur industriellen Überflußgesellschaft – ohne diese als Endzustand anzusehen –, so können Spannungen in den Entwicklungsprozessen auf verschiedene Weise entstehen: *einmal* dadurch, daß industriegesellschaftliche Organisationsformen, Techniken und Verhaltensweisen planlos und unangemessen auf vorindustrielle Systeme und soziale Ordnungen aufgepfropft werden. Hier wurzeln die gesellschaftspolitischen Probleme der Entwicklungsländer. *Zum anderen* entstehen Diskrepanzen, wenn agrarische Strukturen und Verhaltensweisen aus der vorindustriellen Epoche in arbeitsteilig hochdifferenzierten Industriegesellschaften überdauern. Hier hat die Landwirtschaft zwar einen Teil der modernen Entwicklung im Gebrauch neuer Techniken und wirtschaftlicher Methoden akzeptiert, ist aber mehrheitlich in ihren Denk- und Werthaltungen sowie in ihrer Grundeinstellung hinsichtlich der Anpassung der Strukturen, d. h. bezüglich Größe, Organisationsformen der Betriebe wie ihres Verhältnisses zum Markt sowie der Möglichkeit des Berufswechsels noch immer zu konservativ geblieben. Das macht das Agrarproblem der Industrieländer aus und ist – was meist übersehen wird – weniger materieller als soziokultureller Natur.

In beiden Fällen bildet die geistige und strukturelle Anpassung der ländlichen Bevölkerung an sich verändernde Daseinsbedingungen im Zuge weltweiter gesellschaftlicher Wandlungs- und Verflechtungsprozesse eine entscheidende Voraussetzung sowohl für die Zukunftschancen der Landwirte wie für das sozialökonomische Gleichgewicht innerhalb der Volkswirtschaften. Der Vollzug dieser Anpassung kann aber unter keinen Umständen der ländlichen Bevölkerung in der Welt allein überlassen werden.

Inzwischen hat die historische Erfahrung im Übergang zur modernen industriellen Arbeitsteilungswirtschaft in den alten Industrieländern, aber auch in der Sowjetunion deutlich gemacht, daß die Überführung von Menschen aus der ländlichen Lebenswelt in die kollektive Arbeitsorganisation der Industrie zu Friktionen in der seelischen Struktur des einzelnen wie seiner Sozialisationsfähigkeit geführt hat. Die Ursache liegt darin, daß es die jeweiligen Gesellschaften versäumt haben, für entsprechende geistig-kulturelle Hilfestellungen bei der sozialen Erklärung und Sinngebung neuer gesellschaftlicher Situationen zu sorgen. So blieben die Menschen in einer ihnen fremden und unverständlichen Umwelt sich selbst überlassen. Aufgrund oft miserabler Startbedingungen und aus Mangel an Einsicht in die Chancen der industriellen Arbeitswelt erfuhr die verlassene ländliche Sozialordnung eine traumatische Aufwertung, verhinderte die geistige Anpassung und führte zu einer inneren Versteinerung, die oft über Generationen nachwirkte. Erst die Bildungsanstrengungen der Arbeiterbewegung haben ein neues eigenständiges gesellschaftliches Bewußtsein geschaffen, das seinerseits wiederum lange Zeit aus einer Abwehrstellung gegenüber der Gesellschaft operieren mußte.

Ebenso hat man aber auch versäumt, den Beitrag der Landwirtschaft zur Bildung der personalen Infrastruktur der Volkswirtschaft durch eine zielbewußte Aufbesserung der geistig-kulturellen Infrastruktur auf dem Lande auszugleichen, um sie näher an die gesellschaftliche Entwicklung heranzuziehen. Das kam einer geistigen Auszehrung des Landes gleich. Vor den hier gestellten Aufgaben haben aber leider auch die staatlichen Agrarbehörden und die landwirtschaftlichen Berufsorganisationen versagt, deren Strategie mehr auf Verteidigung des ländlichen status quo als auf Integration in die moderne Gesellschaft angelegt war.
Erstaunlicherweise haben sich die gleichen Entwicklungsprozesse auch im kommunistischen Rußland – und dort sogar in sehr viel härteren Formen – wiederholt. Sie spiegeln sich in der chinesischen Kritik an der sowjetrussischen Gesellschaftspolitik wider; die Chinesen werfen den Russen vor, sie hätten durch das rücksichtslose Hineinpressen ländlicher Menschen in den industriellen Arbeitsprozeß ohne entsprechende Vorbereitung und soziokulturelle Hilfestellung eine gänzlich immobile kleinbürgerliche Schicht geschaffen, die zu größeren sozialistischen Leistungen mindestens auf lange Zeit nicht fähig sei. Dieses Phänomen wird durch den russischen Historiker Amalrik und andere Zeugnisse der russischen Literatur bestätigt.

Die Landwirtschaft als Startbasis geplanter Gesellschaftsentwicklung

Der Übergang aus der Agrar- in die Industriegesellschaft, der in den Industrieländern weithin einseitig als ein automatischer Prozeß der Verwandlung der Gesellschaft durch die technisch-wissenschaftlichen Fortschritte verstanden wurde, erweist sich im Lichte der Erfahrungen in der ersten Entwicklungsdekade in der Dritten Welt als eine globale gesellschaftspolitische Gestaltungsaufgabe von einmaligem historischem Ausmaß. Für seine zielbewußte Planung mangelt es bisher sowohl an wissenschaftlicher Grundlagenforschung wie an aktionsfähigen internationalen Kooperationsformen und außerdem an Instrumentarien zur Durchführung in den einzelnen Ländern.
Wenn die aus Not und Hoffnungslosigkeit geborene ungezügelte Flucht aus dem Landleben in die Slums der großen Städte, die besonders in Lateinamerika und in Asien zu beobachten ist, allmählich aufgefangen werden soll, ist eine neue Konzeption der Entwicklungspolitik notwendig, in der nicht nur die Interdependenzen von Agrar- und Industrieentwicklung angemessen berücksichtigt werden, sondern auch die außerökonomischen, d. h. die anthropologischen und soziokulturellen Faktoren entsprechendes Gewicht erhalten. Dabei kommt der Regionalentwicklung eine Schlüsselfunktion zu. Denn hier – nicht nur auf staatszentralistischer

Ebene – müssen die agrarischen, gewerblichen, infrastrukturellen und soziokulturellen Entwicklungsprozesse miteinander koordiniert und die institutionellen Voraussetzungen für Kooperation und Integration geschaffen werden. In den Industrieländern ist die Notwendigkeit einer solchen planvoll integrierten Regionalentwicklung in ihrer gesamtwirtschaftlichen Bedeutung viel zu spät erkannt worden.

Die nun bald seit hundert Jahren betriebene staatliche Schutz- und Subventionspolitik hat sich als ein ungeeignetes Mittel für die Förderung des Integrationsprozesses der Landwirtschaft in die moderne Gesellschaft erwiesen. Sie hat genau das verhindert, was im Interesse der Steigerung der Gesamtproduktivität der Gesellschaft erreicht werden sollte: eine gleichberechtigte Chance in der neu entstehenden, offenen und interdependenten Gesellschaft zu eröffnen für eine stark reduzierte Zahl von Bauern, die ihre Leistungsfähigkeit unter Beweis gestellt haben.

Die staatlichen Subventionen haben das tief verwurzelte Mißtrauen der ländlichen Menschen gegenüber der modernen Gesellschaft großenteils bis heute nicht abbauen können. Vielmehr hat es die Bauern gerade in Westeuropa in permanente Abhängigkeit vom Staat gebracht. Indem der Staat zum Protektor der Landwirtschaft wurde, hat er selbst verhindert, daß sich in den breiteren Schichten der ländlichen Bevölkerung ein unternehmerisch emanzipatorisches Bewußtsein ausbilden konnte. Zugleich ließ die protektionistische Agrarpolitik bei den Bauern – unter Ablenkung von ihrer wirtschaftlichen Eigenverantwortung – eine Art von Rechtsanspruch auf angemessene Entlohnung ihrer Arbeit durch die staatlichen Maßnahmen entstehen.

Die Folgewirkungen dieser Politik waren Entfremdung vom Marktgeschehen und damit Verhinderung einer rechtzeitigen ökonomisch-strukturellen Anpassung an sich wandelnde Angebots- und Nachfrageverhältnisse. Eine weitere Folgewirkung war die Vernachlässigung der funktionellen und strukturellen Aufgabenbereiche der staatlichen Agrarpolitik. Das hieraus entstandene Dilemma erschwert uns heute noch, obwohl die Probleme inzwischen erkannt wurden, eine konstruktive Einordnung in neue weltweite agrarwirtschaftliche Arbeitsteilungsprozesse.

Konsequenzen aus der Bevölkerungsexplosion: Arbeitsbeschaffung

Den Kernpunkt der sozialen Frage in der Welt bildet die Verringerung des Gegensatzes zwischen reich und arm. Sie ist eng mit der Weltagrarfrage verknüpft; denn arm sind die in der landwirtschaftlichen Selbstversorgung lebenden Menschen in den Agrarländern und reich sind die Völker, die an den Vorteilen der modernen industriellen Arbeitsteilungswirtschaft partizipieren. Das gilt aber auch, wenn und insoweit es in vielen

hochentwickelten Ländern noch unterentwickelte rein agrarisch strukturierte Regionen gibt, die aus Strukturmängeln, Bildungs- und Kapitalmangel an dem gesamtgesellschaftlichen Fortschritt nicht teilhaben können.
Die Lösung dieses Problems steht unter einem ungeheuren Zeitdruck durch die Bevölkerungsvermehrung in der Dritten Welt. Nach Schätzungen der Vereinten Nationen wird die Weltbevölkerung von 3,6 Milliarden Menschen im Jahre 1970 bis 1985 auf knapp 5 Milliarden zunehmen. Während die Bevölkerung der Industrieländer in dieser Zeitspanne nur von 1,1 auf 1,3 Milliarden – das entspricht jährlich 1 % – ansteigen wird, erwarten die Vereinten Nationen in den Entwicklungsländern eine Zunahme in der gleichen Spanne von 2,5 auf 3,7 Milliarden. Das entspricht einem jährlichen Zuwachs von 2,5 %. Dabei muß man sich vergegenwärtigen, daß in der Dritten Welt die Mehrzahl der neugeborenen Menschen auf dem Lande zur Welt kommen wird.
Während man in der ersten Entwicklungsdekade irrtümlicherweise annahm, daß sich das mit der Bevölkerungsvermehrung gestellte Problem in der Dritten Welt primär durch quantitative Steigerung der Nahrungsgüterproduktion lösen ließe, hat man inzwischen erkannt, daß die Wurzeln der drohenden Hungergefahren nicht allein mit der Steigerung der landwirtschaftlichen Erzeugung bekämpft werden können. Das viel schwerer zu lösende Problem ist die Überwindung der Arbeitslosigkeit. Nach Schätzungen der Vereinten Nationen müssen in den nächsten 15 Jahren etwa 650 Millionen Menschen in Arbeit und Brot gebracht werden. Nur so schließt sich der Kreislauf zwischen Produktion und Kaufkraft. In vielen Entwicklungsländern werden weit mehr Menschen geboren, die in das arbeitsfähige Alter aufrücken, als gegenwärtig neue Arbeitsplätze in den betreffenden Ländern geschaffen werden können. Welche sozialen Konfliktstoffe aus einer solchen Lage entstehen, dazu bedarf es keiner besonderen Phantasie. Dieses große Problem unserer Zeit kann nicht den davon betroffenen Völkern überlassen bleiben, denn seine Rückwirkungen beeinflussen entscheidend die Weiterentwicklung der Weltwirtschaft. Es wäre an der Zeit, daß die alten Industrieländer durch Umstrukturierung ihrer eigenen Wirtschafts-, Agrar- und Handelspolitik konstruktiv an der Überwindung der Arbeitslosigkeit in der Dritten Welt mitarbeiten, anstatt ihre eigenen Arbeitsprobleme mit Hilfe des Systems der Gastarbeiter vor sich herzuschieben.

II. Grundfragen integrierter Agrarentwicklung

Der Begriff einer planvollen und zielbewußten Agrarentwicklung ist relativ neu. Von wenigen Ausnahmen abgesehen fand er erst Eingang in die wissenschaftliche und öffentliche Diskussion durch die Konfrontierung der Industrieländer mit den Agrarproblemen der Entwicklungsländer. Hier zeigte sich nämlich, daß landwirtschaftliche Planung ein integrierender Bestandteil der staatlichen Gesamtwirtschaftsplanung sein muß. Ebenso wurde aber auch deutlich, daß die Entwicklung der Landwirtschaft mehr als die irgendeines anderen Wirtschaftssektors mit einem komplizierten System nichtwirtschaftlicher Faktoren verkettet ist. Im Unterschied zur kollektiven Arbeitsorganisation der Industrie spielen die anthropologischen Faktoren deswegen eine größere Rolle, weil hier das organische Geschehen mehr als der Mensch selbst den Ablauf der Produktion bestimmt. Aus diesem Grund entziehen sich die agrarischen Vorgänge einer absoluten zentralistischen Planungs- und Befehlswirtschaft von oben. Technische und ökonomische Impulse von außen führen nur insoweit zu nachhaltigen Innovationen, als sie von den Landwirten selbst akzeptiert werden.

Um zentrale landwirtschaftliche Planung auf staatlicher Ebene mit der lokalen Planung und deren unterschiedlichen Produktionsbedingungen sowie mit der immer unentbehrlichen Einzelinitiative der Bauern in einen Einklang zu bringen, bedarf es nicht nur eines dritten „integrierenden" Systems, nämlich der Regionalplanung. Durch sie sind die Mittel und Wege zu bestimmen, um Infrastruktur, Industrie und Dienstleistungen materieller und immaterieller Art in ländlichen Gebieten in gleichgewichtige Entwicklung zu bringen. Hinzukommen müssen auch noch Produktionsanreize durch die kaufkräftige Nachfrage eines funktionierenden Marktes und Impulse zur Intensivierung des Kooperationswesens der Landwirte.

Aus diesem Grund muß die staatliche landwirtschaftliche Planung nicht nur gesamtwirtschaftlich und -gesellschaftlich abgestimmt sein, sondern sie muß auch ständig das komplizierte System von Faktoren wirtschaftlicher und nichtwirtschaftlicher Art im Auge haben, die die regionale und lokale Agrarentwicklung beeinflussen. Deshalb ist sie mehr als andere Wirtschaftssektoren auf die Kommunikation mit der Basis, d. h. „von unten nach oben" angewiesen. In diesem Felde besteht in Ländern mit stark agrarprotektionistischer Tradition, die meist nur die Einwegkommunikation von oben nach unten kennen, ein ausgesprochener Nachholbedarf. Inzwischen sind auch noch andere strukturpolitische Faktoren sichtbar geworden, die die Agrarentwicklung entscheidend bestimmen. Erst in diesem Licht wird erkennbar, wieviel Zeit vertan wurde, ehe man lernte, die Interdependenzen zwischen Agrar- und Industrieentwicklung im Rahmen einer Gesamtwirtschaftspolitik richtig einzuschätzen. Dieser Mangel an Einsicht in die politischen und sozialökonomischen Grundbedingungen der Agrarentwicklung hat aber leider inzwischen in

der ersten Entwicklungsdekade weltpolitische Auswirkungen gezeitigt; denn auch die Führungsschichten in den Entwicklungsländern sind bei der gesellschaftspolitischen Ausrichtung ihrer Agrarpolitik vielfach in den Denkfehler verfallen, die gesamtgesellschaftlichen Aspekte der Agrarfrage zu unterschätzen. Um so dringender erscheint es, daß die alten Industrieländer sich jetzt endlich zu einer weltoffenen Konzeption von einer integrierten Agrarpolitik im Rahmen einer globalen Gesellschaftspolitik durchringen.
Nur wenn wir den tiefen Widerspruch zwischen marktwirtschaftlicher Industriepolitik und staatszentralistisch gesteuerter Agrarpolitik bereinigen, sind wir auch fähig, an einer integrierten Weltagrarpolitik erfolgreich mitzuarbeiten.

Soziale Steuerung des Ausscheidens von Grenzbetrieben einerseits Stärkung der Wettbewerbsfähigkeit der Landwirtschaft andererseits

Das größte Dilemma liegt zur Zeit noch darin, daß die europäische Agrarpolitik sich trotz mancher gedanklicher und struktureller Fortschritte von dem in der agrarprotektionistischen Epoche Europas eingewöhnten Modell einer durch staatliche Maßnahmen volkswirtschaftlich fehlgesteuerten Landwirtschaft nicht befreien kann. Leider hat die EWG einen wesentlichen Teil der grundlegenden Entscheidungen besonders in der Subventions- und der Strukturpolitik den nationalen Regierungen überlassen müssen. In diesem Klima kann der absoluten Notwendigkeit, die Bauern aufgrund eigener betriebswirtschaftlicher Entscheidungen zu rationalen und eigenverantwortlichen Lösungen ihrer Probleme zu veranlassen, nur unzureichend und mit großen Zeitverzögerungen Rechnung getragen werden. Die Alternative lautet: *entweder* weitere Herauslösung der Landwirtschaft aus dem volkswirtschaftlichen Zusammenhang durch Lahmlegung des Markt-Preis-Mechanismus und unübersehbare Kostenzuschüsse für die Sicherung der Einkommensparität, *oder* vollständige Eingliederung der Landwirtschaft in ein durch die Gemeinschaftsregelung optimal und den Gesamterfordernissen entsprechendes marktwirtschaftliches System, das *neu* geschaffen werden müßte. Hierbei geht es darum, einerseits das Ausscheiden der Grenzbetriebe sozial zu steuern und andererseits die sozialökonomische Wettbewerbsfähigkeit der verbleibenden Betriebe wiederherzustellen.

Aktivierung der freiwilligen Kooperation der Landwirte

Die Verwirklichung einer solchen weltoffenen integrierten Agrarpolitik ist nur denkbar, wenn sich nicht nur die materielle Agrarstruktur ändert, sondern auch eine grundlegende Umstrukturierung des gesamten Systems der politischen und sozialökonomischen Urteils- und Willensbildung sowohl auf Seiten der staatlichen Instanzen wie des beruflichen Organisationswesens konzipiert und realisiert wird. Es geht um eine Demokratisierung in der sozialökonomischen Willensbildung. Dabei ist die grundlegende Voraussetzung für die Richtungsänderung in diesem Felde die Intensivierung der freiwilligen Kooperation selbständig handelnder Landwirte in bestimmten Wirtschaftsmaßnahmen und darüber hinaus die Förderung der Integration der Betriebe durch das Zusammenfügen selbständiger Betriebe oder Betriebselemente zu größeren Produktionseinheiten auf Basis der freien Entscheidung der Landwirte. Erst aus der gemeinsamen wirtschaftlichen Willensbildung von der Basis her könnten die Schwächen unserer zersplitterten Agrarstruktur überwunden und die Voraussetzungen für autonomes wirtschaftliches Handeln der Landwirte geschaffen werden. Dies verlangte aber auch – vor allem in der Übergangszeit – ein ganzes System materieller und geistiger Hilfsmaßnahmen besonders im Beratungswesen. Diesen Prozeß der Willensbildung von unten müßte die agrarpolitische Führung ebenso ernst nehmen, wie die staatliche Verwaltung. Beide müßten darauf verzichten, gewohnte Machtbefugnisse zu mißbrauchen. Denn das bisherige Führungssystem hat nicht nur die Landwirtschaft von der Gesellschaft isoliert, sondern auch die einzelnen Bauern untereinander. Was hier gemeint ist, kann nicht besser ausgedrückt werden als mit den Worten von Professor Otto Schiller: „Die wahre menschliche Freiheit als Quelle schöpferischer Kraft beruht nicht allein im Individualbewußtsein, sondern in einer unlösbaren Wechselwirkung zwischen Ich- und Wir-Bewußtsein. Wir brauchen eine neue vermittelnde Idee zwischen zwei Bewußtseinshaltungen, nachdem die national gebundenen Ausdrucksformen durch die übernationalen Integrationsprozesse entkräftet wurden. Gerade der Bereich der Landwirtschaft kann überzeugende Beweise für die synthetischen Kräfte liefern, die in der menschlichen Natur für das Zusammenwirken zwischen Ich und Wir angelegt sind.“ (O.W. 88, S. 141/42)

III. Weltagrarpolitik als Teil einer globalen Entwicklungsstrategie

Die Notwendigkeit, das Agrarproblem aus seiner nationalen und gesellschaftlichen Isolierung zu befreien und seine Lösung auf internationaler Ebene in Angriff zu nehmen, zwingt zu neuen, durch keine ideologischen Hypotheken belastete Überlegungen:

1. Die heute bestehenden Widersprüche zwischen Agrarpolitik und allgemeiner Wirtschaftspolitik auf nationaler wie großregionaler Ebene und

zwischen der Agrarentwicklungspolitik in der Dritten Welt und der Außenwirtschafts- und Handelspolitik der Industrieländer müssen aufgelöst werden. Sie schädigen auf lange Sicht alle Beteiligten. Vor allem werden die Interessenkonflikte auf dem Rücken der Konsumenten ausgetragen. Anstelle der besonders in den Industrieländern betriebenen Agrarpolitik, die primär an den kurzfristigen Interessen der derzeit wirtschaftenden Generation von Landwirten orientiert ist, sollte eine gesamtwirtschaftliche und gesellschaftliche Konzeption erarbeitet werden, die sich an der Idee einer internationalen Arbeitsteilung in der Nahrungsgüterwirtschaft nach Standorten und Klimazonen ausrichtet.

2. Aus der fatalen Sackgasse, in die die europäische Agrarpolitik durch den Versuch geraten ist, zwischen der Ausschaltung der Landwirtschaft aus der markt- und wettbewerbswirtschaftlichen Dynamik einerseits und dem gleichzeitigen Verlangen der Landwirte nach paritätischer Beteiligung am Wirtschaftswachstum andererseits eine Synthese zu finden, sollte der Ausweg durch die Wiedereingliederung der Landwirtschaft in ein zu reformierendes marktwirtschaftliches System gesucht werden. Dieses muß das Ausschalten der Grenzbetriebe fördern, gleichzeitig aber auch die Wettbewerbsfähigkeit der verbleibenden Betriebe mehren.

3. Aus dem europäischen Agrardilemma kann nur bessere politische – genauer gesagt weltpolitische – Einsicht herausführen. Politisches Handeln beinhaltet in diesem Falle die Entscheidung über die Festsetzung von Prioritäten.

Wenn die Agrarpolitik der Europäischen Gemeinschaft eine jährliche Netto-Belastung verursacht, die die Experten des Atlantischen Instituts Paris (siehe Seite 63/64) auf eine Größenordnung von ca. 13 Milliarden Dollar beziffern, so muß die Frage nach der Effizienz dieser Politik gestellt werden. Wenn sich aber nun erweist, daß diese Maßnahmen das Problem der Einkommensdisparität der Landwirte nicht zu lösen vermögen, so muß die Frage nach der Revision dieser Politik erneut zur öffentlichen Diskussion gestellt werden. Dafür haben die Experten des Atlantischen Instituts konstruktives Material beigesteuert. Sie weisen aber auch mit Recht auf die Verantwortung der Politiker hin: Bei dem an sich geringen Spielraum für alternative Verwendungsmöglichkeiten nationaler Ressourcen muß auch abgewogen werden, an welcher Stelle diese Mittel im Sinne der Gesamtgesellschaft produktiver eingesetzt werden können. Um so dringender erscheint es, zur Lösung des Argrarproblems nach neuen Wegen zu suchen.

4. In der Agrarpolitik hat bisher fast überall in der Welt der „Produktivfaktor Mensch“ eine sehr geringe Rolle gespielt. Die Institutionen und Hilfsmittel, die Staat und Berufsverbände zur Unterstützung der Arbeit der Landwirte in den letzten hundert Jahren entwickelten, haben sich in

ihren Grundprinzipien kaum gewandelt. Wenn überhaupt, dann mehr in Richtung auf Bürokratisierung als auf mehr unternehmerischen Spielraum. Deshalb sollten die Entscheidungsstrukturen für die agrar- und wirtschaftspolitische Willensbildung in Richtung auf mehr Selbstverwaltung und Demokratisierung „an der Basis“ einer gründlichen Prüfung unterworfen werden.

5. Unterschiedliche agrarpolitische Ideen stehen in den verschiedenen Teilen der Erde in Konkurrenz miteinander. Dabei ist die Frage nach dem Stellenwert des Menschen in den einzelnen Agrar- und Gesellschaftssystemen ein entscheidendes Kriterium. Die erste Entwicklungsdekade hat deutlich gemacht, daß die einseitig technologisch und ökonomisch – im quantitativen Sinne – orientierte Agrarentwicklungskonzeption der Industrieländer einer grundlegenden Überprüfung bedarf. Diese hat nämlich die Frage nach der Rolle der Menschen im landwirtschaftlichen Produktionsprozeß und ihrer sozialen Voraussetzungen weitgehend ausgeklammert und außerdem die integrierte Agrarentwicklung auf regionaler Ebene nur unzureichend in Betracht gezogen. Die stärkste Herausforderung tritt ihr nun aus der chinesischen Agrarkonzeption gegenüber. Diese setzt für den gesamtgesellschaftlichen Aufbau zielbewußt bei der Mobilisierung der sozialen Energien des Dorfes an und räumt der Schaffung kollektiver und infrastruktureller Wohlstandsbedingungen auf dem Lande in Verbindung mit dezentralisierter Industrieentwicklung absolute Priorität vor dem privaten Wohlstand ein. Die chinesische Agrarkonzeption kann für sich in Anspruch nehmen, daß sie ein Rezept zur Überwindung des Feudalismus gefunden hat, das zugleich das Problem der ländlichen Arbeitslosigkeit überwinden hilft.

6. Nachdem sich die agrarpolitische Diskussion in den westlichen Industrieländern während der vergangenen Jahrzehnte einseitig auf den Blickpunkt der unmittelbaren Interessen der derzeit wirtschaftenden Generation von Landwirten verengt hat, erscheint es nunmehr an der Zeit, das politische Interesse der Gesamtgesellschaft an einer zukunftsfähigen Lösung des Agrarproblems im nationalen wie internationalen Zusammenhang neu zu formulieren. In ein solches weltoffenes, integriertes Agrarkonzept lassen sich die berechtigten Belange der Landwirte durchaus einordnen. Dabei wird sich erweisen, daß der vermeintliche – weil vorwiegend kurzfristig gesehene und zudem ideologisch überhöhte – Gegensatz zwischen den Interessen der Landwirtschaft und der Gesamtgesellschaft sich langfristig durchaus in Deckung bringen läßt. Den Landwirten muß die Erkenntnis nahegebracht werden, daß ein nur durch außenwirtschaftliche Abschirmung und durch Subventionen auf Kosten der Gesamtgesellschaft ermöglichter Wohlstand keine Zukunft haben kann. Dagegen dürfte eine leistungs- und wettbewerbsfähige Landwirt-

schaft in keinem anderen Wirtschafts- und Gesellschaftssystem so gute Chancen haben wie in einer reichen und hochentwickelten Industriegesellschaft.

7. Das schwierigste Problem ist, die Landwirte davon zu überzeugen, daß das etwa seit einem Jahrhundert praktizierte System des Agrarprotektionismus die Landwirtschaft mehr und mehr von der gesamtgesellschaftlichen Entwicklung isoliert hat. Zugleich hat dieses System den Prozeß der Abwanderung der selbständigen und besten unternehmerischen Kräfte in andere Berufe gefördert. Es kommt nun darauf an, im Agrarbereich Bedingungen zu schaffen, die solchen Kräften neuen Aufschwung geben. Das wäre der wichtigste Ansatz zur Verwirklichung der Emanzipation aus hundertjähriger Staatsabhängigkeit. Damit könnte ein Modell für eine zukunftsfähige integrierte Agrarentwicklung geschaffen werden, das die internationale Konkurrenz der Agrarideen nicht zu scheuen braucht. Auch sollten die Landwirte einsehen, daß ihre stärkere Verflechtung mit der Weltagrarentwicklung nicht nur Gefahren, sondern auch große Chancen enthält. Vor allen Dingen aber können sie lernen, im Lichte der Agrarprobleme anderer Völker ihre eigenen Probleme freier und unbefangener zu erkennen und anzugehen.

8. Auch die wissenschaftlich-technologische Evolution liefert aus sich heraus entscheidende Argumente für die notwendige Internationalisierung einer integrierten Agrarpolitik. Über die wissenschaftlichen Fortschritte der Medizin und Hygiene ist diese Evolution durch die Verringerung der Kinder- und Seuchensterblichkeit und der Verlängerung der Lebenserwartung maßgeblich beteiligt an der Entstehung eines biologischen Ungleichgewichts innerhalb der Bevölkerung der Dritten Welt. Als neues Problem tritt in den hochentwickelten Ländern die Gefährdung des biologischen Gleichgewichts im Haushalt der Natur hinzu: Folgewirkung aus der Verschmutzung und Verseuchung von Wasser, Luft und Boden. Im gleichen Zeitpunkt legt die Wissenschaft die Begrenztheit unserer Lebensressourcen auf der Erde offen. Dies alles ist das Resultat eines sich selbst überlassenen und zum Selbstzweck gewordenen technisch-wissenschaftlichen Fortschritts, der die Orientierung an den Bedürfnissen des Menschen verloren hat. Dieser hat auch die Agrarmisere der letzten hundert Jahre mitproduziert und das Agrarproblem zu einem Weltproblem werden lassen. Auch in der Nahrungsgüterverarbeitung drohen von einer unkontrollierten Anwendung der wissenschaftlich-technischen Fortschritte Schädigungen des organischen Lebens. Die hier auf uns zukommenden Probleme sind weder regional noch nationalstaatlich regulierbar, vielmehr verlangt ihre Lösung nach neuen Formen internationaler Kooperation, die von den gesellschaftlichen Kräften selbst getragen werden.

Das Kulturproblem beansprucht Vorrang

Trotz aller Lippenbekenntnisse zur internationalen Kooperation und entgegen dem Faktum der weit fortgeschrittenen Abhängigkeit der Völker bei der Sicherung menschlicher Existenzbedingungen, rangiert das nationale – meist höchst kurzsichtige – „Scheininteresse" vor den bereits nüchtern analysierbaren Überlebensbedürfnissen einer Weltgemeinschaft. Diese Schizophrenie des politischen Denkens hat ihre Wurzel darin, daß die globalen Auswirkungen der wissenschaftlich-technologischen Fortschritte der politischen und sozio-kulturellen Entwicklung und Bewußtseinsbildung davongelaufen sind. So ist die tiefe Krise, in der sich heute die Menschheit befindet, zuerst eine geistige Krise. Es ist kein Zufall, daß sie sich so besonders stark in der Agrarsituation profiliert. Von ihrer Bewältigung hängt auch die Lösung der wirtschaftlichen und technischen Probleme ab. Mit anderen Worten: das Kulturproblem der Menschheit muß vor den wirtschaftlichen und technischen Problemen rangieren. Der Welthorizont der Gegenwart, in dem der sozio-kulturelle Wandel der einzelnen Völker und Regionen dieser Erde nur noch als Teilerscheinung eines weltweiten Kulturwandels erfaßbar geworden ist, wird bisher in völlig unzureichendem Maße von der Wissenschaft, dem Bildungswesen und dem öffentlichen Bewußtsein begriffen, geschweige denn verarbeitet.
Das Agrarproblem als soziale Frage stellt auf lange Sicht vielleicht einen der gefährlichsten Konfliktstoffe in der Weltpolitik dar und findet dennoch das allergeringste Interesse der Öffentlichkeit. Es ist ein nachdenklich stimmendes Symptom, daß unser Sozialinteresse so mangelhaft wird, wenn wir es durch „die nationale Brille" betrachten.
Vielleicht kann uns der mehrfach in diesem Bande angesprochene enge Zusammenhang zwischen der Agrarfrage und der Umweltfrage den Anstoß geben, über unseren eigenen Schatten zu springen.

Otto Schiller †

Entwicklungshilfe als Herausforderung für die Wirtschaftspolitik des Westens

Der plötzliche Tod von Otto Schiller am 11. Mai 1970 hat Gedanken, die er noch in den letzten Monaten über die Zukunftsorientierung der internationalen Agrarforschung in der BRD als einer interdisziplinären Aufgabe im engsten Freundeskreis entwickelt hat, nicht mehr zur vollen Ausreifung kommen lassen. Die Grundrichtung seiner Reflexionen ist jedoch in einer kleinen Studie aufgezeigt, die er wenige Tage vor seinem Tode unter dem Titel „Entwicklungshilfe als Herausforderung für die Wirtschaftspolitik des Westens" verfaßt hat. Der Anstoß dazu kam aus einem mündlichen Diskussionsbeitrag auf der Jahrestagung der Deutsch-Englischen Gesellschaft in Cambridge, in der die Probleme der Erweiterung der EWG erörtert wurden. Diese Studie legt Zeugnis ab von seinen gesamtwirtschaftspolitisch fundierten Vorstellungen über eine „integrierte Agrarpolitik".

Leider ist Otto Schiller nicht mehr dazu gekommen, seine in vielen Vorträgen und Essays auf nationaler wie internationaler Plattform entwickelte Konzeption der Leitidee einer zukünftigen Weltagrarpolitik in einem Buche zusammenfassend darzustellen. Die Forschungsstelle für Internationale Agrarentwicklung in Heidelberg wird in Kürze eine Auswahl aus Vorträgen und Essays von Otto Schiller in ihrer Schriftenreihe veröffentlichen. Sie soll zu der dringend notwendigen Weiterführung der Diskussion über die Interdependenzen der internationalen Agrarentwicklung beitragen.

Bei der Diskussion der Entwicklungshilfe denkt man vornehmlich an Maßnahmen, die von den Geberländern in dem einen oder anderen Entwicklungsland unter Beteiligung an Entwicklungsprojekten durch Kapitalhilfe und technische Hilfe zu leisten sind. Man sollte aber nicht übersehen, *daß eine sehr wichtige und wirksame Art der Entwicklungshilfe auch darin besteht, daß wir bei uns selbst anfangen und bei der Steuerung unserer eigenen Wirtschaftspolitik auf die Förderung der Entwicklungsländer in stärkerem Maße Rücksicht nehmen, als es bisher der Fall ist.* Ein Anstoß, diese Dinge neu zu überdenken, ist durch die Diskussion über die Erweiterung der EWG gegeben. Es ist daher bei den Deutsch-Englischen Gesprächen, die in diesem Jahr nicht in Königswinter, sondern in Cambridge stattfanden, auch über Fragen der Entwicklungshilfe und die Auswirkungen der EWG-Politik auf dieselbe sehr lebhaft diskutiert worden. Durch die erfolgreichen Gespräche in Luxemburg ist die Frage besonders aktuell geworden.

Man muß bei diesen Überlegungen davon ausgehen, daß *die außergewöhnlich rasche Zunahme der Weltbevölkerung zu einem der schwierigsten und bedeutsamsten Probleme gehört, mit denen sich die Menschheit in unserem Zeitalter auseinanderzusetzen hat.* Es handelt sich um eine Zeiterscheinung, die auf die großen Fortschritte der modernen Medizin und Hygiene zurückzuführen ist, denn die sogenannte Bevölkerungsexplosion ist in den betreffenden Ländern weniger durch ein Steigen der Geburtenquote, als vielmehr durch ein rasches Sinken der Sterbequote hervorgerufen worden.

Der dadurch entstandene Spannungszustand geht alle Völker an, und nicht nur diejenigen Völker, bei denen die jährliche Zuwachsrate der Bevölkerung über 2 v. H. liegt. Daß durch die Störung des biologischen Gleichgewichts in vielen Entwicklungsländern mehr Menschen geboren werden und ins arbeitsfähige Alter aufrücken, als gegenwärtig auch bei Ausschöpfung aller Möglichkeiten an neuen Arbeitsplätzen in den betreffenden Ländern geschaffen werden können, ist eine Bürde, die in unserer Zeitperiode der gesamten Menschheit auferlegt ist und die wir gemeinsam tragen müssen, bis das biologische Gleichgewicht wiederhergestellt ist, was voraussichtlich in 40 bis 50 Jahren der Fall sein wird.

Es ist nicht zu vermeiden, daß diese schwere Last unseres Zeitalters in erster Linie von denjenigen Völkern getragen wird, die unmittelbar betroffen sind. Diese Völker müssen aber ihre zuviel geborenen Menschen vorwiegend in der Landwirtschaft unterbringen, weil bei ihnen der größte Teil der Menschen zur Agrarbevölkerung gehört, und außerdem der landwirtschaftliche Betrieb aufteilbar ist und großenteils im Familienverband bewirtschaftet wird. – *Im Unterschied zum gewerblichen Betrieb kann daher im landwirtschaftlichen Betrieb eine versteckte Arbeitslosigkeit und eine völlig unzureichende Teilbeschäftigung der Menschen in dem großen Ausmaß praktiziert werden,* was für den heutigen Zustand in vielen Entwicklungsländern kennzeichnend ist. Wenn es in der Landwirtschaft von übervölkerten Entwicklungsländern Millionen Menschen weniger gäbe, brauchten deswegen dort nicht weniger an Agrarprodukten produziert zu werden, als es tatsächlich der Fall ist. Die zuviel geborenen Menschen sind nicht deswegen in der Landwirtschaft dieser Länder untergekommen, weil sie bei dem niedrigen Stand der Produktionstechnik dort gebraucht werden, um das gegenwärtige Volumen der Agrarproduktion zu erreichen und allmählich steigern zu können. Sie sind da, weil sie in die Landwirtschaft hineingeboren worden sind und irgendwie beschäftigt werden müssen.

Dieses große Problem unserer Zeit kann nicht durch Nahrungsmittelhilfe oder Düngerhilfe für die Länder mit einem hohen Bevölkerungsüberschuß gelöst werden, sondern nur durch die Schaffung neuer Arbeitsplätze und Arbeitsmöglichkeiten in den Entwicklungsländern selbst. Das ist aber nicht nur eine Frage der Entwicklungshilfe und Entwicklungsprojekte in diesen Ländern, sondern auch die Frage einer sinnvollen Wirtschaftspolitik, die bei uns selbst anfangen muß und von uns auch einige Opfer fordert.

Mit der Agrarpolitik sollte es anfangen. Die Diskussion um die Erweiterung der EWG und den Beitritt Englands zur EWG, der die im Commonwealth mit England assoziierten Länder ins Spiel bringt, ist vielleicht der gegebene Zeitpunkt, um zu einem neuen Ansatz zu gelangen. Man ist sich darüber im klaren, daß die gegenwärtige EWG-Agrarpolitik, die zur Erzeugung schwer verwendbarer Überschüsse geführt hat, einer Korrektur bedarf. Eine solche Agrarpolitik engt die Möglichkeiten für Drittländer, Agrarprodukte im Raume des Gemeinsamen Marktes abzusetzen, immer mehr ein. In offiziellen Deklarationen wird zwar immer wieder versichert, daß der Handel mit Drittländern durch die EWG-Agrarpolitik nicht beeinträchtigt werden soll. Man ist sich aber darüber im klaren, daß eine solche Beeinträchtigung bereits eingetreten ist und sich in Zukunft noch stärker fühlbar machen muß, wenn nicht eine grundsätzliche Kursänderung erfolgt.

Es wäre ein Unglück, wenn nach einem eventuellen Beitritt Englands zur EWG die Agrarproduktion dieses Landes infolge eines vermehrten Preisanreizes gesteigert würde, und infolgedessen der – glücklicherweise – noch unter 60 % liegende Selbstversorgungsgrad der englischen Wirtschaft mit Nahrungsgütern über den gegenwärtigen Stand hinaus gehoben würde. Es wäre ein Unglück, wenn durch eine falsche Preispolitik die erheblichen Erzeugungsreserven, die in der französischen Landwirtschaft gegeben sind, noch stärker ausgeschöpft werden und damit die Möglichkeiten für den Handel mit Drittländern sich noch weiter verringern.

Der Umsatz von Nahrungsgütern auf dem Weltmarkt ist erstaunlich hoch. Auch die Einfuhr von Nahrungsgütern und landwirtschaftlichen Rohstoffen in die Bundesrepublik liegt bisher noch auf einem beachtlich hohen Niveau, und zwar im Durchschnitt der letzten Jahre bei über 10 Milliarden DM. *Es ist jedoch festzustellen, daß an dem Umsatz von Nahrungsgütern auf dem Weltmarkt vor allem solche Länder beteiligt sind, die nicht darauf angewiesen sind, Menschen in der Landwirtschaft zu beschäftigen.* Einer der größten Einfuhrposten der Bundesrepublik in Nahrungsgütern sind z. B. Ölsaaten und Öle, die bei uns zu Margarine verarbeitet werden – ein wichtiges Verbrauchsgut im Haushalt der Bundesbürger. Die Rohstoffe hierfür werden zu einem großen Teil aus den

USA bezogen. Wenn man in den USA z. B. den mechanisierten Anbau von Sojabohnen oder Erdnüssen einschränken würde, könnten für jeden Farmer, der dadurch dort aus der Landwirtschaft ausscheidet, einer ganz erheblichen Zahl von Menschen in dem einen oder anderen Entwicklungsland, das solche Rohstoffe liefern kann, zusätzliche Beschäftigungsmöglichkeiten geschaffen werden.

Solche Anregungen können jedoch leicht dem Vorwurf begegnen, man befürworte die Fortsetzung der alten Kolonialpolitik, landwirtschaftliche Rohstoffe aus Entwicklungsländern gegen Industriegüter der hochentwickelten Länder zu tauschen. *Man sollte daher von vornherein bei einer solchen Umstrukturierung des Welthandels mit Agrarprodukten auch die Verarbeitung der Rohstoffe in den Entwicklungsländern durch den Aufbau entsprechender Verarbeitungsindustrien fördern, um statt der Rohstoffe die Endprodukte in die Bedarfsländer zu exportieren.* Das würde in den Bedarfsländern dazu führen, daß im Laufe der Zeit gewisse Kapazitäten der eigenen Verarbeitungsindustrie stillgelegt werden müßten. Ein solcher Vorgang bedeutet jedoch auch in einer freien Wirtschaft keine Unmöglichkeit, wenn man z. B. an die planmäßige Einschränkung der Kapazität unserer Mühlenindustrie denkt.

Es kommt nicht auf eine Steigerung der Agrarproduktion unter Ausnutzung aller im Gemeinsamen Markt gegebenen Absatzchancen an. *Die Aufgabe besteht vielmehr darin, eine Agrarpolitik zu betreiben, die nicht auf einen möglichst hohen Grad der Selbstversorgung hinausläuft, sondern bewußt Versorgungslücken offenhält, oder sie womöglich noch erweitert.* Bei der Diskussion über den vielumstrittenen Mansholt-Plan ist man sich jedenfalls darüber einig, daß in der westeuropäischen Landwirtschaft in den nächsten Jahren eine große Zahl von Menschen aus dem landwirtschaftlichen Beruf ausscheiden muß. Bei dem notwendigen Strukturwandel unserer Landwirtschaft und bei der Schaffung von größeren Produktionseinheiten durch überbetriebliche Zusammenarbeit könnte aber durchaus erreicht werden, daß eine Steigerung der Produktivität der menschlichen Arbeitskraft bei einer entsprechenden Reduzierung der Zahl von Produktionseinheiten mit einer Verringerung des Produktionsvolumens verbunden werden kann.

Auf derselben Linie liegen die Bemühungen, die Ausfuhr von Industriegütern aus den Entwicklungsländern in Industriestaaten zu fördern. Eine Gruppe von deutschen Fachleuten hat sich z. B. in jüngster Zeit in Indien mit Erfolg darum bemüht, Wege aufzuzeigen, wie man dort Zulieferindustrien fördert, deren Produkte einen lohnenden Absatz in der Bundesrepublik finden können. Dabei handelt es sich vor allem um solche Zulieferindustrien, bei denen die menschliche Arbeitskraft das wichtigste Kostenelement darstellt, wie z. B. bei der Herstellung von Einzelteilen der Fahrradindustrie oder von Bauelementen der elektronischen Industrie. *Wenn durch eine solche Verlagerung von Zulieferdiensten in die Entwicklungsländer hinein die Zahl der in der Bundesrepublik beschäftigten Gastarbeiter reduziert werden könnte, würde das durchaus im Sinne einer Wirtschaftspolitik gelegen sein, die auf die Interessen derjenigen Länder Rücksicht nimmt, die durch ihren hohen Bevölkerungsüberschuß auf die Schaffung neuer Arbeitsplätze angewiesen sind.*

Wenn man solche Wege beschreitet, dann kann man auch eher dem oft gehörten Argument entgegentreten, bei der Entwicklungshilfe, die in den Entwicklungsländern geleistet wird, würden auch ganz handfeste Exportinteressen der Geberländer eine maßgebliche Rolle spielen. In dieser verallgemeinernden Form ist dieses Argument sicher nicht gerechtfertigt. Es läßt sich aber nicht bestreiten, daß das eine oder andere Entwicklungsprojekt auch der Exportförderung des betreffenden Geberlandes dienlich ist.

Eine Umstrukturierung des Welthandels mit Agrarerzeugnissen und eine Verbesserung der terms of trade, wobei insbesondere das Preisverhältnis zwischen Rohstoffen und Fertigprodukten eine Rolle spielt, ist schon des öfteren Gegenstand internationaler Konferenzen gewesen, so auch der letzten UNCTAD-Tagung (United Nations Conference of Trade and Development) in New Delhi im Jahre 1968. Dabei ging es aber im wesentlichen um Zollbestimmungen und Kontingente. *Man sollte die Dinge auch im größeren Zusammenhang des Weltproblems der sogenannten Bevölkerungsexplosion sehen, das entweder durch gemeinsame Anstrengungen aller Länder eine erträgliche Lösung findet, oder einen Strudel hervorruft, in den auch die nicht unmittelbar betroffenen Völker hineingezogen werden.*

Hans Wilbrandt

Der Beitrag der Europäischen Gemeinschaft (EG) zur Sanierung des Weltagrarmarktes

Agrarproblemen jeder Art kommt aus gesamtgesellschaftlicher Sicht die Bedeutung zu, die sich aus ihrer Stellung in der jeweiligen historischen, d. h. politisch-, sozioökonomisch- und kulturellen Situation ergibt. Nur in diesem großen Zusammenhang können sie verstanden werden. Sektorale Sicht hinkt. Jede historische Situation ist einmalig. Bei jeder Veränderung der Gegebenheiten sind neue Analysen erforderlich, um verstehen, beurteilen und entsprechend handeln zu können. Das Anliegen dieses Beitrages sind Überlegungen über Struktur und Problematik des Weltagrarmarktes früher, jetzt und in der voraussehbaren Zukunft.
Über die Grenzen eines Landes hinausgehenden Agrarhandel hat es schon vor Jahrhunderten gegeben, wenn auch zunächst nur für Spezialprodukte und meist über geringe Entfernungen. Diese Frühphasen, in denen der Ausgleich zwischen Angebot und Nachfrage, Überfluß und Hunger nur begrenzt möglich war, bleiben hier außer Betracht. Immerhin geht aber der Ursprung der heutigen Probleme ins neunzehnte Jahrhundert zurück.

Es geht hier nicht um die Sonderheiten des Marktes für jedes einzelne Produkt. Was da für tropische oder Produkte der gemäßigten Zone, für die Differenziertheit der Marktpartner – Industrieländer, Entwicklungsländer als alleinige oder in Konkurrenz stehende Beteiligte usw. – zu sagen wäre, ist aus der Globalbetrachtung abzuleiten.
Trotz aller Verschiedenheiten ähnelt die Lage auf den wichtigsten Weltagrarmärkten heute den Gegebenheiten vor der Jahrhundertwende bis – mit Unterbrechungen durch Krieg und Krisen – zum Zweiten Weltkrieg in doppelter Beziehung: die Weltpreise von Weltagrarhandelswaren großen Volumens wie Getreide u. a. waren und sind so gedrückt, daß damals einige, heute fast alle europäischen Industrieländer ihre Landwirtschaft irgendwie zu schützen für nötig hielten und halten. Weiterhin waren und sind heute Überseegebiete, vor allem Amerika, wichtigster Verursacher des Preisverfalls.

Hinter solchen äußerlichen Ähnlichkeiten stehen aber recht verschiedene Gegebenheiten.
Längst sind die Zeiten vorbei, da Millionen tüchtiger, kühner und wagemutiger bäuerlicher Pioniere aus Europa in die neue Welt zogen, um sich dort eine neue, bessere Existenz aufzubauen. Sie hatten alle Brücken hinter sich abgebrochen. Für sie gab es keine andere Wahl als Kampf mit Naturgewalten und Ausrottung der Urbevölkerung auf dem Weg zum selbst gesetzen Ziel einer mit eigener Hand geschaffenen Siedlerzukunft. Von den sich ihnen hier bietenden Möglichkeiten des Schaffens hatten sie bisher nur träumen können. Härte, Arbeit im Übermaß, Entsagung und mehr für zumindest die erste Generation von Pionieren waren der Preis, den sie auf sich nahmen. Aber allmählich brachte die Erschließung weiter jungfräulicher Prairiegebiete Früchte. Nach wenigen Jahrzehnten war der dortige Markt für immer größere Ernten zu klein. Alle Erwartungen und Hoffnungen wären in sich zusammengefallen, hätte nicht die Wirtschaftsentwicklung in dem von den Auswanderern verlassenen alten Europa und die Erschließung neuer See- und Landwege durch die Dampfmaschine dem großen Treck ganz neue Möglichkeiten eröffnet.
In Europa schienen – eine einmalige Konstellation – die Marktaussichten in der Tat vielversprechend. Innerhalb weniger Jahrzehnte war hier in Auswirkung der durch Bevölkerungszunahme und Industrialisierung bewirkten Nachfrageausweitung bei nur geringer Leistungssteigerung der meist noch nach Urväterart arbeitenden bäuerlichen Landwirtschaft ein strukturelles Zuschußgebiet großen Ausmaßes entstanden. Das Wachstum der Industrie war gewaltig. Regierungen und Wissenschaft begannen sich Sorgen um die Sicherstellung der Nahrungsversorgung aus der begrenzt erscheinenden Eigenerzeugung wie auch um die Gefahren starker Einfuhrabhängigkeit bei kriegerischen Konflikten zu machen. Zu dieser Zeit entstand aber auch die Zukunftsvision einer strukturellen und dauernden Weltarbeitsteilung zwischen Industrie- und Agrarländern. Aber konnten die bisherigen Hauptlieferanten Rußland und Südosteuropa dieser Erwartung gerecht werden?
In diese Unsicherheit stieß als Novum das wachsende Getreideangebot aus Übersee. Es ist müßig, Spekulationen darüber anzustellen, welche Wege die Agrarpolitik und Nahrungsversorgung eingeschlagen hätten, wenn dieses neue Überseeangebot mengenmäßig nur der langsam, aber ständig steigenden Nachfrageausweitung entsprochen hätte. Es war einfach ein Faktum, daß die aus der Neuen Welt angebotenen Mengen die Nachfrage in kurzer Zeit gewaltig übertrafen. Mit gegenüber heutigen

Größenvorstellungen lächerlich geringen Exportmengen kam der kleine Weltmarkt aus dem Gleichgewicht.
Retrospektiv ist das keine Überraschung. In einer freien Wirtschaft mit klassischen Marktgesetzen sinkt der Preis von auf der Nachfrageseite unelastischen Gütern wie Brotgetreide bei auch nur geringem Überangebot vorübergehend weit unter die Vorstellungen und Wünsche sogar natur- und strukturbegünstigter und vollends unter allen Umständen zum Verkauf gezwungener Produzenten. Heute würde man in einem solchen Fall von der Unerläßlichkeit einer internationalen oder bilateralen Angebots- und Marktregelung sprechen. Aber nicht einmal diese Begriffe existierten in dieser liberalen Frühperiode, in der schon das Wort „Schutzzoll" oft fast Sakrileg war. Die Weltpreise sanken gegenüber dem bisherigen Niveau wesentlich, der Angebotsdruck war nicht kurzfristig. Was blieb dem Überseefarmer übrig, als immer neue Anstrengungen um Fortschritte der Produktionstechnik zur Kostensenkung? Es ging um seine Existenz. Ob es ihm paßte oder nicht: Er hatte keinen anderen Ausweg als sich dieser Situation anzupassen und er tat es mit Erfolg.
Europa stand gegenüber der permanenten Bedrohung durch billige Importangebote vor der Alternative

- entweder alles zu unternehmen, um unter drastischer Abkehr von traditionellen Gegebenheiten neue kostengünstige Agrarstrukturen und Produktionsbedingungen zu schaffen und auf ungünstige Produktionsmöglichkeiten zu verzichten
- oder aber seine nun einmal vorhandene Landwirtschaft in ihrer gewohnten Struktur durch Preismaßnahmen zu schützen.

Deutschland, Frankreich und Italien auf der einen, Großbritannien und Dänemark auf der anderen Seite – jedes mit Struktursonderheiten – waren repräsentative Pole dieser historisch wichtigen, die Gegebenheiten bis heute in die neueste Zeit bestimmenden agrarpolitischen Spaltung.
Es ist viel darüber diskutiert worden, ob z. B. Deutschland (als wichtigster Repräsentant von Alternative 2) damals nicht besser getan hätte, dem Wege Großbritanniens und Dänemarks zu folgen. In der Tat sehen wir heute – mitten im nunmehr unausweichlich gewordenen Kampf um eine bessere, in der Zukunft lebensfähige Agrarstruktur –, welch gewaltige, damals unbekannte, abgeleugnete oder links liegengelassene Reserven der Struktur- und Produktionsverbesserung und damit Kostensenkung in der Landwirtschaft Deutschlands und anderer europ. Länder nutzbar gemacht werden können. Aber erst heute verfügen wir aus reicher eigener Erfahrung über das Wissen um Voraussetzungen, Schwierigkeiten, Verflechtungen und das Ausmaß der Aufgabe der Umstrukturierung großer Gebiete, das für seine Meisterung unerläßliche Maß von

Planungskapazität und staatlicher Förderung sowie die Mittel, die eine solche Aufgabe erfordert. Selbst wenn dies politisch möglich gewesen wäre, sind daher ernste Zweifel gegenüber der sozioökonomischen und technischen Realisierbarkeit ähnlich tiefer Eingriffe für die Zeit vor der Jahrhundertwende anzumelden. Die Gegebenheiten Dänemarks und Großbritanniens waren andere als die Deutschlands, Frankreichs und Italiens; das dortige Vorgehen kann nicht als damals generell für Europa anwendbares Modell gelten. Es mag in den Zollschutz wählenden Ländern gegenüber dem Weg Großbritanniens und Dänemarks leichter geschienen haben – und auch gewesen sein – die Nachteile der Auswirkung hoher Agrar- und Nahrungsgüterpreise auf Kaufkraft und Lebensstandard der Massen, auf industrielle Leistung und Konkurrenzfähigkeit im Export durch verstärkte Effizienzsteigerung in der Industrie und der übrigen Wirtschaft sowie Belastung und damit Hemmung des Verbrauchs zu kompensieren.

Wie dem auch sei: Allen theoretisch wohl fundiert erscheinenden pessimistischen Prognosen der Freihandelsanhänger zum Trotz erwies sich auch der Weg der um die Jahrhundertwende eingeschlagenen und bis heute fortgeführten Hochpreispolitik und des Schutzes für die gegebenen Agrarstrukturen als gangbar. Die sich aus konservierender Schutzzollpolitik ergebende und immer weiter gesteigerte Belastung wurde teils durch verstärkte Kostensenkungsanstrengungen, also Produktivitätsverbesserung in der Industrie, kompensiert, zu der dieser Kostennachteil zwang, teils von der Bevölkerung durch Verzichte verkraftet.

Vor dem Ersten Weltkrieg schien es so, als habe sich die nicht-agrarische Wirtschaft und Gesellschaft der zollgeschützten Länder mit dem Agrarschutz abgefunden und als sei der Bestand der traditionellen Agrar- und Produktionsstruktur durch die Schutzmaßnahmen auf die Dauer gesichert. Die alte heile Welt schien nicht bedroht.

Neuzeit: Umkehrung aller alten Vorstellungen

Überspringen wir die Geschehnisse der Zwischenkriegszeit mit wenigen Worten:

- Rußland schied in Auswirkung der Kollektivierung seiner Landwirtschaft und Südosteuropa nach Agrarreformen als Großanbieter aus dem Weltmarkt aus.
- Deutschland verstärkte den Agrarschutz in den Jahren der Wirtschaftskrise, das „Dritte Reich“ brachte die Erbhofära. Ökonomische Zielsetzungen traten hinter romantischen Ideologien zurück. Das Ergebnis war mehr Konservierung und Stagnation in traditionellen

Agrarstrukturen als wirksamer Anreiz oder Zwang zu wirtschaftlicher Dynamik und Fortschritt.

- In überseeischen Überschußgebieten wurden nach 1929 infolge des durch Arbeitslosigkeit rückläufigen Zuschußbedarfs Europas große Nahrungsmengen vernichtet, um die Preise nicht ins Bodenlose absinken zu lassen. Also ein erster, recht kostspieliger und noch recht unvollkommener Beginn von Valorisationsexperimenten, wie wir sie heute in „moderner" Aufmachung im Großmaßstab erleben.
- Japan war noch kein Großpartner auf dem Weltagrarmarkt.
- Das Bestehen der „Dritten Welt" und die daraus erwachsenden Implikationen wurden während der Kolonialzeit noch nicht zur Kenntnis genommen und machten sich auch noch nicht als Eigenkraft bemerkbar.
- Der Riese China war von seinen inneren Umwälzungen absorbiert und welthandelsfremd.
- Den Begriff „Bevölkerungsexplosion", der später zu einem der wichtigsten Faktoren auf dem Weltagrarmarkt werden sollte, gab es noch nicht.

Nach dem Zweiten Weltkrieg treffen wir auf der Bühne der Weltagrarmärkte zunächst die gleichen Partner wie früher, aber ihre Rollen haben sich wesentlich verändert. Neue Akteure von primärer Bedeutung sind hinzugekommen.

Die wenigen in dem inzwischen hochindustrialisierten reichen Amerika noch in der Landwirtschaft als dritte bis fünfte Generation tätigen Nachkommen der Bauernpioniere des neunzehnten Jahrhunderts, die – ganz im Gegensatz zu traditionellen bäuerlichen Agrarsystemen in der alten Welt – bereits damals keines Antriebs zu dynamischer Aktion und zum Fortschritt bedurft hatten, haben mit dem alten europäischen Bauerntyp nicht mehr viel gemein. Sie sind als „Farmer" Agrarunternehmer. Durch Betriebsvergrößerung, Substitution von Arbeitskraft durch alle Schikanen immer weiter vervollkommneter moderner Agrarwissenschaft und -technik, durch organisatorisch und betriebswirtschaftlich rationelle Einfügung in einem Riesenmarkt usw. haben sich die Erfolge ihrer nicht endenden Bemühungen um Kostensenkung immer wieder überboten. Der auf wenige Prozente der Gesamtbevölkerung reduzierte Anteil des Agrarsektors hat es geschafft, sich auch in einem Industrieland mit stürmischer Entwicklung und ständigem Steigen der nicht landwirtschaftlichen Einkommen und damit der „Opportunity Costs" zu halten.

Eng hiermit zusammenhängend ist die neue Zeit noch durch ein weiteres, nunmehr zumindest für alle Industrieländer gültiges Novum gekennzeichnet; einen immer weiter ausgebauten Agrarschutz mit staatlich garantierter Preisstabilität auf relativ hohem Niveau und zunächst unbegrenzter Abnahmegarantie gegenüber den Produzenten. Durch diese Staatsintervention auf dem Agrarmarkt wurden in den USA und anderen Industrieländern auch Grenzproduzenten, die sonst zur Aufgabe gezwungen worden wären, in der Produktion gehalten und die besten Farmer zusätzlich zur Verdienstmaximierung durch Mehrproduktion angereizt. Die alten klassischen Regeln, daß bei Überangebot die Preise fallen und damit nur die am billigsten arbeitenden Produzenten weiterarbeiten können, sind außer Kraft gesetzt.

Kaum ein anderes Land hat in Auswirkung von Bevölkerungszunahme, mehr noch aber Einkommenssteigerung in diesem Jahrhundert einen so gigantischen Anstieg der Nahrungsnachfrage erlebt wie Amerika. Aber die aus Tüchtigkeit, Zwang, Anreiz, immer perfektere Technik und Kapitalreichtum resultierende Produktionslawine war noch stärker. Die den Inlandsbedarf bei fixiertem Preisniveau übersteigenden Angebote mußten, koste es was es wolle, aus dem Inlandsmarkt entfernt werden, wenn man den komplizierten Preisschutz für die gesamte Marktproduktion aufrecht erhalten wollte. Die Übernahme der Verluste von im Inland nicht absetzbaren Überschüssen beim Export auf den preislich viel ungünstigeren und unstabilen Weltmarkt bot den Farmern unlimitierten – später mitunter etwas begrenzten – Absatz. Das Marktrisiko hatte der Staat übernommen. Der früher einmal Angebot und Nachfrage, Produktionskosten, Nachfrage und Kaufkraft widerspiegelnde Weltmarkt war zum Müllhaufen degradiert. Überschüsse waren Abfall, den man beseitigen muß.

Auf diesem Wege staatlich angeheizte Überschußsorgen blieben nicht auf die Vereinigten Staaten beschränkt. Hier interessiert besonders, daß sich nach Überwindung der Kriegsauswirkungen, also schon in den sechziger Jahren, Europa bei zunächst nur relativ, seit zwanzig Jahren aber auch absolut sinkendem Anteil der Agrar- an der Gesamtbevölkerung aus den gleichen Gründen – hoher Einkommenszuwachs in den nichtlandwirtschaftlichen Sektoren, Produktionsanreiz durch Preisgarantien und Opportunity-Cost-Zwang – in zunehmendem Maße vor ähnliche Probleme gestellt sah. Die große Chance, bei Gründung der EWG aus bisherigen Erfahrungen zu lernen und durch niedrigere Preise den leistungsfähigen Produzenten anzuspornen, den Schwachen sowie von Natur nicht begünstigte Böden aber auszuschalten, wurde aus verschiedenen – verständlichen, aber den Zukunftserfordernissen in keiner Weise gerecht werdenden – Gründen vertan. Das Tauziehen der unterschiedlich gelagerten innerpolitischen Interessen der EWG-Mitgliedsländer resultierte in der Zementierung eines technisch ebenso perfekten wie wirtschaftlich unsinnigen Preisgarantiesystems auf Höchstniveau. Auch hier mit unlimitierter Abnahmegarantie für eine rapide steigende Erzeugung fast aller Agrargüter bei immer mehr gesättigtem Binnenmarkt.

Hier sei auf einen interessanten Zusammenhang zwischen wirtschaftlichem und gesellschaftlichem Strukturwandel, Industrialisierung, Umbruch in der Agrarwirtschaft und der Tendenz der Agrarproduktion hingewiesen. Anscheinend kann sich eine auf den traditionellen Bedarf beschränkte Produktion bei bescheidenem Lebensstandard, individuellem Eigentums- und Standesstolz sowie Superioritätsempfinden der alten bäuerlichen Gesellschaft gegenüber Lohnarbeitern basierende traditionelle bäuerliche Lebensart bei fortschreitendem Industrialisierungsprozeß als Leitwert nicht mehr halten, sobald der relative Anteil der Agrarbevölkerung die Grenze von etwa 10–15 % unterschreitet. Je näher die Stadt mit allem, was dort geboten wird, je entwickelter die Verkehrs- und Kommunikationserschließung, je leichter die Teilnahme der Dorfbewohner am Stadtleben und der Übertritt vom bäuerlichen in einen nichtlandwirtschaftlichen Beruf, desto mehr erfassen industriegesellschaftliche Leitwerte der geregelten Arbeitszeit mit freiem Wochenende, gesichertem Einkommen, hohem Konsum, Motorisierung, Tourismus usw. auch die junge ländliche Generation, desto mehr treten die alten Wertsysteme zurück. Die jungen Landwirte sind fortschrittlich und erstreben mit modernster Technik maximale Produktion. Dieses Phänomen ist zukunftsweisend.

Aber dies gilt nicht für die ältere Generation der Agrargesellschaft. Wer wegen fortgeschrittenen Alters oder aus sonstigen Gründen den Beruf nicht mehr wechseln will oder kann bzw. wer den Wunsch hat, in einer modernen Erfordernissen Rechnung tragenden landwirtschaftlichen Tätigkeit zu bleiben, ist zu extremer Anstrengung gezwungen, um mit einem Maximum von Erzeugung der Einkommensparität mit nichtlandwirtschaftlichen Berufen nahe zu kommen oder ihr zumindest in einem erträglichen Abstand zu folgen. Von zwei Seiten wird daher verständlich, daß die reichen Industrieländer mit meist weniger als 10 % und noch weiter rückläufiger Agrarbevölkerung eine nie dagewesene Rekordhöhe der Agrarproduktion erreicht haben. Hierzu einige Vergleichszahlen eines Zeitraumes von nur zehn Jahren. Gegenüber dem Zustand von 1950 ist der erreichte Abstand entsprechend größer.

Wäre der Nahrungsgüterverbrauch auf dem bereits hohen Niveau der Zwischenkriegszeit stehen geblieben, so wären auf den festungsartig abgeschirmten und auf hohem Preisniveau stabilisierten Agrarmärkten Europas aus dieser massiven Produktionssteigerung längst für die meisten Nahrungsgüter gewaltige Überschüsse entstanden. Jedoch ermöglichte jahrelang die durch fast ununterbrochenen konjunkturellen Aufschwung ständig wachsende Massenkaufkraft auch die Erreichung eines Rekordstandes der Massenernährung (in der EWG von 1958/59 bis 1968/69 um

Tabelle 1: Bruttoagrarproduktion in der EWG in Million Tonnen Getreideeinheiten [1])

	1968/69	1958/59	Zuwachs in v. H. in zehn Jahren
BRD	45.4	62.4	37
Frankreich	61.7	90.1	46
Italien	39.9	53.6	34
Benelux	22.3	30.5	37
EWG	169	236	40

1 Quelle *Günther Thiede* (Statistisches Amt der EWG Luxemburg): „Versorgungsbilanz und Flächenbedarf". Vortrag auf der Tagung der Agrarsozialen Gesellschaft in Lindau am 14. 5. 1971.

fast 20 % gestiegener Konsum pro Kopf und entsprechend mehr für die gewachsene Bevölkerung). Aber schließlich eilt die den geschilderten Eigengesetzen folgende Produktion angesichts der immer stärker fühlbaren Annäherung an die Sättigungsgrenzen pro Kopf bei sich ständig verringernder und schließlich stagnierender Bevölkerungsentwicklung dem Verbrauch immer schneller voraus. Wo jede Produktionsmenge zum Festpreis abgenommen werden muß, kommt es zu „Weizen-, Butter-, Zucker- und Schweinebergen."

Die Verantwortung für diese Überschüsse ist den Produzenten in der EWG ebenso wie in den USA durch die Marktregelung und die Staats- (bzw. EWG)kasse abgenommen. Diese haben den schwarzen Peter in der Hand. Sie sind zu jeder möglichen Ausweitung des kommerziellen Exportes in alle kauf- und zahlungskräftigen Bedarfsländer gezwungen. Daß dabei der Exportpreis für die dem Produzenten auf hohem Garantieniveau abgenommenen Agrargüter auf das unter die Produktionskosten der wichtigsten Erzeugerländer liegende Weltniveau durch Staatssubsidien herunterzuschleusen ist, muß in Kauf genommen werden.

Gewiß hat es in Erzeugerländern wie den USA nicht an Bemühungen gefehlt, der Produktionslawine Einhalt zu tun. In der EWG gibt es in dieser Hinsicht nur beim Zucker kümmerliche aber völlig ungenügende Ansätze. Die Überschußsituation dauert an, obwohl sich auch auf der Nachfrageseite Veränderungen abzeichnen.

Die Tatsache, daß neben die alten Absatzgebiete Japan, obwohl selbst bereits Überschußland für Reis geworden, vor allem für anderes Getreide, als neuer struktureller und zahlungskräftiger Käufer auftritt, bietet zunächst nur unzureichende Entlastung. Zeitenweise traten und treten weiterhin die UdSSR und die V. R. China als willkommene Großkäufer auf dem Weltgetreidemarkt auf. Aber sie sind angesichts der nicht leicht beurteilbaren Agrarsituation in diesen Ländern schwer durchschaubare Akteure, auf die auf lange Sicht nicht zu rechnen ist.

Im Ergebnis waren und sind die Lager übervoll und die „Berge" haben ihre Bedrohlichkeit nicht verloren, die Aufkauf- und Lagerungskosten sowie die Zuschüsse für die Herunterschleusung auf den Weltmarktpreis erforderten und erfordern, wie in „Die Zukunft der Europäischen Landwirtschaft" ... ausgeführt, hohe Milliardenbeträge.

Damit begann das durch seine Scheinlogik den Laien zunächst bestechende Sonderkapitel „Surplus Disposal" bzw. „Food Aid". Ein neuer Großpartner besonderer Art trat auf die Bühne: Die Dritte Welt. Aus der nunmehr in ihre Hauptphase eintretenden Bevölkerungsexplosion, dem infolgedessen rapide wachsenden Nahrungsbedarf bei nur mit Mühe folgender Agrarproduktion sowie dem dort seit jeher niedrigen Ernährungsniveau ergibt sich „statistisch" Bedarf. Aber die großenteils aus früheren Kolonien hervorgegangenen nunmehr selbständigen Entwicklungsländer waren und sind bettelarm. Sie sind zur Bezahlung von größeren Nahrungsimporten nicht in der Lage. Selbst wo aus Exporten gewisse Devisenerlöse erzielt werden konnten und können, zwingen Wachstumserfordernisse zu hoher Priorität für den Import von industriellen Investitionsgütern. Arbeitsplätze für die Bevölkerungslawine müssen geschaffen und möglichst viele Industriegüter im eigenen Lande hergestellt werden.

Zur Bewältigung der sich aus der Sondersituation der Dritten Welt ergebenden Probleme ist der klassische Weltagrarmarkt, auf dem angeboten, nachgefragt, ein Preis ausgehandelt, dann aber auch die Zahlung mit Geld oder Naturalien geregelt wird, nicht geeignet.

Hier entstand nun erstmalig etwas völlig Neues. Mit Hilfe eines nicht entwirrbaren Konglomerats von mehr oder weniger aufrichtigen Motiven humanitärer Hilfeleistung gegenüber Entwicklungsländern in Nahrungsnot, handfesten Verpflichtungen der Regierungen (auch der EWG) zur Einlösung von Versprechungen gegenüber der eigenen Landwirtschaft, lawinenhaftem Anschwellen der Kosten für die Vorratshaltung und Erstickungsgefahr in den diversen „Bergen" wurde dem Monstrum „Überschüsse" zunächst zaghaft, dann aber in großem Stil und mit hohen Aufwendungen zu Leibe gegangen.

In der Dreißigerkrise waren Millionen Tonnen von Nahrungsgütern ins Meer geworfen, in Lokomotiven verbrannt oder sonst wie beseitigt worden. Damals hatte niemand auch nur die Frage geprüft, ob es nicht anderwärts in der Welt Hunger gab, dem man mit Überschüssen entgegentreten konnte statt sie zu vernichten. Nachrichten über Hunger da und dort waren in der Kolonialzeit noch keine Angelegenheit der Weltpolitik

und der Weltverantwortung. Zumindest führten sie nicht zur Aktion. Vernichtung war billiger. Niemand protestierte. Als die in der Nachkriegszeit immer mehr von der Bevölkerungsexplosion betroffenen Entwicklungsländer auf allen Bühnen der Welt als selbständige und gleichberechtigte Partner auftraten, war Massenvernichtung von Nahrungsgütern angesichts der Nahrungsnot in der Dritten Welt – zumindest optisch – nicht mehr verantwortbar. Ein Land, das bei diesem allseits sichtbaren Kontrast von Überschuß und Hunger Nahrungsgüter in großem Ausmaß vernichtet hätte, wäre als „Feind der Humanität" gebrandmarkt worden. Der Zweite Weltkrieg, die Entkolonialisierung, die Erschließung der entferntesten Gebiete des Erdballes durch Kommunikations- und Verkehrsfortschritt und die allseitigen Gelöbnisse, es in der Zukunft auf dieser Erde besser machen zu wollen als bisher, haben ebenso wie die skizzierten Geschehnisse auf den Weltagrarmärkten völlig neue Konstellationen entstehen lassen.
Als Ergebnis dieser neuen Warenströme entstand eine den Vorstellungen um die Jahrhundertwende diametral entgegengesetzte Lage: Nicht Weltarbeitsteilung zwischen armen, über den Eigenbedarf hinaus produzierenden Agrarländern und reichen Industrieländern unter gegenseitigem Geben und Nehmen, sondern Lieferung von Getreide zur Linderung mehr oder weniger dringlicher Nahrungsnot der Entwicklungsländer aus Überschüssen der Industrieländer ohne Zahlung.
An dieser Stelle beziehen wir uns auf die im Dokumentarteil dieses Bandes abgedruckten Leitsätze (Punkte 29 ff.) und das Kapitel 3 des Gutachtens zu Grundfragen der Welternährungswirtschaft des Wissenschaftlichen Beirats des Bundesministeriums für Wirtschaftliche Zusammenarbeit [1]. Dort werden die vielen Wurzeln des Gedankens, Überschüsse für Nahrungsmittelhilfe zu verwenden, dargelegt:

„... Motive (der internationalen Hilfepolitik) hätten allein wohl kaum zu einer Konzeption weltweiter Nahrungsmittelhilfe führen können, wenn nicht kommerzielle und agrarpolitische Interessen das wirtschaftliche Fundament dafür geliefert hätten. Da man die Marktordnungen nicht aufgeben wollte, mußte ein Weg für die Verwendung der Überschüsse gefunden werden, der auch die Forderungen nach internationaler Solidarität erfüllt. In einer Zeit des alle Länder verbindenden Kommunikationswesens ist die Nahrungsnot wachsender Menschenmassen jedem sichtbar. Überschüsse zu vernichten, läßt sich mit dem Bewußtsein gegenseitiger Verantwortung nicht mehr vereinbaren. Der nach dem Zweiten Weltkrieg frei werdende Schiffsraum machte Getreidetransporte großen Umfangs in die Entwicklungsländer möglich.
Mit dem so gegründeten Konzept der Nahrungsmittelhilfe wird versucht, sehr heterogene Probleme gleichzeitig zu lösen:

1 Siehe „Leitsätze" des Wissenschaftlichen Beirats und das Gesamtgutachten des Unterausschusses desselben (S. 189–213).

- Die Beseitigung von Agrarüberschüssen, deren Anwachsen die Marktordnungen der Geberländer bedroht und ihre Haushalte belastet. Dieser Zielsetzung entspricht die Bezeichnung „Surplus Disposal“; und
- die Hilfeleistungen an Entwicklungsländer, die ihren Nahrungsbedarf aus verschiedenen Gründen nicht allein decken können. Diese Zielsetzung kommt in der Bezeichnung „Food Aid“ zum Ausdruck.

In den Punkten 29–47 der Leitsätze und den Kapiteln 3.2. bis 3.3.4 (S. 192–214) des Gesamtgutachtens wird begründet, warum Nahrungsmittelhilfe keine Lösung des Überschußproblems und die Überschußverwendung keine Lösung des Nahrungsproblems in den Entwicklungsländern sein kann. Aus diesen Darlegungen seien hier nur die wichtigsten Gesichtspunkte erwähnt:

- Ablenkung der Entwicklungsländer von der zweifellos schwierigen, aber meist lösbaren Aufgabe der Steigerung der eigenen Nahrungsgütererzeugung durch leicht erhältliche „Nahrungsmittelhilfe“
- geringster (wenn überhaupt) Wachstumseffekt derartiger Hilfsleistungen (sie werden, wenn auch nicht Investitionszwecken üblicher Art dienend, aus Kapitalhilfemitteln finanziert) überall dort, wo der Nahrungsgüterlieferung nicht eine so besonders dringliche Priorität zukommt, daß es ohne sie einfach nicht geht.
- Verminderung wirksamerer Hilfe, die jedes Entwicklungsland in Form von industriellen Investitionsgütern nur von Industrieländern erhalten kann, durch jeden nicht diesen Erfordernissen dienenden Aufwand für Nahrungsmittellieferung. Das bedeutet Fehlleitung von Dutzenden von Milliarden, die für effiziente Entwicklungsförderung dringendst benötigt werden, in tote Kanäle.

Wer infolgedessen vom Gesichtspunkt optimaler Entwicklungsförderung in der Nahrungsmittelhilfe mehr sieht, als eine nur in Katastrophenfällen und unter ganz bestimmten, eng begrenzten und immer weiter zurücktretenden Bedingungen angebrachte und so schnell wie möglich durch wirksamere Förderungsleistungen abzulösende Maßnahme, muß sich den Vorwurf gefallen lassen, in Unkenntnis der Zusammenhänge illusionär oder wider besseres Wissen in sehr handfestem Interesse von Industrieländern zu handeln, die nicht in der Lage sind, mit ihren Überschußproblemen fertig zu werden.
Man beachte die sich hier vollziehende Entartung. Der in den Zeiten liberaler Wirtschaftsprinzipien des letzten Jahrhunderts entstandene und dann ständig wachsende Weltagrarmarkt hatte dem freien Auspendeln von Angebot und Nachfrage gedient. Auf ihm hatte sich ein automatisch funktionierender Ausgleich der jeweiligen Erzeugungskosten- und Angebotsstrukturen mit den Nachfragekräften vollzogen. Jetzt stehen wir vor einem den ursprünglichen Vorstellungen und Aufgaben diametral entgegengesetzten und geradezu pervertiert anmutendem Spottbild mit völlig veränderten Rollen der Akteure und neuen Fronten:

1. Nicht mehr weltweiter Produktions-, Angebots-, Nachfrage- und Konsumausgleich auf Basis freier Markt- und Preisbildung, deren Auswirkung auf die nationalen Märkte zwar durch Zollmaßnahmen evtl. geringfügig beeinflußt, aber nie ausgeschaltet wurde. Sondern im Rahmen nationaler bzw. durch die EWG erfolgender Agrarplanung innerhalb der jeweiligen Hoheitsgebiete um 30–50, ja 100 % über Weltmarktniveau stabil festgesetzte Garantiepreise, auf die das Auf und Ab auf dem Weltmarkt ohne Einfluß ist.
2. Dadurch angeheizte, meist unlimitierte und unter Nutzung aller Möglichkeiten modernster Technik von Jahr zu Jahr fortschreitende Produktionssteigerung in den Industrieländern mit großenteils nur noch 4–10 % Agrarbevölkerung ohne Rücksicht auf die Nachfrageentwicklung.
3. Tendenz einer Steigerung der Produktion in diesen Ländern weit über das Maß der dort bereits zu Rekordhöhe ausgeweiteten, sich der Sättigung nähernden Nahrungsnachfrage.
4. Unbegrenzte Aufnahme des Angebots der den Eigenbedarf übersteigenden unlimitierten Agrarproduktion durch den Staat unter entsprechender Anhäufung von Lagervorräten (Weizen-, Zucker-, Butter-Berge usw.).
5. Hoher Anreiz zur Produktionssteigerung durch Hochpreispolitik auch in den Industrieländern, die bei Auswirkung der von Angebot und Nachfrage geprägten Weltmarktpreise auf die Preisgestaltung innerhalb der nationalen Marktfestungen und rationellen eigenen agrarpolitischen Maßnahmen zahlungsfähige Großabnehmer auf dem Weltmarkt wären.
6. Umkehr des alten Prinzips der Produktions- und Exportausweitung in und aus den Gebieten mit niedrigsten Produktionskosten durch die auf der Basis innerpolitischer Rücksichten und Kräfte regierte Agrarpolitik in den Industrieländern.
7. Infolgedessen Umkehr der zwar falschen, aber noch eine gewisse Logik besitzenden Vorstellung einer Weltarbeitsteilung zwischen Agrar- und Industrieländern um die Jahrhundertwende, also anstelle einer Deckung des kommerziellen Importbedarfs an Agrargütern in den Industrieländern mit Zuschußbedarf aus Agrargebieten vorwiegende Einfuhr in diese industrialisierten Zuschußländer aus Überschußproduktion anderer Industrieländer.
8. Funktionsunfähigkeit des durch Dumpingexport von Überschüssen zerrütteten Weltagrarmarkts. Zahlung hoher staatlicher Subsidien, um den Preis aller kommerziell exportierten Überschüsse auf das durch diese zusätzliche Marktbelastung herabgedrückte Weltmarktniveau herunterzuschleusen.
9. Auf der Basis der gedrückten Weltmarktpreise hinter dem Angebot zurückbleibende kommerzielle Nachfrage und infolgedessen Steigerung der Überschußbildung.
10. Den „Surplus-Ländern" als Deckmantel eigener Unfähigkeit zur Regelung ihrer Agrarprobleme willkommener Zuschußbedarf von kaufkraft- und devisenschwachen und daher kaum als kommerzielle Käufer auf dem Weltmarkt erscheinenden Entwicklungsländern. Vergabe – oft Aufdrängung – der keine kommerziellen Abnehmer findenden Überschüsse an Entwicklungsländer zu Weltmarktpreisen als „Hilfeleistung" entweder als Geschenk, d. h. à fonds perdu, oder zu „concessional terms". Hohe Subsidienzahlung der Industrieländer für diesen meist irreführend als „Food Aid" deklarierten „Surplus Disposal" (allein in der EWG 1971 etwa 13 Milliarden Mark, in den USA viel mehr).
11. Hemmung der Aktivierung des großen eigenen Agrarpotentials in den Entwicklungsländern mit meist 60–80 % Agrarbevölkerung, weil es leichter und

angenehmer ist – durch die Bildung von Gegenwertfonds den ständig in Budgetnot befindlichen Regierungen dort auch Löcher im Staatshaushalt stopfen hilft und damit besondere „Köder"wirkung enthält – Food Aid zu erhalten als mit ganzer Kraft die schwierige aber mögliche Steigerung der eigenen Agrarproduktion zu forcieren.

12. Im Endergebnis Verschleuderung unvorstellbar hoher, für die Realisierung anderer, viel vordringlicherer, Aufgaben in Industrie- wie in Entwicklungsländern dringend benötigter Summen durch diesen fatalen circulus vitiosus in der Agrarpolitik der Industrieländer wie in der Förderung der Entwicklungsländer Jahr für Jahr.

Das ABC der Weltagrarmarktpolitik von morgen

Die skizzierte Verzerrung des Weltagrarmarkts ist nicht als schicksalhaftes unveränderliches Faktum hingenommen worden. Frühzeitige wissenschaftliche Hinweise auf die Folgen des Widersinns haben innerhalb der Fachkreise zur Erkennung der Zusammenhänge beitragen können. Seit langem kann niemand Unwissen vorschützen. Aber das Geschehen in der politischen und administrativen Praxis ist eigenen Gesetzen unterworfen. Man nimmt von unpopulären Analysen entweder nur zögernd Kenntnis oder vermag ihnen angesichts stärkerer politischer Gegenkräfte nicht zu folgen [1].

Hierdurch wurde jedoch immer mehr Kritik und objektive Analyse aus höherer Sicht sowie Suchen nach praktikablen Lösungen durch sozialökonomisch wie auch politisch interessierte Wissenschaftler geradezu herausgefordert. Wer die komplizierte Problematik nicht aus eigener Erfahrung kennt, kann sich aus der Literatur ein eigenes Bild machen [2]. Hier nur ein kurzes Resumée von Gedanken, die in den in diesem Dokumentarband enthaltenen Texten mit ausreichenden Einzelheiten dargelegt sind.

Die Ernährungslage in der Dritten Welt ist zwar, dem Stande der Gesamtentwicklung und Kaufkraftschwäche dort entsprechend, meist arm und dürftig. Die Agrarproduktion dort ist jedoch durch die „Grüne

1 Bereits 1965, also vor dem Anwachsen der verschiedenen „Vorratsberge" wurde der EWG von M. Cépède, F. Zito und H. Wilbrandt ein Gutachten über das Problem der Nahrungsmittelhilfe aus der Sicht der EWG vorgelegt. Dort geschah aber nichts, um die Bildung von Überschüssen zu verhindern und damit von vornherein den aus dem Geschehen in den USA bereits bekannten und nun auch hier vorhandenen Gefahren entgegenzutreten.

2 Allein aus der neueren deutschsprachigen Literatur sind die in diesem Dokumentarband wiedergegebene Veröffentlichung des Atlantischen Instituts: „Die Zukunft . . ." und das in seinen Leitsätzen abgedruckte Gutachten des Wissenschaftlichen Beirats des Bundesministeriums für Wirtschaftliche Zusammenarbeit (dazu das hier nicht wiedergegebene ausführliche Gesamtgutachten des vom Wissenschaftlichen Beirat hierfür eingesetzten Unterausschusses), schließlich auch die Schrift von Ernst Zurek: „Die Wirtschafts- und agrarpolitische Bedeutung des Außenhandels mit landwirtschaftlichen Überschußgütern." (Nr. 215, Forschungsstelle für Agrarpolitik und Agrarsoziologie Bonn) zu erwähnen. Dies sind nur wenige Beispiele von in Europa erschienenen Analysen über den Zusammenhang europäischer Agrarpolitik mit den Überschuß- und Nahrungsmittelhilfeproblemen erschienenen Publikationen. Die Weltliteratur in anderen Sprachen ist umfangreich.

Revolution“ in den letzten 8–10 Jahren in eine neue Phase eingetreten. Das Gespenst von Massenhunger für Hunderte von Millionen ist nicht mehr Sorge Nr. 1. Die lange Zeit als größter Engpaß der Zukunft angesehene Nahrungsversorgung tritt hinter den Schwierigkeiten, für Hunderte von Millionen Arbeitskräftezuwachs produktive Arbeitsplätze und Kaufkraft zu schaffen sowie mit der Bevölkerungsexplosion fertig zu werden, zurück. Die sich aus dieser neuen Entwicklung ergebenden Auswirkungen auf dem Weltagrarmarkt beschränken sich nicht auf die Aspekte des Rückgangs bzw. Aufhörens des Bedarfs an Import oder Nahrungsmittelhilfe. Vielmehr ist mit einiger Wahrscheinlichkeit zu erwarten, daß eine steigende Zahl von Entwicklungsländern mit der Zeit zu Anbietern nicht nur von tropischen Spezialerzeugnissen, sondern auch von Grundnahrungsmitteln auf dem Weltmarkt wird.

Damit ändert sich die Interessenrichtung der Entwicklungsländer am Geschehen auf dem Weltagrarmarkt. Dies einerseits bezüglich der Preisfrage, wenn aus Nachfragern Anbieter werden. Noch wichtiger aber: Der Absatz auf dem Weltmarkt ist durch die Überschüsse der reichen Industrieländer blockiert; gegen die hinter diesen stehenden Markt- und Dumpingkräfte kommen arme Neuanbieter nicht auf.

Für die vorwiegend agrarischen Entwicklungsländer, in denen diese teilweise erst am Horizont sichtbar werdenden Strukturveränderungen Wirklichkeit wird, ist der Agrarexport Lebensbasis. Sie benötigen dringend Devisen zum Kauf von Investitionsgütern, um ihr Gesamtwachstum vorwärtszutreiben. Hieraus ergibt sich der dringende Wunsch, Absatzmöglichkeit über die Deckung des Eigenbedarfs hinaus auf einem funktionierenden Weltagrarmarkt zu finden.

Und das Bild von der Seite der Überschüsse erzeugenden Industrieländer und damit auch der EWG? Für sie gilt zunächst ziemlich generell, daß nach Abriegelung aller eventuellen Einbruchs-Breschen ihrer Agrarmarktfestungen der „Feind“ interner Preisregelung und -stützung nicht mehr draußen, also in billiger erzeugenden Konkurrenzländern, sondern im eigenen Lager steht. Die Standfestigkeit der Festungen ist von innen durch die Überschüsse bedroht. Die Fronten haben sich verkehrt. Preisabschirmung gegen Billigländer wäre wirkungslos, wenn die Überschüsse nicht beseitigt würden. So willkommen es der Landwirtschaft ist, ihre Produktion beliebig ausdehnen zu können: Jede Steigerung der Erzeugung über ein bestimmtes Maß hinaus führt zu immer schwerer lösbaren Problemen und ist eine Beeinträchtigung der Effizienz der Gesamtwirtschaft.

Jedoch sind die Interessen in den Industrieländern gespalten. Der Landwirtschaft liegt vor allem an hohen Preisen und freier Bahn für unlimitierte Produktionsentfaltung. Um den Schwarzen Peter – Zerrüttung des

Weltmarkts und Kosten der „Müll"beseitigung der internen Marktordnungen – kümmert sie sich wenig. Aus der Sicht der Finanzminister bzw. Finanzverantwortlichen der EWG, die ständig zur Deckung der aus Überschüssen resultierenden Finanzlasten zur Kasse gerufen werden, ergibt sich ein anderes Bild: was hier zugebuttert werden muß, ist andererseits einzusparen. Bei ihnen und all denen, die die bösen Auswirkungen der Vergeudung sehen und ohnehin die schon aus anderen Geschehnissen vor reichlich genug Problemen der Finanz- und Preisstabilität stehen, werden dagegen die Widerstände gegen die unsinnigen Auswüchse des heutigen Systems immer stärker. Nur weil man aus innen- und gemeinschaftspolitischen Prioritäten aus dem Teufelskreis nicht herauskommt und bisher immer wieder die erforderlichen Mittel seitens der Finanzressourcen bereitgestellt werden, um die Agrarmarktfestungen zu halten, brechen die Mauern nicht zusammen.

Wozu noch zu bemerken bleibt, daß z. B. die BRD wohl kaum mit Recht Frankreich als größtes Überschußland innerhalb der EWG die Hauptschuld für diese Misere zuschieben kann. In einem gemeinschaftlichen Agrarmarkt, der mit all seinen negativen und positiven Aspekten als von allen Beteiligten zu zahlender Preis für die EWG-Gründung überhaupt anzusehen ist, kann (siehe S. 75–76 von „Die Zukunft ...") nicht das Land für die hier entstehenden Lasten verantwortlich gemacht werden, das aufgrund der gemeinsamen Preisbeschlüsse angereizt wird, sein hohes Produktionspotential besser zu nutzen als bisher und infolgedessen besonders viel zu den Exportüberschüssen beiträgt, sondern das Land, das im Feilschen um die Preisfestsetzung im gemeinsamen Markt die höchsten Preise gefordert und weitgehend durchgesetzt hat, um seine eigene, weniger effiziente Agrarproduktion zu schützen.

Niemand kann behaupten, daß es in der Welt an Wissen über und Erfahrungen in der immer komplizierter werdenden Technik nationaler und internationaler Agrarmarktregelungen fehlt. Schuld und Verantwortung für den heutigen Zustand liegt darin, daß alle diese hochentwickelten Mechanismen bisher nur dem Egoismus von berufsständischen Gruppen, Nationalstaaten oder -Blöcken dienstbar gemacht wurden und daß keiner der maßgeblich Beteiligten es verstanden hat, über seinen eigenen Schatten zu springen.

Wenn es um Beseitigung der hier nur kurz skizzierten Übel und um Sicherung eines funktionsfähigen Weltagrarmarktes geht, so ist nicht an Wiederherstellung desselben nach klassischem Modell alter Zeiten zu denken. Der Stand von Wirtschaft und Gesellschaft heute verlangt eine Neugestaltung, die den Erfordernissen der Gegenwart und der Zukunft gerecht wird. Hierzu einige Überlegungen:

- Große und kleine Länder, Blöcke und Gemeinschaften haben Anspruch auf zumindest im Prinzip gleichberechtigte Nutzung des Weltagrarmarktes zur Wahrnehmung ihrer legitimen Interessen. Diesem kommt der Charakter einer öffentlichen Institution zu.
- Das Geschehen am Weltagrarmarkt ist engstens mit dem Wandel der Produktions-, Angebots-, Nachfrage- und Verbrauchsstrukturen in Industrie- und Entwicklungsländern verbunden. Es hängt infolgedessen nicht, wie früher, von einem Ausgleich der inneren und äußeren rein wirtschaftlichen Marktkräfte ab, sondern von staatlichen Regelungen. Damit haben die beteiligten Regierungen – ebenso wie in der Umweltverschmutzung das Prinzip der Verursacherverantwortung immer stärkere Geltung erlangt – als Nutznießer des Weltagrarmarktes für ein fair play, also eine Begrenzung eigener Aktionen dort, wo sie eine Schädigung legitimer Partnerbelange darstellen, zu sorgen.
- Die gemeinsame Erarbeitung von Spielregeln und die Überwachung der Einhaltung wird damit zu einer unerläßlichen Aufgabe aller Beteiligten.
- In der Gegenwart gibt es keine übergeordnete internationale Instanz, die jedem Teilnehmer am Weltagrarmarkt die Gestaltung seiner eigenen internen Agrarpolitik vorschreiben könnte. Zu weit gehende Bestrebungen in dieser Richtung wären ein auch unter den Gegebenheiten von heute und morgen vermutlich allzu tiefer dirigistischer Eingriff. Aber im Sinne des Wortes von Dahrendorf: „nicht untereinander konkurrierende Blöcke, sondern nur eine harmonische Zusammenarbeit zwischen den Staaten der gesamten Welt muß die Zukunft des Weltwirtschaftshandels sein", ist es immerhin denkbar, ja auch zu wünschen, daß die großen am Weltagrarmarkt beteiligten Länder und Blöcke, wenn nicht gemeinsame, so doch sich nähernde Ziele ihres Binnenmarktpreisniveaus anstreben.
- Es wäre widersinnig, irgendein Land daran zu hindern, auf dem Weltmarkt zu kaufen oder zu verkaufen. Aber eine strikte Verpflichtung aller Beteiligten, auf unter dem inneren Preisniveau liegenden Export, also auf jedes den Weltagrarmarkt zerrüttende Dumping zu verzichten, ist eine Voraussetzung der Wiederherstellung seiner Funktionsfähigkeit. Nur wenn hierüber eine Verständigung erzielt wird, wird auch ein allmählicher Abbau der Mauern der nationalen Preishochburgen praktikabel.
- Hierin liegt bereits die Verpflichtung aller Beteiligten, durch innere agrarpolitische Maßnahmen ein Volumen der eigenen Agrarproduktion anzusteuern, das keine strukturellen Überschüsse entstehen läßt. Marktpolitik und Produktionspolitik sind heute und in der Zukunft zu einem untrennbaren Ganzen geworden.
- Der ebenso mutige wie konstruktive „Mansholtplan" hat für die Zukunft einer in reichen Industrieländern lebensfähigen Landwirtschaft völlig neue Zeichen gesetzt. Zunächst wurde er insbesondere von denjenigen Interessenten in der Bundesrepublik und in anderen europäischen Ländern, denen es an Gesamtverantwortung fehlt, nicht verstanden oder aus Egoismus bzw. Nichteinordnung eigener Interessen in die Gesamtbelange von Wirtschaft und Gesellschaft schärfstens bekämpft, ist aber nunmehr zu einem ziemlich allgemein anerkannten Leitwert geworden.
- Aber dieser europäische Meisterplan hat das heiße Eisen der Preisgestaltung und ihrer Nutzung zur Erreichung der anzustrebenden Ziele zunächst – aus politisch verständlichen Erwägungen – nur recht zaghaft angefaßt. Der richtigen Weichenstellung in der Preispolitik kommt aber eine Schlüsselstellung zu Erfolg oder Mißerfolg der Neustrukturierung der europäischen Agrarwirtschaft zu. Eines ist dabei allerseits klar geworden: Das traditionelle

Zusammenwirken von unlimitierter Produktionsausweitung und garantierten Hochpreisen hat uns an den Rand von Abgründen und Katastrophen geführt. Also muß man sich etwas Neues einfallen lassen.

- Man könnte zunächst an Kontingentierung der Produktion im Generellen oder der zu Überschußbildung neigenden Produktionszweige unter Beibehaltung des bisherigen hohen Preisniveaus denken. Ein solcher Weg wäre volkswirtschaftlich ausgesprochen schädlich, weil er den unwirtschaftlichen Grenzproduzenten nicht zum Ausscheiden zwingt und dem Tüchtigen über sein wohl verdientes entsprechendes Einkommen hinaus zu Lasten der Gesamtgesellschaft steigende Bodenrenten zukommen läßt. Das wird in „Die Zukunft ..“ (S. 103 ff) überzeugend dargelegt. Dort wird ein neuer, volkswirtschaftlich sinnvoller Weg der Lenkung der Produktion durch eine abgewogene Preispolitik vorgeschlagen. Die Lösung der schwierigen Aufgabe, im Gesamtinteresse angemessene „Ordnungsprinzipien“ der Preispolitik zu finden, die den tüchtigen Produzenten in naturbegünstigten Gebieten zu hoher Produktivität und Leistung anspornen, den aus der Produktion auszuschaltenden „Fußkranken“ in leistungsschwachen Gebieten dagegen wirksame Sozialhilfe anzubieten, liegt in einer Kombination staatlicher Preispolitik mit nach klassischen Marktgesetzen funktionierender Steuerung von Produktion, Angebot, Nachfrage und Verbrauch. Zur Erreichung eines solchen Steuerungseffektes ist nicht nur eine Neuabstimmung von Preisrelationen, sondern auch die Festsetzung der Agrarpreise innerhalb der EWG auf niedrigerem Niveau als bisher unerläßlich. Da aber den Agrarproduzenten in ihren ohnehin überaus großen und in einer kurzen Zeitspanne zu bewältigenden Schwierigkeiten der Umstellung auf die Anforderungen und Aufgaben des Agrarsektors in der industriellen Hochleistungsgesellschaft Einkommensverluste nicht zugemutet werden können, werden integrierende Maßnahmen der Einkommensstützung auf anderen Wegen als über den Produktenpreis notwendig.

  Es gibt keinen anderen Weg aus der Sackgasse, in die die europäische Agrarpolitik geraten ist, als das zielbewußte Anstreben neuer Strukturen, auch wenn dieser Weg schmerzlich ist. Die integrierende Ergänzung der Agrarmarkts- und Produktionspolitik durch umfassende Sozialmaßnahmen – alles im Einzelnen in „Die Zukunft ...“ zu finden – gibt genügend Möglichkeiten zu verhindern, daß irgendein Betroffener unter den Schlitten kommt.
- Auf gewisse Vorbehalte des Verfassers zu den wichtigen Punkten der Neuorientierung der Agrarpolitik in „Die Zukunft ...“ sei hingewiesen (S. 112, Anhang im Original).
- Wenn keine strukturellen Überschüsse mehr zu „Surplus Disposal“, koste er, was er wolle, zwingen, so ist es möglich, die „Food Aid“ entsprechend dem ihr in der Wachstumspolitik der Entwicklungsländer zukommenden Stellenwert als ein mitunter zunächst unentbehrliches, in der Zukunft jedoch immer stärker hinter wichtigeren Maßnahmen zurücktretendes Förderungsinstrument zu behandeln (siehe Punkt 29–47 der hier veröffentlichten Leitsätze und Abschnitt 3 des Gesamtgutachtens des Unterausschusses des Wissenschaftlichen Beirats des BMZ S. 189–213).
- Die Agrarproduktion ist nicht voraussehbaren Witterungsschwankungen von Jahr zu Jahr unterworfen. Auch wenn bestimmte Ziele des Produktionsvolumens in den Industrieländern angestrebt werden, wird es da und dort zu einem Mehr oder Weniger kommen. Ergeben sich hierbei strukturell werdende Abweichungen von den gesetzten Produktionszielen, so mag eine Überprüfung der jeweiligen agrarpolitischen Maßnahmen erforderlich werden.

- Schwankungen mögen, solange nicht übergroß, intern in den betreffenden Gebieten durch Lagerhaltung aufgefangen werden. Für Maßnahmen, die bei Entstehen von den inneren Bedarf der Mitgliedsländer übersteigenden Vorräten, die eines Tages die Einhaltung der Spielregeln auf dem Weltmarkt gefährden können, zu treffen sind, sind dagegen internationale Abmachungen unerläßlich. Sie bestehen aus Warenabkommen mit vielerlei Instrumenten: Festsetzung oberer und unterer Limits der angestrebten Preisbewegung auf dem Weltmarkt, gegebenenfalls Verpflichtung zu bestimmten nationalen Produktionszielen, Anlage international vereinbarter und finanzierter „bufferstocks", Regelung von Marktinterventionen, d. h. Abgabe aus diesen oder Vermehrung derselben bei Über- oder Unterschreitung eines gewissen Preisniveaus usw. Damit das Funktionieren der gesamten Neuordnung des Weltagrarmarktes gesichert werden kann, bedarf es umfassender Ordnungsregeln und Handlungsvollmachten.
- Stellung und Funktion der Akteure auf dem Weltagrarmarkt der Zukunft bleiben angesichts der tiefgreifenden Umgestaltung desselben im Sinne einer auf den öffentlichen Interessen und Erfordernissen gesamtverantwortlich beruhenden Neuordnung nicht die gleichen wie ehedem. Schon jetzt spielen staatliche Stellen, Planungsämter, Vorrats-, Einfuhr- und Ausfuhrorganisationen eine maßgebliche Rolle. Der bestimmende Einfluß aus nationaler wie auch internationaler Verantwortung handelnder Stellen auf die Weltmarktgestaltung dürfte in Zukunft noch stärker in den Vordergrund treten.
  Das bedeutet aber keineswegs, daß der Privathandel keine Existenzberechtigung mehr hat. Auch im Rahmen neuer Spielregeln behält er wesentliche Funktionen. Das aus weltweiter eigenverantwortlicher Tätigkeit resultierende Potential an Sachkenntnis, frühzeitiger Beurteilung von noch kaum sichtbaren neuen Tendenzen, Wendigkeit und Fähigkeit zu Improvisationen sowie eine redliche Mittlertätigkeit mögen in einer auf von nationalen Interessen unabhängiges kundiges Urteil angewiesenen Zukunftsstruktur des Weltagrarmarkts im Rahmen großer Zusammenhänge oft sogar noch unentbehrlicher sein als zu alten Zeiten. Aber spekulative Transaktionen, die auf Angebotssteigerung sowie Baisse da, auf Mängel und Hausse dort sowie auf gewinnsüchtige Ausnutzung von Gesetzesschwächen beruhen, dürften im Rahmen eines international geregelten Weltagrarmarkts mit gegenüber heute größerer Preisstabilität an Gewicht verlieren.
- Werden Auffassungen in der hier vorgetragenen Richtung zum Fundament der Neuordnung des Weltagrarmarkts und der internationalen Agrarpolitik, so wird auch ein weiterer Schritt weltweiter Verantwortung denkbar: Die bewußte und planmäßige Förderung des Absatzes von Agrarprodukten aus der Dritten Welt – soweit es zu einer solchen Angebotssteigerung kommt – in den Industrieländern. Also Öffnung der Märkte der Industrieländer mit Präferenzen für Lieferungen aus Entwicklungsländern, Schutz der legitimen Belange der Entwicklungsländer gegen jeden Mißbrauch durch eigennützige agrarpolitische Machenschaften finanzkräftiger und mächtiger Industrieländer. Damit kommt hier ein über die bisherigen, oft allzu egoistisch und eng konzipierten Maßnahmen der Entwicklungsförderung hinaus reichendes Moment der Verpflichtung der Reichen gegenüber den Armen zum Tragen.
- Je reicher und je stärker industrialisiert ein Land, desto geringer wird dort der Bevölkerungsteil, der seine Existenz in einer zu höchster Leistung gebrachten Landwirtschaft hat und haben muß. Ein über Gebühr hoher Prozentsatz der Agrarbevölkerung ist mit den Grundlagen des Wohlstandes in der industriellen Gesellschaft, von dem auch die Landwirtschaft weit mehr Nutzen zieht als

sie dafür Opfer bringt, unvereinbar. Nicht Erhaltung eines möglichst hohen Anteils der Bevölkerung in der Landwirtschaft, sondern Förderung der Leistungsfähigkeit derer, deren Existenz dort auf höchster Produktivität beruht, ferner Schaffung von angemessenen Arbeitsplätzen und Versorgung für all diejenigen, die ausscheiden, sind die Basis einer gesunden Wirtschaft und Gesellschaft von morgen.

- Je höher die in friedlichen Bemühungen entwickelte Arbeitsteilung in der Welt, desto geringer auch die Bedeutung der Frage, ob die reichen Industrieländer ihren Bedarf an Nahrungsgütern und sonstigen Agrarprodukten voll oder nur zu einem wesentlichen – vom Effizienzgrad ihrer Leistung abhängigen – Teil aus der Eigenproduktion decken. Die Nutzung jeder Stunde Arbeit im Export von Industrieprodukten bringt mehr als in einer Landwirtschaft mittlerer Leistung. Für das Wachstum in vielen Entwicklungsländern dagegen ist die Ausweitung des Agrarexports so unentbehrlich wie die Luft zum Atmen. Hieraus ergeben sich für die zukünftige Agrarpolitik aller europäischen Länder neue Leitwerte.

Verpflichtung und Verantwortung der EG in der weltweiten Neugestaltung nicht nur wirtschaftlicher, sondern auch gesamtgesellschaftlicher und politischer Zielsetzungen

Wir kennen die großen Vorzüge der Lebensbedingungen in den reichen Industrieländern, aber auch die großen Unzulänglichkeiten, Mängel und Probleme sowohl dort wie auch die Not in der Dritten Welt. Dabei sind wir uns bewußt, daß die Lösung der brennenden Aufgaben in den Entwicklungsländern nicht nur eine Existenzfrage für diese, sondern auch eine Lebensfrage für die Industrieländer ist. Nie ist die Interdependenz zwischen Ost und West, Nord und Süd so deutlich zutage getreten wie heute. Zur Überwindung der Armut in den Entwicklungsländern ist sowohl von dort aus wie von den Industrieländern unvergleichlich viel mehr und viel sinnvollere Förderungsleistung unerläßlich als bisher, wenn weit über die armen Länder hinaus drohende Katastrophen verhindert werden sollen. Der Erkenntnis, daß ausreichende Mitarbeit an diesen aus weltweiter Sicht dringlichsten Fragen, ferner aber auch in den „fortgeschrittenen" Wohlstandsländern ein besseres Schul- und Bildungswesen, den Erfordernissen der Zukunft quantitativ und qualitativ gerecht werdende Universitäten, ausreichende Kranken- und Sozialversorgung, mehr Straßen und – last not least – energische Bekämpfung der erst neuerdings in ihrem gigantischen Ausmaß erkannten Umweltgefahren nur dann realisierbare Ziele unserer und der nächsten Generation werden können, wenn wir alle hierfür Opfer bringen, also auf weniger Dringliches verzichten, kann sich niemand mehr verschließen.

Ein wesentlich höherer Teil des Produktivitätszuwachses und der weiteren Steigerung des Sozialproduktes in den Industrieländern als bisher wird daher diesen großen öffentlichen Aufgaben zufließen und die einzelnen längst über Not und Mangel hinaus gelangten Bürger werden sich in ihren Wünschen entsprechend bescheiden müssen. Aber wenn man – und das beinhaltet diese Forderung – nach Wegen sucht, um diesen Anforderungen gerecht zu werden, darf nicht nur an Erhöhung der Steuerlastquote auf diese oder jene Art gedacht werden. Ebenso wichtig ist die Aufdeckung und Ausschaltung von Mängeln in Wirtschaft und Gesellschaft. Wir müssen darüber nachdenken, wie alte, überkommene, uns lieb und zur Selbstverständlichkeit gewordene Konzeptionen und Strukturen, die sich heute als sichtbar fehlerhaft erweisen, verbessert werden können. Keineswegs ist der Sand nur im Getriebe der europäischen und der Weltagrarwirtschaft und des Weltagrarmarktes. Ähnliche Betrachtungen, wie sie hier für diesen Bereich vorgelegt werden, sind auch auf vielen anderen Gebieten notwendig. Aber est ist wichtig zu wissen, daß ein Versuch, die beseitigbaren Mängel allein in der europäischen Agrarwirtschaft – ohne dabei die in der Landwirtschaft verbleibenden und die aus ihr ausscheidenden Menschen die Rechnung zahlen zu lassen – zu beziffern, zu einem Gesamtvolumen an Rationalisierungsreserven in der Größenordnung einer erklecklichen zweistelligen Milliardenzahl von Dollar jährlich kommt. Eine Neuorientierung im Agrarbereich ist kein einfaches Unterfangen. Sie kostet geistige Anstrengung, Investition von Kapital und politische Kraft. Aber da ist was drin. Mit Summen dieses Ausmaßes läßt sich allerhand der vordringlichsten weltweiten Aufgaben in Angriff nehmen und realisieren.

Hierauf mit allem Nachdruck hinzuweisen ist Aufgabe dieses Beitrages.

Die EG, also der weit über die optimale Regelung von Wirtschaftsfragen hinaus für unsere Zukunft verantwortliche europäische Gesamtzusammenschluß, ist keine die ganze Welt umfassende Institution. Sie hat zunächst die Aufgabe, ihr eigenes Haus in Ordnung zu bringen. Aber die Untrennbarkeit ihrer internen Ziele mit den Geschehnissen in der Welt liegt auf der Hand. Sie würde dem Geist und den Anforderungen der Gegenwart und Zukunft nicht gerecht, wenn sie hier ebenso egoistisch handeln würde wie früher und großenteils auch heute noch Nationalstaaten und ihre Bürger. Als größtem Wirtschaftsblock sowie Hauptpartner in Welthandel und Weltpolitik sind ihr Verpflichtung und Verantwortung für die Gestaltung des zukünftigen Lebens auf dem ganzen Erdball auferlegt. Noch nie in der Geschichte sind so große und schwierige Aufgaben gestellt worden, nie in der Geschichte war aber auch die Realisierung einer von Weltverantwortung getragenen Neuorientierung so aussichtsreich wie heute. Die in die Hand der EG gelegte Kraft, durch beispielhaftes Vorangehen auf diesem Weg und Ausnutzung ihres gesamten Arsenals an Gestaltungs-, Verhandlungs- und Druckinstrumenten auch gegenüber rüden Partnern, die gern nach altem Rezept nur ihr

eigenes Süppchen kochen möchten, im Gesamtinteresse Entscheidendes in der ganzen Welt zu erreichen, ist groß.
Die in diesem Geleitwort vorgetragenen Überlegungen und Gedanken erheben keinen Anspruch auf Originalität. Ähnliches ist schon oft gedacht und gesagt worden. Sie reflektieren jedoch – was selten geschieht – den engen Zusammenhang aller Fragenkomplexe der Neuregelung der europäischen Landwirtschaft sowie der Wiederherstellung der Funktionsfähigkeit des Weltagrarmarkts mit allen anderen großen Problemen Europas und der Dritten Welt. Zur verantwortlichen Mitarbeit an der Lösung dieser großen Aufgaben sind die reichen Länder, wenn sie eine heile Welt der Zukunft anstreben und nicht – mit so vielen anderen in dieser Richtung hemmend oder gar zerstörend wirksamen Kräften, über die hier nicht zu sprechen ist – Totengräber einer nur durch Entscheidungen der Menschen glücklich gestaltbaren Zukunft sein wollen, in weltweitem und gesamtgesellschaftlichem Rahmen aufgerufen. Wer die integrierende Bedeutung der Lösung der nationalen wie der internationalen Agrarfragen für alle Bereiche unseres Lebens verstehen will: In diesem Dokumentarband findet er wertvolle Denkansätze.

B. Dokumentation

Die Zukunft der Europäischen Landwirtschaft – Ein Vorschlag zur Neugestaltung der gemeinsamen Agrarpolitik –

Bericht einer Expertengruppe des Atlantischen Instituts

Leitsätze zu Grundfragen der Welternährungswirtschaft

Wissenschaftlicher Beirat des BMZ

Indien und China – zwei Entwicklungswege

Hartmut von Lehn

Die Zukunft der Europäischen Landwirtschaft

Ein Vorschlag zur Neugestaltung der Gemeinsamen Agrarpolitik

Bericht einer Expertengruppe

D. Bergmann
N. Kaldor
H.-B. Krohn
J. S. Marsh
M. Rossi-Doria
J. A. Schnittker
C. Thomsen
H. Wilbrandt

Pierre Uri, Rapporteur

Atlantisches Institut

120 rue de Longchamp, Paris 16, Frankreich

Der Abdruck dieser Denkschrift erfolgt mit
freundlicher Genehmigung des Atlantischen Instituts, Paris

Inhaltsverzeichnis

Einführung

Auf Initiative des Atlantischen Instituts und dank der großzügigen Hilfe der Fritz Thyssen Stiftung traf sich in Paris eine Gruppe von Wirtschaftswissenschaftlern und Agrarexperten aus verschiedenen Ländern — deren Namen weiter unten aufgeführt sind — zu mehreren Sitzungen, in denen sie sich mit Fragen der Europäischen Agrarpolitik und ihren Rückwirkungen auf die Länder innerhalb und ausserhalb der Europäischen Gemeinschaft beschäftigten.

Den Vorsitz der Gruppe führte Professor Hans Wilbrandt. Berichterstatter war Pierre Uri, der als solcher auch für die Orginalfassung verantwortlich zeichhet. In der Forschung wurde die Gruppe von Gerd Jarchow und Mario Levi unterstützt. Dr. Albert Simantov, Director of Agriculture, OECD, und Robert Brand, Economic Minister, U.S.-Botschaft in Paris, nahmen an einigen der Sitzungen als Beobachter teil.

Dieser Bericht repräsentiert als Ergebnis gründlicher Diskussion die größtmögliche Übereinstimmung innerhalb der Gruppe. Wie dies bei jeder kollektiven Arbeit unvermeidlich ist, deckt sich die Meinung einzelner Mitglieder nicht immer völlig mit dem Inhalt des Berichtes oder der Bedeutung, die verschiedenen Aspekten zugeschrieben wird.

Die Mitglieder dieser Gruppe möchten jedoch betonen, daß bei folgenden wesentlichen Punkten des Berichtes völlige Übereinstimmung herrschte.

1. Eine durchgreifende Neuorientierung der Gemeinsamen Agrarpolitik ist sowohl im eigenen Interesse Europas als auch im Hinblick auf die Beziehungen Europas zu anderen Ländern dringend geboten.
2. Die Mitglieder der Gruppe stimmen den im Mansholt-Plan unterbreiteten Vorschlägen zur Reform der Landwirtschaft zu, betrachten es aber als wichtige Ergänzung zu diesen Vorschlägen, in Zukunft das Schwergewicht mehr auf eine Einkommensunterstützung zu legen.
3. Sie glauben, daß die konkreten Vorschläge dieses Berichts einen neuartigen, konstruktiven und bedeutsamen Weg zur Lösung anstehender Probleme aufzeigen. Sie sind sich darüber im klaren, daß viele Fragen unbeantwortet bleiben und noch einer detaillierteren Klärung bedürfen, sehen aber dennoch in vorliegenden Empfehlungen einen wertvollen Beitrag zu weitergehenden Betrachtungen und Analysen.

Verständlicherweise gibt es eine Reihe strittiger Punkte, die einzelne Mitglieder der Gruppe anders behandelt hätten, würde der Bericht ihre eigene Meinung und nicht jene der Gesamtgruppe wiederspiegeln.

Zu einer begrenzten Anzahl von Streitfragen haben einige Mitglieder ihre Vorbehalte schriftlich zum Ausdruck gebracht. Diese werden am Ende des Berichtes wiedergegeben.

Denis Bergmann
Directeur de Recherches,
Institut National de la Recherche Agronomique,
Economie et Sociologie Rurales, Paris.

Prof. Nicholas Kaldor
King's College, Cambridge.

Dr. Hans-Broder Krohn
Generaldirektor,
Europäische Wirtschaftsgemeinschaft, Brüssel.

John S. Marsh
Department of Agricultural Economics,
University of Reading, England.

Prof. Manlio Rossi-Doria
Mitglied des italienischen Senats, Rom.

John A. Schnittker
Vice-President,
Robert R. Nathan Associates - Inc.,
Washington D.C.

Dr. Carl Thomsen
The Royal Veterinary and Agricultural College,
Department of Agricultural Policy,
Kopenhagen.

Prof. Pierre Uri
Studienberater, Atlantisches Institut
und Universität Paris IX, Paris.

Prof. Dr. Hans Wilbrandt
Direktor des Instituts
für Ausländische Landwirtschaft
an der Georg-August-Universität Göttingen.

Zusammenfassung

Der Gemeinsame Agrarmarkt ist neben der Vollendung der Zollunion ein Hauptziel der Europäischen Gemeinschaft.

Ihre Tätigkeit in Richtung auf dieses Ziel hin läßt sich nur dann gerecht beurteilen, wenn gleichzeitig die dabei zu überwindenden extremen Schwierigkeiten Berücksichtigung finden. Ohne Zweifel war es eine äußerst schwierige Aufgabe, den freien Güteraustausch zwischen Märkten zu errichten, die durch stark voneinander abweichende Preise getrennt waren, und angesichts einer derart unterschiedlichen, teilweise unökonomischen Politik, wie sie in den einzelnen Mitgliedsstaaten betrieben wurde, ein System der gemeinsamen Marktorganisationen zu schaffen.

Bei aller Objektivität muß jedoch festgestellt werden, daß diese Agrarpolitik ihre Ziele nicht erreicht hat. Sie bringt finanzielle Belastungen mit sich, die mit einer beinahe schon unerträglichen Steigerungsrate anwachsen. Trotzdem klagt die Landwirtschaft — zu Recht — über ein zu niedriges Einkommensniveau. Dieser Widerspruch erklärt sich daraus, daß das Schwergewicht der agrarpolitischen Maßnahmen auf einigen wenigen Produkten liegt, die entweder gelagert oder zu Verlusten exportiert werden müssen. Durch ihr Protektionsniveau und ihre Exportpreise trägt die EWG nicht unwesentlich zu der Zerrüttung auf den Weltmärkten bei. Die verzerrte Preisstruktur im Inneren der Gemeinschaft könnte zu ernsthaften Schwierigkeiten in den Zahlungsbilanzen derjenigen Länder führen, die dem Gemeinsamen Markt beitreten wollen.

Wenn die finanziellen Opfer, die der Landwirtschaft gebracht werden, keine besseren Ergebnisse bringen, so bleibt kein anderer Weg, als die Methoden zu ändern.

Im Rahmen dessen stellt der Mansholt-Plan einen mutigen Schritt nach vorwärts dar. In ihm wird eine grundlegende Tatsache anerkannt : das landwirtschaftliche Einkommen ist nur aufrechtzuerhalten, wenn sich die Abwanderung aus der Landwirtschaft beschleunigt und die Betriebe so schnell wie möglich eine Größe erreichen, die sie ökonomisch lebensfähig macht.

Aber diese Strukturpolitik allein reicht nicht aus. Ohne eine durch die Senkung der Preise für Überschußprodukte hervorgerufene Änderung in den Preisrelationen besteht keine Garantie dafür, daß sich die Überschußsituation, besonders unter einer verbesserten Produktivität, wie sie der Strukturwandel mit sich bringen wird, nicht weiter verschlimmert. Die augenblicklichen Preise könnten auch viele derjenigen Landwirte, die im Grunde ausscheiden müßten, auf dem Lande halten.

Die Arbeitsgruppe hatte sich die Aufgabe gestellt, in zwei zentralen Punkten das zu vereinigen, was auf den ersten Blick unvereinbar erscheint.

Die Wiederherstellung des Gleichgewichts erfordert die Senkung bestimmter Preise — und das Verständnis und die Zustimmung der EWG-Landwirte. Somit müssen Preisreduktionen durch eine Einkommensstützung kompensiert werden — jedoch in einer Form, die die Umstrukturierung der Landwirtschaft und die Neuorientierung in der Produktion nicht bremst sondern beschleunigt.

Soweit es sich um den ersten Punkt handelt, ist nachdrücklich darauf hinzuweisen, daß bestimmte Preise für die eine Seite Einkommen und für die andere Kosten repräsentieren, wie dies z.B. bei Getreide der Fall ist. Die Subventionen, die als Ausgleich für die Preisreduktion gewährt werden, verschaffen der Majorität der Landwirte, die aber nicht den Hauptteil der Gesamtproduktion erstellt, einen unmittelbaren Vorteil. Als Kalkulationsbasis für die Ausgleichszahlungen werden die Durchschnittserträge herangezogen. Für die am stärksten benachteiligten Landwirte, deren Erträge unter dem Durchschnitt liegen, wird somit der Einkommensausgleich höher sein als der Einkommensverlust, den die Preissenkung hervorruft. Dieses System dient also nicht nur der Aufrechterhaltung der landwirtschaftlichen Einkommen, sondern verbessert auch die Einkommensverteilung. Es kommt der wiederholten Forderung entgegen, die Preisstützung durch eine Einkommensstützung zu ersetzen.

Um den notwendigen Strukturwandel in der Landwirtschaft zu sichern, ist vorgesehen, daß der Anspruch auf Ausgleichszahlungen, außer in bestimmten Fällen, und dann nur für begrenzte Dauer, nicht von einer Generation auf die andere übertragen werden könnte. Die Subventionen würden auslaufen, wenn ein anderer denselben, ökonomisch nicht lebensfähigen Betrieb übernehmen und bewirtschaften wollte. Dagegen bliebe aber der Anspruch für einen bestimmten Zeitraum bestehen, wenn der Betrieb sich mit anderen zu einer größeren und wirtschaftlicheren Einheit verschmelzen ließe. Die Subvention, durch die die Senkung des Preises für ein bestimmtes Produkt ausgeglichen wird, bestünde selbst dann fort, wenn der betreffende Landwirt auf die Produktion anderer Erzeugnisse überwechselte. Somit wäre der größtmögliche Anreiz zu einer Neuorientierung in der Produktion geschaffen.

Auf diese Art könnte man der Überschüsse bald Herr werden. Durch die dann eintretende Verminderung der finanziellen Belastungen, wie sie aus den Überschüssen erwachsen, würden die benötigten Mittel für die Einkommensstützung freigesetzt. Der Anspruch auf Subventionen, der für einen Betrieb aufrechterhalten bleibt, wenn er in eine wirtschaftlich lebensfähige Einheit eingeht, ließe ihn im Wert steigen ; als Ergebnis würde der

Betriebsinhaber schon durch den Verkaufspreis selbst für sein Ausscheiden aus der Landwirtschaft entschädigt.

Alle Elemente des Plans stehen in einem engen Zusammenhang.

Dies sind die Grundzüge der für die Europäische Gemeinschaft empfohlenen Politik. Sie dienen ihrem eigenen Interesse und weisen ihr den Weg aus der augenblicklichen Sackgasse. Gleichzeitig würden sie die Gemeinschaft in die Lage versetzen, auf die großen Agrarexporteure der Welt einzuwirken und sie zu veranlassen, die Dumpingpraktiken, die das ökonomische Zusammenspiel auf den internationalen Märkten stören, einzustellen.

Eine weitere Vorbedingung für die Reorganisation der Weltmärkte ist die Schaffung stabilisierender Mechanismen auf internationaler Ebene, ohne die sich ein wirklich freier Agrarhandel nicht denken läßt. Erforderlich dafür sind internationale Auffanglager (buffer stocks), die ihre Bestände in Zeiten des Überangebots auffüllen und in Zeiten des Nachfrageüberhangs auf den Markt bringen.

Es kann keine Rede davon sein, daß diese neue Politik noch vor dem Beitritt Englands zur Durchführung kommt. Aber immerhin wäre es möglich, durch die Erläuterung ihrer Ziele und Maßnahmen einen an den eigentlichen Tatsachen vorbeigehenden Dialog zu verhindern, durch den die Verhandlungen blockiert werden könnten. Die Gemeinschaft ersucht Großbritannien, die Gemeinsame Agrarpolitik zu akzeptieren. Großbritannien antwortet, daß es dies gern täte, dazu aber nicht in der Lage sei. Und jede der Parteien weiß, daß — wie es der Mansholt-Plan deutlich zeigt — die Politik auf alle Fälle geändert werden muß. Es würde deshalb schon genügen, wenn man sich dahingehend einigt, die Preisstützung schrittweise durch die Einkommenstützung und die Neustrukturierung zu ersetzen. Es wäre ausreichend, darin übereinzustimmen, daß die damit verbundenen konkreten Maßnahmen in einer erweiterten Gemeinschaft erarbeitet werden sollten, d.h. unter der Beteiligung Großbritanniens.

Situation und Perspektiven

Zwölf Jahre nach den Römischen Verträgen und acht Jahre nach Inkrafttreten der ersten gemeinsamen Maßnahmen für Getreide und Getreideerzeugnisse und den ersten gemeinsamen Finanzierungsregeln befindet sich die Gemeinsame Agrarpolitik in einer unhaltbaren Situation.

Die Ausgaben der Gemeinschaft, deren Anstieg zunächst der schrittweisen Kompetenzerweiterung der Gemeinschaft entsprach, wachsen heute proportional zu Überschüssen, die insbesondere bei Getreide, Zuckerrüben und Milch auftreten. Ohne Zweifel hat die Gemeinschaft es auf den ersten Blick immer wieder verstanden, ihre Bestände in den Lagerhäusern oder den Kühlräumen abzubauen. Aber um welchen Preis?! Natürlich ist es immer möglich, Produktionsüberschüsse zu beseitigen, indem man sie verschleudert oder verschenkt. Doch vom wirtschaftlichen Standpunkt aus gesehen existieren bereits dann Überschüsse, wenn ein Teil der Ernte nicht ohne Verlust verkauft werden kann: sei es, weil man für diesen Teil Lagerkosten in Kauf nimmt, ohne zu wissen, ob er sich jemals zu einem Preis absetzen läßt, der die Gesamtkosten deckt; sei es, weil er zu einem Bruchteil des Inlandspreises in Drittländer exportiert wird.

Die Lasten der Gemeinschaft

Genau das ist die heutige Situation. Im Erntejahr 1969/70 werden die Butterüberschüsse Kosten von 518 Millionen Dollar gegenüber 384 Millionen Dollar im Vorjahr verursachen. Für alle Milchprodukte werden sie 1970 bei 960 Millionen Dollar liegen. Die Kosten für Weichweizen werden von 329 Millionen Dollar im Jahre 1969 auf 550 Millionen im Jahre 1970 ansteigen. Für Zucker betragen sie jährlich rund 100 Millionen Dollar. Insgesamt sind die Ausgaben des gemeinsamen Agrarfonds von 29 Millionen im Jahre 1962/63 auf rund 2,8 Milliarden Dollar für das Jahr 1969/70 hochgeschnellt, wobei sechs Siebtel davon auf das Konto der Preisstützung gehen.

Ebenfalls mit einer unglaublichen Geschwindigkeit sind die nationalen Ausgaben für die Agrarpolitik angestiegen. In einigen Ländern lag der

Zuwachs in mehreren aufeinander folgenden Jahren bei 30 % im Jahr. Unter diesen Umständen müßten die Landwirte selbst erkennen, daß durchgreifende Änderungen dringend erforderlich sind. Bei einer derartigen Wachstumsrate der Ausgaben, verglichen mit einer gleichbleibenden jährlichen Wachstumsrate des Bruttosozialprodukts von rund 5 %, kann man schon heute den Augenblick voraussehen, wo die öffentlichen Ausgaben für die Landwirtschaft die zur Verfügung stehenden Ressourcen überschreiten. Grob gerechnet verschlingen bereits heute finanzielle Hilfen und Subventionen zwischen insgesamt 6 und 7 Millionen Dollar. Dabei kommen in dieser Summe noch nicht einmal alle von der Gemeinschaft zu tragenden Belastungen zum Ausdruck. Darüber hinaus muß man auch die Kosten mit in die Berechnung einbeziehen, die der Gemeinschaft durch überhöhte Preise für Agrarerzeugnisse, einschließlich der Importe, deren Preise durch das bestehende Abschöpfungssystem angehoben werden, entstehen.

1967 lag der ungefähre Wert der EWG-Agrarproduktion, berechnet zu internen Erzeugerpreisen, bei 25 Milliarden Dollar. Der Wert derselben Produktion würde auf 19 Milliarden Dollar sinken, wenn man für die Berechnung vergleichbare britische Erzeugerpreise verwendet, und auf 17 Milliarden Dollar, wenn man ihr Weltmarktpreise — in diesem Falle hauptsächlich amerikanische Export- und britische Importnotierungen zugrunde legt.

Ohne Zweifel, und darauf wird noch zurückzukommen sein, haben die Weltmarktpreise angesichts der augenblicklichen Zerrüttung auf den Märkten, zu der die EWG durch die Subventionierung ihrer Exporte nicht wenig beiträgt, nur einen geringen Aussagewert. Es bleibt die Tatsache, daß zu den oben erwähnten 6 bis 7 Milliarden Dollar öffentlicher Ausgaben, aufgrund überhöhter Preise, Kosten in der Größenordnung von 6 bis 8 Milliarden Dollar hinzugezählt werden müssen. Hier ist aber eine Einschränkung notwendig. Die Abschöpfungen, durch die die Importpreise auf EWG-Niveau gebracht werden, tragen mit zur Finanzierung der öffentlichen Ausgaben bei. Hierbei handelt es sich um 2 Milliarden Dollar, die zur Vermeidung von Doppelrechnungen von der Gesamtsumme abzuziehen sind. Nach dieser Korrektur ergibt sich eine Nettobelastung in der Größenordnung von 10 bis 13 Milliarden Dollar. Bezogen auf ein EWG-Bruttosozialprodukt von rund 400 Milliarden Dollar sind das fast 3 %.

Diese Zahl als geringfügig zu betrachten, hieße die Wirklichkeit verkennen. Die meisten der nationalen Ressourcen, auf die die Volkswirtschaft zurückgreifen kann, sind zu ziemlich konstanten und nicht reduzierbaren Anteilen in Tätigkeitsbereiche, wie Konsumgüterindustrie, öffentliche Dienste, Investitionsgüterindustrie, gebunden. Wahrscheinlich ist mit den 3 % der Spielraum für alternative Verwendungsmöglichkeiten bereits ausgeschöpft. Je nach Land entsprechen sie entweder genau oder zumindest zu drei Vierteln dem Anteil am Gesamtbudget, der für Erziehung und Wissenschaft vorgesehen ist. Man weiß, daß der freie Zugang zum Studium und die Beseitigung der ungleichen Startchancen eine soziale Forderung ersten Ranges sind. Ebenso bekannt ist die entscheidende Rolle, die das Ausbildungsniveau im wirtschaftlichen Wachstumsprozeß spielt. Für die meisten Länder würde diese Marge für eine Erhöhung der Wohnungsneubauten um mindestens die Hälfte, für fundamentale Verbesserungen im Verkehrs- und Nachrichtensystem oder durchgreifende Sanierungmassnahmen in den Städten ausreichen. Diese Maßnahmen könnten innerhalb relativ kurzer Zeit die Lebensverhältnisse der Bewohner entscheidend verändern. Indem die Gemeinschaft Tätigkeiten von abnehmender Bedeutung — nicht nur im landwirtschaftlichen, sondern auch im industriellen Bereich — künstlich am Leben erhält, beraubt sie sich selbst der Mittel, derer sie für die dringendsten Reformen bedarf.

Allein die öffentlichen Ausgaben Frankreichs für seine Landwirtschaft belaufen sich auf nahezu 2000 Dollar jährlich pro Betrieb [1]. Auf EWG-Niveau betragen die Belastungen aus öffentlichen Ausgaben und überhöhten Preisen ebenfalls 2000 Dollar pro Betrieb [2].

Wenn trotz dieser finanziellen Opfer die Landwirte hervorheben, daß sie von der angestrebten Einkommensparität zwischen landwirtschaftlicher und außerlandwirtschaftlicher Beschäftigung weit entfernt sind, so deutet das auf eine schlechte Verwendung des Geldes und auf die Notwendigkeit einer Änderung der Methoden hin.

Die Entstehung der Gemeinsamen Agrarpolitik

Wie ist es dazu gekommen ? Der Romvertrag schloss ausdrücklich die Agrarprodukte mit in den Gemeinsamen Markt ein, damit sie von einer gemeinsamen Agrarpolitik profitieren könnten. Der 1958 vollendete Bericht über die wirtschaftliche Situation der Mitgliedsländer — kurz vor dem Zeitpunkt, zu dem die ersten Maßnahmen zur Errichtung des Gemeinsamen Marktes getroffen wurden — hob eine eklatante Schlußfolgerung deutlich hervor. Während das globale Produktionsniveau im Vergleich der Länder natürlicherweise voneinander abwich, war sich die Struktur der Industrie erstaunlich ähnlich.

Im Bereich der Landwirtschaft hingegen wich alles voneinander ab : der Anteil der in der Landwirtschaft Beschäftigten an den Erwerbstätigen insgesamt, die Beschaffenheit der landwirtschaftlichen Nutzfläche und ihr Anteil an der Gesamtfläche, der Mechanisierungsgrad und Düngemittelverbrauch, der Ertrag pro Hektar und Arbeitskraft, der Anteil der landwirtschaftlichen Produktion an den gesamten Nahrungsmitteln, die in den einzelnen Ländern garantierten Erzeugerpreise für Inlandprodukte, der Anteil der Basisprodukte, Veredelungsprodukte, Gemüse- und Obstprodukte an der Gesamtproduktion. Und auch wenn überall einschneidende Protektions- und staatliche Interventionsmaßnahmen zur Anhebung des landwirtschaftlichen Einkommens prakti-

1. 3 Mrd. Dollar für 1,6 Mill. Betriebe.

2. Der Kalkulation liegen 6 Mill. Betriebe und die im Text angegebenen globalen Kosten zugrunde.

ziert wurden, so waren die Instrumente unterschiedlich, je nach Bedeutung des Handels, der Berufsorganisationen oder öffentlich-rechtlicher Körperschaften.

Man kann sogar sagen, daß selbst für Maßnahmen, die im größten Gegensatz zu den wirtschaftlichen Erfordernissen standen, sich immer irgendwo ein Beispiel finden ließ. Unbeschränkte Preisgarantien, Denaturierung, Verarbeitung von Produkten zu Alkohol, Mengenbeschränkungen und Kontingentierung, Produktionsvernichtung, prohibitive Importmaßnahmen, all das war im Übermaß vorhanden.

Welches auch immer die Schwierigkeiten sind, die sich im Gemeinsamen Markt augehäuft haben, die Gerechtigkeit verlangt es, sich stets zu vergegenwärtigen, daß unterschiedlichste Bedingungen und ein Wirrwarr der einzelnen Politiken die Situation bildeten, von der auszugehen war. Aus diesem Blickwinkel müssen dann auch die von der Gemeinschaft ergriffenen Maßnahmen gesehen werden. Um innerhalb einer festgelegten Zeitspanne den freien Warenverkehr zwischen den Mitgliedsländern zu verwirklichen, mußte ein seit langem praktizierter Protektionismus abgebaut werden. Das durchzusetzen und ein gemeinsames Preisniveau zu errichten hieß je nach dem Preisniveau der einzelnen Länder: entweder beträchtliche Preiserhöhungen, die dem inländischen Gleichgewicht zuwiderliefen, oder spürbare Preissenkungen, die den nachhaltigsten Protest der Landwirtschaft heraufbeschwörten. Unter diesen Bedingungen ist es kaum verwunderlich, wenn das Ergebnis eines solchen, während der gesamten Übergangszeit von Krisen begleiteten Unterfangens den heutigen Erfordernissen nicht gerecht wird. Dies umsomehr, als die Landwirtschaft in derselben Zeit, in der die gemeinsamen Beschlüsse zur Durchführung kamen, einem rapiden technischen Entwicklungsprozeß unterworfen war, der immer mehr alle Produktionsrichtungen erfaßte. Immerhin haben wir heute eine Basis, von der aus wir starten, Erfahrungen, aus denen wir lernen können und das Embryo einer Politik, die, eben weil sie bereits schon existiert, verändert werden kann. Wie schon Napoleon sagte: « Man muß einen Plan haben, und sei es nur um ihn zu ändern. »

Ziel der Gemeinsamen Agrarpolitik war der freie Warenverkehr unter den Mitgliedsländern, Schaffung und Aufrechterhaltung eines gemeinsamen Präferenzsystems gegenüber Drittländern und die finanzielle Solidarität in Fragen der gemeinsamen Agrarpolitik. Die gewählte Methode, die einige Variationsmöglichkeiten bietet, bestand in erster Linie aus an der Grenze erhobenen Abschöpfungen, die dann im Warenverkehr unter den Mitgliedsländern schrittweise, bis hin zur völligen Aufhebung, abgebaut wurden, im Handel mit Drittländern aber bestehen blieben. Die Einnahmen aus den Abschöpfungen sollten, zusammen mit Beiträgen von den Mitgliedsländern, in wachsendem Maße zur Bestreitung der anfallenden Ausgaben beitragen. Auf diese Art wurde die Finanzierungsregelung zu einem wesentlichen Faktor der Gemeinsamen Agrarpolitik. Aber gerade die Fragen der Finanzierung standen während der gesamten Übergangszeit im Brennpunkt der größten Diskussionen und der bedrohlichsten Krisen.

In ihrer jüngsten Fassung sieht die Finanzierungsregelung eine in einzelnen Etappen zu realisierende, definitive Lösung vor. Demnach werden der Gemeinschaft ab 1. Januar 1971 eigene Mittel zum Ausgleich ihres Haushalts zugewiesen. Ab sofort erhält sie die gesamten Einnahmen aus den Agrarabschöpfungen und einen schrittweise zu erhöhenden Teil der Einnahmen aus den Zöllen. Die Beiträge der Mitgliedsstaaten will man durch eine eigene Steuerquelle, der das Modell der Mehrwertssteuer zugrunde liegt, ersetzen. Dadurch werden die Mitgliedsstaaten in Zukunft einen prozentual einheitlichen Anteil ihres jeweiligen Bruttosozialprodukts an die Gemeinschaft abführen.

Zwischen den formalen Mechanismen und ihrem Inhalt ist scharf zu unterscheiden.

Der Einführung von Abschöpfungen im Agrarsektor, ihrer Beseitigung im Inneren und ihrer Aufrechterhaltung nach außen hin könnte im Industriesektor der Abbau der Zölle auf industrielle Erzeugnisse und die Errichtung eines gemeinsamen Außentarifs gegenüber dem Rest der Welt entsprechen. Der rein formale Vorgang ist in beiden Sektoren derselbe. Inhaltlich trägt man aber den besonderen Umständen im Agrarsektor Rechnung: nämlich der Unstabilität auf den Weltmärkten für Agrarprodukte, die ein variables Element in den Schutzmaßnahmen erforderlich macht, damit das notwendige Maß an Stabilität für die Binnenproduktion gesichert ist.

Die Stabilität, oder selbst ein angemessener Grad an Präferenzen, ist eine Sache. Das was daraus geworden ist, eine ganz andere. Das Preisniveau hat sich nicht nur stabilisiert, es ist vor jedem äußeren Einfluß abgeschirmt worden. Als Resultat erhält der Mechanismus einen völlig anderen Sinn. Dabei wird nicht so sehr das Prinzip der Abschöpfungen in Frage gestellt als die daraus erwachsenen Beträge, die umso höher sind, je größer die Differenz zwischen inneren und äußeren Preisen ist. Die gemeinsame finanzielle Verantwortung steht weniger im Zweifel als die Objekte, auf die sie sich bezieht. Da sich bei den dank des Abschöpfungssystem fixierten Preisen die Überschüsse um ein Vielfaches vermehrten, mußten die Ausgaben laufend erhöht werden. Dies sowohl für Lagerkäufe als auch für den Ausgleich von Verlusten, hervorgerufen durch Drittlandsexporte zu den — verglichen mit EWG-Preisen — niedrigeren Weltmarktpreisen. So entstand eine Art Kreislauf: das Abschöpfungssystem gestattete die Festsetzung hoher Preise, die Preise gaben den Anreiz zu einer Überschußproduktion, deren Kosten ihrerseits wiederum durch Abschöpfungen finanziert wurden.

An dieser Entwicklung, deren Folgen wir heute zu tragen haben, sind weder Menschen noch Institutionen schuld. Man muß die dem Prinzip des Systems innewohnenden Verlockungen erkennen.

Abschöpfungen, die jederzeit die Unterschiede zwischen den niedrigsten Importpreisen und den fixierten Binnenpreisen ausglichen, erweckten die Illusion einer großen Handlungsfreiheit, das heißt, sie führten zu einer Verkennung sowohl des Preiseffekts auf die Produktion als auch der Tatsache, daß Außenschutz allein nicht ausreicht, um den Absatz zu garantieren. Nun ist ein Abschöpfungssystem nur denkbar, wenn die internen Preise durch gemeinsamen Beschluß der Mitgliedsländer festgesetzt werden. Dies ist notwendig, damit sich die Höhe der Abschöpfungen automatisch der wöchentlich festgestellten Differenz zwischen Importpreisen und Binnenpreisen anpassen kann. Die gemeinsame Preisfestsetzung birgt natürlicherweise die Gefahr überhöhter Binnenpreise in sich. Wenn zum Beispiel ein Minister seiner Landwirtschaft via Preiserhöhungen ein möglichst hohes Einkommen zu garantieren wünscht, so ist die Position der übrigen Minister, wollen sie sich dem widersetzen, denkbar schlecht. Wie könnten sie es ihren Landwirten erklären, daß niedrigere Preise der Landwirtschaft im Endeffekt ein höheres Einkommen sichern, nämlich indem betrieblich schlecht gestellte Konkurrenten, d.h. die sogenannten Grenzbetriebe, durch spürbare Preissenkungen zum Ausscheiden gezwungen werden. Dieses Argument ist jedoch auf den ersten Blick weniger einleuchtend und überzeugend als die Forderung nach einer sofortigen Preiserhöhung. Genau von dieser Überlegung haben sich die Minister bei ihren Beschlüssen immer wieder leiten lassen.

Diese Tendenz ist umso gefährlicher, als Preis- und Marktorganisationsbeschlüsse weiterhin einstimmig gefaßt werden müssen ; und das, obwohl der Romvertrag für die bereits angelaufene dritte Stufe der Übergangszeit nur noch Mehrheitsbeschlüsse vorsah. Man muß sich langsam darüber im klaren sein, daß eine Politik für Europa nicht ständig gebremst oder verzerrt werden darf, wie es nun einmal durch derartige institutionelle Rückschritte geschieht.

Wenn schließlich die Gemeinsame Agrarpolitik in der Hauptsache darin besteht, die zur Preisstützung notwendigen Interventionskäufe oder die Preisreduzierungen für Exporte in Drittländer zu finanzieren, so gibt es zuguterletzt kein Bremsen mehr.

Die Kompetenzen für den Einsatz konkreter Maßnahmen der Produktionskontrolle liegen weiterhin allein bei den Mitgliedsländern; der Gemeinschaft wurden nur die zur Beseitigung der Überschüsse notwendigen Maßnahmen überantwortet. Sie verfügt über keine eigenen Mittel, mit denen sie direkt auf die Produktion einwirken kann. Die schließlich angewandten Verfahren führen sowohl zu überhöhten Preisen als auch zur Bildung von Überschüssen. Die Preise sind immer wieder ein Ergebnis des Feilschens, und der — je nach Produkt — unterschliedlichen nationalen Interessen. Dies kann nur zu einer Verzerrung der Preisstruktur und zu Preisen führen, die in keiner Relation zu der wirklichen Marktsituation und den augenblicklichen Bedürfnissen stehen. Wie einschneidend die einzelnen Interventionsmaßnahmen sind, hängt von den jeweiligen Produkten ab. Das ist nicht nur eine Konsequenz der Schwierigkeiten, wie sie sich aus der Natur der einzelnen Produkte ergeben : der Getreidemarkt unterscheidet sich, schon aus ökonomischer Sicht völlig vom Markt für Obst und Gemüse. Je weniger elastisch zum Beispiel die Nachfrage in bezug auf den Preis reagiert, in umso größerem Umfang werden Interventionskäufe zur Stabilisierung des Marktes notwendig sein. Wenn jedoch, wie zum Beispiel bei Früchten oder Eiern, die Nachfrage auf Preisänderungen sehr viel elastischer reagiert, kann der Markt den Erzeugern durch eine Erhöhung der verkauften Mengen eher relativ stabile oder sogar wachsende Einnahmen sichern und somit mehr Freiheit verkraften.

Aus diesen Gegebenheiten resultiert ein offensichtliches Mißverhältnis: der größte Teil der Erzeugnisse, deren Märkte am stärksten unterstützt werden, kommt eher aus dem Norden als aus dem Süden, ist eher Getreide als Fleisch und wird — mit Ausnahme der Milch — eher in großen als in kleinen Betrieben produziert.

Preise und Einkommen

Es wird schon hier ersichtlich, daß diese Mechanismen nicht zu einer Aufrechterhaltung, geschweige denn zu einer Erhöhung der landwirtschaftlichen Einkommen führen können. Dies trifft vor allem für die durch das System am wenigsten begünstigten Landwirte zu. Mit aller Macht die Erhöhung der Einkommen mit der Erhöhung der Preise verbinden zu wollen, ist nicht nur schwierig, es ist sogar widersprüchlich. Einkommen sind nicht gleich Preise. Sie ergeben sich aus der Differenz zwischen Umsatz und Kosten. Es ist augenscheinlich, daß sich die Herstellungskosten in der Veredelungsproduktion in dem Maße erhöhen, wie die Preise der Rohstoffe selbst auf einem hohen Niveau fixiert sind. Getreide oder Melasse sind die Basisprodukte für Schweinefleisch, Geflügel oder Eier. Sie können es selbst für die Rindfleischerzeugung sein. Ohne Zweifel tragen die festgestzten Preise oder die Schutzmaßnahmen für Veredelungsprodukte den erhöhten Herstellungskosten Rechnung. Ein indirekter Effekt besteht jedoch fort. Da es sich hier um Erzeugnisse handelt, deren Nachfrage mit den Preisen variiert, ist ihr Markt begrenzt, sind die Einnahmen vermindert. Ein Konkurrenzverhältnis ist auch zwischen Milch und Fleisch festzustellen: stärkere Schutzmaßnahmen für Milch lassen die schwierigere und risikoreichere Produktion von Rindfleisch betriebswirtschaftlich ungünstiger erscheinen. Ein Produkt im Überschuß blockiert die Entwicklung eines Produktes im Defizit. Schließlich konkurrieren Getreide und Rindfleisch in der Nutzung des Bodens. Land, mit dem ein Einkommen erwirtschaftet werden könnte, das sich auf eine steigende Nachfrage stützen würde, wird zu einer Produktion hingelenkt, die ständiger Stützungsmaßnahmen bedarf.

Mehr noch: im Agrarsektor sind es nicht allein die Kosten, die die Preise bestimmen; die Preise selbst tragen zur Erhöhung der Kosten bei, wie es zum Beispiel beim Boden der Fall ist. Wir sind Zeuge einer rapiden Steigerung der Bodenpreise, insbesondere auch der Preise für Weizenböden. Ist nun ein Landwirt gleichzeitig Eigentümer des Bodens, so macht er sozusagen einen zweifachen Gewinn: einmal über das Einkommen, zum anderen über den Wert seines Kapitals. Wollte man jedoch versuchen die Gewinne aus in Grund und Boden festgelegtem Kapital, dessen Wert sich durch das Preisspiel selbst vergrößert, mit in die Kalkulation der Herstellungskosten einzubeziehen, so geriete man in einen « circulus vitiosus ». Für den Fall, daß der Landwirt nicht gleichzeitig Eigentümer des bebauten Bodens ist, erhöhen sich seine Effektivkosten infolge wachsender Ausgaben für die Pacht.

Wir können sogar noch einen Schritt weitergehen und fragen, ob es überhaupt zweckmäßig ist, gemeinsame Preise festzusetzen, wenn die ökonomischen Bedingungen für die Landwirtschaft innerhalb der EWG regional so unterschiedlich sind. Die Wirtschaftswissenschaft lehrt, daß die bestmögliche Verteilung der Ressourcen nicht durch die Gewinne definiert ist, die die eingesetzten Produktionsfaktoren in ihrer augenblicklichen Verwendung erwirtschaften, sondern durch die Gewinne, die in alternativen Verwendungsmöglichkeiten erwirtschaftet werden könnten. Das ist die Theorie der *opportunity costs*. Daraus folgt : in einer hochindustrialisierten Region Deutschlands, zum Beispiel, die durch starken Wettbewerb auf dem Arbeitsmarkt und steigende industrielle Löhne gekennzeichnet ist, müssen den Landwirten, will man sie in der Landwirtschaft halten, auch entsprechend hohe Einkommen garantiert werden. In Süditalien hingegen bietet sich den überschüssigen Arbeitskräften im Agrarsektor keine andere Alternative als die Arbeitslosigkeit. Eine Beschäftigung, wenn auch nur wenig produktiv, ist eine Verbesserung gegenüber der Beschäftigungslosigkeit, ein wenn auch nur geringes Einkommen ist immerhin besser als gar keins.

Unterschiede in der wirtschaftlichen Entwicklung bestehen nicht nur zwischen den einzelnen Ländern der Gemeinschaft, sondern ebenso zwischen den Regionen der Länder selbst, wobei letztere sogar größer sein können. Daraus läßt sich eine Schlußfolgerung ziehen : ein Teil des Einkommens das den Erzeugern in den wirtschaftlich am meisten benachteiligten Regionen zukommen soll, gründet sich nicht auf den ökonomischen Wert ihrer Tätigkeit, sondern richtet sich nach sozialen Erfordernissen. Die Preise einheitlich zu erhöhen, um einen angemessenen Lebensstandard zu sichern, hieße, den ohnehin schon begünstigten Landwirten, die in der Lage sind, ihre Produktion zu rationalisieren und auszuweiten, einen Vorteil verschaffen. Das Problem läßt sich nur auf direktem Wege lösen, das heißt durch Preise, die sich nach den Marktbedingungen richten, und durch gezielte finanzielle Hilfen, die den am meisten Benachteiligten ein Mindesteinkommen sichern.

Bei der Methode der Einkommensstützung durch Preisstützung besteht sogar die Gefahr, daß die Landwirte keinen direkten Nutzen daraus ziehen können. Keiner weiß, wann die Produktionsüberschüsse von den Interventionsstellen aufgekauft werden und welcher Anteil des Preises überhaupt an die landwirtschaftlichen Erzeuger geht. Zu dieser Unsicherheit kommen noch enorme Kosten, deren Nutzen nirgends zu sehen ist. Äpfel und Birnen müssen vernichtet, Zuckerrüben destilliert werden, um den Alkohol dann zu Schleuderpreisen an die Industrie abzugeben.

Die Exporte der EWG gelangen in den meisten Fällen nicht zu der hungernden Bevölkerung der Dritten Welt. Viel eher kann man annehmen, daß die Gemeinschaft durch ihre Exporte die Nahrungsmittelindustrien konkurrierender Handelspartner subventioniert, indem sie ihnen Rohstoffe zu Niedrigstpreisen liefert, die unter Umständen auch noch zu Produkten verarbeitet werden, die sich dann auf den EWG-Märkten gut verkaufen lassen.

Durch das Überschußproblem gerät die Gemeinschaft in einen ewigen *circulus vitiosus.* Produziert sie zu viel Zucker, wird die überschüssige Melasse — mag sie auch nur begrenzte Anwendung in der Viehfütterung finden — die Absatzmöglichkeiten für Getreide, die sich in der tierischen Produktion bieten, einschränken. Die Destillate aus den überschüssigen Zuckerrüben machen den Destillaten aus überschüssigem Wein Konkurrenz.

Im Rahmen der gemeinsamen Marktordnung für Wein war vorgesehen, jegliche Maßnahmen, die eine zusätzlich Ausweitung der Anbaufläche begünstigen, zu untersagen. Aber bisher wurden keine Anstrengungen unternommen, die Mittel zu beschränken, die von den Staaten und selbst von der Gemeinschaft zur Finanzierung von Obstgärten und Kuhställen bereitgestellt werden. Und dies, während Früchte verfaulen und für ein Kilogramm Butter allein 2 Dollar für Lagerkosten und Exportsubventionen aufzuwenden sind.

Gemeinsamer Markt und Weltmarkt

Vor einigen Jahren noch konnte man durchaus von der Annahme ausgehen, daß eine stetig wachsende Weltnachfrage nach Nahrungsmitteln es erlaubte, die Anhäufung von Überschüssen als eine rein temporäre Angelegenheit zu betrachten. Überschüsse, so meinte man, würden schon zur rechten Zeit durch den Bedarf der osteuropäischen Länder absorbiert werden. So waren auch die Berichte der internationalen Organisationen alarmierend : die Bevölkerungsexplosion, das Nachhinken der landwirtschaftlichen Produktion der Dritten Welt schienen eine Hungersnot in greifbare Nähe zu bringen. Angesichts der Größe des Bedarfs an Nahrungsmitteln war es nicht allzu absurd, mit einem Anstieg der Weltmarkpreise zu rechnen. Diese Aussichten gaben zu der Hoffnung Anlaß, daß die hohen EWG-Preise von der Gesamtentwicklung eingeholt würden und der Preisschutz nicht für sehr lange Zeit aufrechtzuerhalten werden brauchte. Das waren auch vornehmlich die Prämissen des Baumgartner-Pisani Plans, der vorschlug, die Überschüsse, ähnlich dem amerikanischen *Public Law 480,* für die Entwicklungshilfe zu verwenden.

Aus weltweiter Sicht, die eine Unterteilung in nationale Märkte unberücksichtigt läßt, ist die Irrationalität einer Produktionsdrosselung oder, wie in Amerika, einer Brachlegung wertvollen Landes unbestreitbar, wenn auf der anderen Seite in so vielen Ländern die Bevölkerung an chronischer Unterernährung oder Proteinmangel leidet oder Landwirtschaft infolge ungünstiger Klima- und Bodenverhältnisse nur unter größten Schwierigkeiten betrieben werden kann.

Aber schon damals bestanden Zweifel darüber, ob das Weiterleiten der Agrarüberschüsse an die « armen Länder » wirklich die beste Methode zur Forcierung ihrer wirtschaftlichen Entwicklung war. Man riskiert dadurch, die notwendige Steigerung der Eigenerzeugung zu hemmen, während es für die reichen Länder eine bequeme Art ist, die erforderliche Neuorientierung ihrer Produktion zu umgehen. Jedenfalls haben sich die Zukunftsaussichten geändert. Die « grüne Revolution » führt dank neuer Getreidesorten und verbilligter Produktionsverfahren zu einer rapiden Zunahme der Erzeugung in den Entwicklungsländern selbst. Prognosen über die zukünftige Entwicklung auf den Märkten erscheinen in einem ganz anderen Licht. Sowohl die FAO als auch die OECD sagen ein weltweites Anwachsen der Überschüsse voraus, wenn sich die Produktion Nordamerikas weiterhin so rapide entwickelt. Wie groß auch immer die Rückschläge in den sozialistischen Ländern sein mögen, die sich wohl auch aus der Tatsache erklären lassen, daß eine kollektivisierte Landwirtschaft nicht immer die notwendigen Anreize für eine Verbesserung der Produktion bietet, man darf diesen Mangel nicht in die Zukunft extrapolieren. Eine reichere Auswahl an Produktionsmitteln, besonders die Düngemittel, und der technische Fortschritt, können die Schwierigkeiten sehr bald überwinden helfen.

Werfen wir z.B. einen Blick auf Großbritannien, das heute der Welt größter Importeur an Agrarerzeugnissen ist, so läßt sich auch hier ein Anwachsen der Produktion erkennen. Zwar ist es wahrscheinlich, daß es immer ein großer Abnehmer für Milchprodukte bleibt ; sollte es aber dem Gemeinsamen Markt beitreten und die festgesetzten EWG-Preise übernehmen, so wäre damit aller Voraussicht nach eine Ausweitung der Getreideproduktion, und zwar auf Kosten der Viehzucht, verbunden.

Man muß also die bestehenden Illusionen zerstören und die Gemeinschaft in ihrer Weltsituation realistischer einschätzen. Die von ihr inganggesetzten Mechanismen tragen zur Verschleierung der Tatsachen bei. Es ist augenscheinlich, daß die größten finanziellen Nettobelastungen im Milchsektor verursacht werden. Ausschlaggebend dafür ist die Produktionsstruktur, d.h. die unermeßliche Zahl sehr kleiner Betriebe, denen durch die Milchproduktion das ganze Jahr über fortlaufende Beschäftigungsmöglichkeiten und ein reguläres Einkommen geboten werden, und das selbst dann, wenn die Butterüberschüsse eine beängstigende Höhe erreichen.

Während die Butter der EWG augenblicklich die größten Sorgen bereitet, zeigen Vorausschätzungen über die zukünftige Entwicklung der Weltproduktion, daß die bedrohlichsten Überschüsse im Getreidesektor auftreten werden. Dies gilt speziell auch für Nordamerika. Was die Europäische Gemeinschaft anbetrifft, so ist sie hier zwar Nettoimporteur, insbesondere von Futtergetreide, aber die ganze Unausgewogenheit der Preise hat ihren Ursprung im Weizen; denn im Falle des Weizens bestehen besonders starke Diskrepanzen zwischen den Notierungen in der EWG und jener anderer Erzeugerländer. Es ist allgemein bekannt, daß mit wachsendem Realeinkommen der menschliche Konsum an Weizenprodukten nicht steigende, sondern fallende

Tendenz aufweist. Ein übertrieben hoher Preis hat Überschüsse und damit erhöhte Ausgaben für Lagerung, Denaturierung und Exporte zur Folge, läßt Weizen für die Verfütterung an Vieh und Geflügel zu wertvoll erscheinen, verschafft dem Weizen gegenüber anderen Getreidearten einen relativen Preisvorteil und entmutigt dadurch ihre Produktion.

Zweifellos wird man hier einwenden, daß sich die Gesamtanbaufläche für Weizen in der Gemeinschaft nicht vergrößert hat. Das wäre aber kein stichhaltiges Argument. Verzeichnet eine Industrie einen derartigen Produktivitätsfortschritt, daß ihre Produktionskapazitäten die Nachfrage überschreiten, so ist sie gezwungen, die Beschäftigung zu drosseln. Desgleichen erfordern, im Falle der Landwirtschaft, die Ertragssteigerungen bei Produkten, die keiner dynamischen Nachfrage gegenüber stehen, eine Verminderung der Anbauflächen. Allem voran erscheint eine Wiederherstellung des Gleichgewichts zwischen Weizen und anderen Getreidearten unerläßlich.

Eine zu globale Betrachtung des Getreideproblems könnte irreführend sein : da die Gemeinschaft im Getreidesektor im Grunde importabhängig bleiben wird, würden jeweils höhere Preise jeweils höhere Abschöpfungen auf Importe bedeuten. Also könnte man argumentieren, daß hohe Preise der Gemeinschaft eine stetige Einnahmequelle sichern. Durch derartige Rechenkünste sollte man sich jedoch nicht über die wirklichen Kosten, die der Gemeinschaft entstehen, hinwegtäuschen lassen.

Aus internationaler Sicht liefert die Gemeinschaft jeden Tag ihren Beitrag zur Störung des natürlichen Zusammenspiels der Märkte, der internationalen Arbeitsteilung und der Handelsströme. Mehr als einmal befand sie sich im Konflikt mit mächtigen Handelspartnern. Die Vereinigten Staaten versuchen, trotz der Überschüsse in der EWG und der Defizite in anderen Teilen der Welt, ihren europäischen Absatzmarkt für Getreide durch ständige Druckausübung aufrechtzuerhalten und für Geflügel auszudehnen. Umgekehrt sperren sie sich selbst gegen die Importe von Milchprodukten europäischer Herkunft. Dabei ist bei einer Betrachtung der EWG-Einfuhren festzustellen, daß die USA von der Entwicklung gar nicht einmal am stärksten betroffen sind. Ihre Exporte in die EWG zeigten eine zeitlang leicht steigende Tendenz, um dann zu stagnieren und in jüngster Zeit zurückzugehen. Am stärksten betroffen sind die Länder in tropischen Regionen, denen durch die gemeinsame Marktorganisation für Zucker der Absatz ihrer sehr viel billigeren Erzeugnisse in Europa erschwert wurde.

Angesichts der augenblicklichen Zerrüttung der Märkte ist die Frage erlaubt, ob die Weltmarktpreise überhaupt noch einen Aussagewert haben. Ein Weg zu ihrer Bestimmung liegt in der Feststellung der Importpreise des wichtigsten Einfuhrlandes, nämlich Großbritanniens. Eine derartige, sich über mehrere Jahre erstreckende Betrachtung zeigt, daß die Preise, soweit es sich um Getreide handelt, für eine längere Periode mit denjenigen der großen Produzenten, wie den Vereinigten Staaten und Kanada, fast übereinstimmen. Aber selbst Kanada subventioniert seine Agrarregionen, was übrigens den Protest seiner Industrieregionen hervorruft. Auch war nur so lange eine Übereinstimmung festzustellen, wie das internationale Weizenabkommen von den Unterzeichnerländern eingehalten wurde. Nach seinem Zusammenbruch machte sich ein rapider Preisverfall bemerkbar.

Lange Zeit trugen die Vereinigten Staaten die Hauptverantwortung für die zu beobachtenden Schwierigkeiten auf dem Weltmarkt. Ihr System der Paritätspreise zwang sie, die Erzeugerpreise so festzusetzen, daß die in einer ausgewählten Basisperiode festgestellte Relation zwischen den landwirtschaftlichen und industriellen Preisen gleichblieb. Dabei galt als Basisperiode die so weit zurückliegende Zeit von 1910-1914. Als ob das Verhältnis der Preise das Verhältnis der Einkommen zueinander bestimmen würde! Man verfeinerte zwar die Berechnungsformeln und ergriff darüberhinaus Maßnahmen zur Stillegung von Flächen, auf denen Überschußprodukte angebaut wurden. Je mehr aber die Agrarpolitik der Vereinigten Staaten die Produktion von Überschüssen anreizte, desto mehr sahen sie sich genötigt, diese auf den Weltmärkten zu verschleudern, trotz eines Entwicklungshilfeprogramms, im Rahmen dessen Agrarprodukte im Wert von rund 1,5 Milliarden Dollar jährlich abgestoßen wurden. Man kann sagen, daß die Weltmarktpreise in umgekehrter Relation zu den amerikanischen Inlandspreisen standen. In dieses Spiel ist die Gemeinschaft vollen Herzens eingetreten.

Nach dem Zusammenbruch des internationalen Weizenabkommens war sie fest entschlossen, mit allen zur Verfügung stehenden Mitteln die mächtigsten Produzenten — wie die Vereinigten Staaten und Kanada — auf ihren Exportmärkten zu unterbieten. Das krasseste Beispiel hierfür ist die Butter. Ein freier Weltmarktpreis würde sich theoretisch auf einem Niveau einspielen, bei dem gerade die Kosten desjenigen Grenzproduzenten gedeckt sind, dessen Produktion noch zur vollen Bedürfinisbefriedigung gebraucht wird. (Was geschieht ist das genaue Gegenteil.) Der Produzent, der durch die besonderen klimatischen Verhältnisse und die volle Ausnutzung des technischen Fortschritts am kostengünstigsten arbeiten kann, nämlich Neuseeland, liefert den Basispreis, nach dem sich die Preise der anderen Erzeuger ausrichten sollen. Die Gemeinschaft aber, in dem Bestreben, unter allen Umständen neue Absatzmöglichkeiten für ihre erdrückenden Butterüberschüsse zu finden, versucht durch die unaufhörliche Subventionierung ihrer Ausfuhren, die neuseeländischen Preise zu unterbieten. Auf diese Art kam es auf dem Londoner Markt schon zu Preisnotierungen, die bei 47,25 $ pro 100 kg Butter lagen. Heute bewegen sich die Notierungen um 65,00 $, während der EWG-Inlandspreis 187,00 $ pro 100 kg übersteigt. Das hindert aber die Gemeinschaft nicht, Butter zu Preisen, die um ein Drittel unter den neuseeländischen liegen, bis hin in den Fernen Osten zu exportieren.

Die Industrienationen geraten mit ihrer Agrarpolitik immer tiefer in einen Teufelskreis: sie alle tragen zum Absinken der Weltmarktpreise bei und müssen gleichzeitig immer einschneidendere Maßnahmen ergreifen, um sich davor zu schützen.

Agrarpolitik und Gemeinsamer Markt

Hat die Gemeinschaft wenigstens die Ziele eines gemeinsamen Agrarmarktes erreicht? Hat die Gemeinsame Agrarpolitik zur Stabilisierung des Marktes beigetragen?

Man könnte denken, daß die schrittweise Errichtung eines gemeinsamen Agrarmarktes zu einer besseren Verteilung der Ressourcen führen würde, d.h. zu einer Ausweitung der Produktion dort, wo es am wirtschaftlichsten wäre, und einer Einschränkung an anderer Stelle. Das Ziel des freien Warenverkehrs zwischen den Mitgliedsländern wurde nach schrittweisem Vorgehen endgültig in der Zeit von 1967 bis 1968 erreicht. Aber eine besserre Verteilung der Ressourcen war damit nicht verbunden. Da zum Funktionieren des Systems die Festsetzung gemeinsamer Preise erforderlich ist, wird der Preiswettbewerb in höchstem Maße begrenzt. Er kann sich nur innerhalb einer bestimmten Marge abspielen, die sich aus der Differenz zwischen den Schwellenpreisen, die die Basis für den Außenschutz bilden, und den Interventionspreisen ergibt. Wobei letztere die Stützungskäufe der öffentlichen Interventionsstellen auslösen. Im allgemeinen liegen sie um 7 bis 8 % unter den Schwellenpreisen. Für Getreide und Rindfleisch kann der Abstand in einigen Regionen der Gemeinschaft aber auch bis zu 20 % betragen.

Starke Änderungen in den innergemeinschaftlichen Güterbewegungen machten sich nur zu Zeiten von Währungskrisen bemerkbar. Eine Folge davon, daß die Preise in einer gemeinsamen Rechnungseinheit festgelegt worden sind, bei der es sich aber nur um eine monetäre Verrechnungsgröße handelt. Um den in der Rechnungseinheit fixierten Preis praktisch anwenden zu können, muß er — dem Wechselkurs zur Rechnungseinheit entsprechend — in die Währungen der jeweiligen Mitliedsländer übertragen werden. Ändert sich nun der Wechselkurs eines Mitgliedlandes, so ändert sich auch der Tauschwert jener Währung. Will ein anderer EWG-Staat aus diesem Land beispielweise Getreide importieren, so muß er dafür, je nach Richtung der Wechselkursänderung, einen höheren oder niedrigeren Betrag in seiner Währung aufwenden. Damit besteht kein gemeinsames Preisniveau für Getreide mehr, es sei denn, das Land würde seinen Inlandspreis für Getreide senken bzw. erhöhen.

Da die im Rahmen des internationalen Währungsabkommens erlaubte Bandbreite, innerhalb der sich die Wechselkurse frei bewegen können, auch zwischen den Mitgliedsländern fortbesteht, führten die Wechselkursschwankungen, die 1969 der Aufwertung der Deutschen Mark bzw. der Abwertung des französischen Francs vorausgingen, zu den genannten Preisverschiebungen. Für die Bundesrepublik wurde es plötzlich interessant, massive Getreidekäufe in Frankreich zu tätigen, die übrigens nach der Neufestsetzung der Paritäten annulliert wurden. Die sich nach der erfolgten Wechselkurskorrektur ergebenden neuen Preisrelationen wurden für die Industrie sofort hingenommen. Für landwirtschaftliche Erzeugnisse hielt die Bundesrepublik die nach der Aufwertung im Herbst 1969 nun höheren Inlandspreise aber vorerst noch aufrecht. Ab 1. Januar 1970 mußte sie diese Preise dann senken, wurde aber gleichzeitig ermächtigt, diese Preissenkungen durch produktneutrale Subventionen auszugleichen. Frankreich, auf der anderen Seite, braucht die nach der Abwertung des Francs im Sommer 1969 zur Wiederherstellung des gemeinsamen Preisniveaus erforderlichen Preiserhöhungen nur schrittweise vorzunehmen. Mit anderen Worten, das gemeinsame Preisniveau ist zusammengebrochen und zur reinen Fiktion geworden, da die Rechnungseinheiten weder für den einen noch den anderen der beiden größten Produzenten der Gemeinschaft Geltung haben.

Die Umstellung von einer weniger wirtschaftlichen zu einer wirtschaftlicheren Produktion hin wird in Krisenzeiten, genauso wie in normalen Zeiten, sorgfältig vermieden. Zwei Faktoren tragen hierzu insbesondere bei. Da sich die Gemeinsame Agrarpolitik auf die Festsetzung gemeinsamer Preise, die Errichtung einer Außenschutzmauer und die Finanzierung von Überschüssen beschränkt, werden die nationalen Regierungen durch nichts an einer Subventionspolitik gehindert, die zwar die Herstellungskosten nicht direkt, aber doch indirekt beeinflußt und zu einer Verfälschung der innergemeinschaftlichen Kostenstrukturen führt.

Zwei Fälle sind hierbei besonders erwähnenswert. Von den Ländern der Gemeinschaft wird einzig in Frankreich praktisch die gesamte Sozialversicherung der Landwirte über das französische Budget finanziert. Normalerweise gründet sich das Sozialversicherungssystem auf eine Finanzierung durch Beiträge der Beschäftigten, deren Höhe sich nach den jeweiligen Löhnen richtet. Das heißt, jeder Tätigkeitsbereich wird im Verhältnis zur Arbeitskraft, die er in Anspruch nimmt, belastet. Das ist die Basis, auf der sich das Gleichgewicht der Preise und Güter aufbaut. Wenn nun ein Tätigkeitsbereich wie die Landwirtschaft nicht viel mehr als nur ein Zehntel der Sozialversicherungskosten selbts zu tragen hat, kann die Entlohnung der in diesem Sektor Beschäftigten künstlich niedrig gehalten werden. Die monetären Kosten sind sehr viel geringer als die realen Kosten. Auf der anderen Seite ist in Deutschland der Anteil der Investitionen zur Bodenverbesserung an den Gesamtinvestitionen sehr viel höher als in den anderen Ländern. Daraus ergibt sich das Fehlen einer eindeutigen Beziehung zwischen der Höhe der Investitionen und dem Wachstum der Produktion : die Investitionen gleichen die Boden- und Klimanachteile aus ; der beträchtliche Kapitalaufwand hierfür, der für die Landwirtschaft noch sehr viel höher wäre, gäbe es nicht staatliche Beihilfen und Zinsverbilligungen — auch hier eine Verzerrung der Kostenstruktur —, ist eine Erklärung dafür, weshalb die Kosten (pro Produkteinheit) trotz erheblicher Ertragssteigerungen hoch bleiben.

Was das Finanzierungssystem anbetrifft, so ist es im Grunde genommen daraufhin angelegt, jegliche nennenswerten Produktionsverschiebungen zwischen den Regionen der Gemeinschaft zu vermeiden. Auf einem normal funktionierendem Markt würden die unter den günstigsten Bedingungen produzierenden Erzeuger ihren Absatz auf Kosten anderer Erzeuger ausweiten. Letztere müßten entweder ihre Produktion einschränken oder sich auf Drittlandmärkten neue Absatzmöglichkeiten erschließen, zu welchem Preis auch immer. Das heißt, hätten wir einen wirklich freien EWG-Markt, würde nicht Frankreich sondern Deutschland als Überschußland erscheinen, und Deutschland müßte sich neue Märkte für seine Erzeugung suchen. Die finanzielle Solidarität hinsichtlich der bei der Beseitigung der Überschüsse entstehenden Kosten verschleiert diese Tatsache ; aber sie gibt auch zu den größten Mißverständnissen Anlaß.

Wenn ein deutscher Minister darüber Klage führt, daß Deutschland so schwere finanzielle Belastungen zu tragen hat, weil es in Frankreich so viele Landwirte gibt, so mag er einerseits recht haben. Sein Argument würde sogar noch stärker ins Gewicht fallen, wenn er darauf hinwiese, daß die französische Produktion nur infolge der im Verhältnis zu den anderen EWG-Staaten höheren staatlichen Beihilfen so kostengünstig erscheint und gerade diese hohen Beihilfen auf die Mobilität der in der Landwirtschaft Beschäftigten einen hemmenden Einfluß ausüben. Aber das Problem hat auch seine andere Seite. Gäbe es nicht die gemeinsamen Anstrengungen zur Umleitung der Überschüsse auf Drittlandsmärkte, würde das französische Überangebot auf den deutschen Markt drängen und damit zu einer Bedrohung der deutschen Landwirte werden. Es ist also durchaus legitim zu sagen, daß die Bundesrepublik mit ihren finanziellen Beiträgen zur Überschußbeseitigung in erster Linie für den Schutz ihrer eigenen Landwirte bezahlt. Mit einem Wort: man konnte den Gemeinsamen Agrarmarkt nur errichten, indem man ihn vor einem Gutteil der natürlichen Marktkräfte abschirmte.

Ein gemeinsames Preisniveau, sei es durch Beschluß der Behörden oder sei es durch das Zusammenspiel der Marktkräfte, findet seine Rechtfertigung anderswo. Sie liegt in der Logik des Gemeinsamen Marktes. Denn durch die Errichtung eines gemeinsamen Marktes sollen die in einer Freihandelszone möglichen Verzerrungen in der Wirtschaftsstruktur vermieden werden. Wir kennen das System der Europäischen Freihandelszone (EFTA), die auf einen gemeinsamen Außentarif verzichtet und die Landwirtschaft ganz ausschließt. Daraus resultiert eine unterschiedliche Behandlung der innerhalb der Freihandelszone miteinander konkurrierenden Industrien der einzelnen Mitgliedsländer. Einmal, da aufgrund der unterschiedlichen Zolltarife keine einheitlichen Preise für von außen bezogene Inputs bestehen. Zum anderen, da die Unterschiede in den Nahrungsmittelkosten aufrechterhalten bleiben, die Nahrungsmittelkosten aber ein wichtiges Element in der Bestimmung des Lohnniveaus darstellen.

Die Löhne richten sich nach dem Index der Lebenshaltungskosten — in einigen Ländern sind sie sogar offiziell daran gebunden — wobei in den wichtigsten Ländern der Gemeinschaft die Ausgaben für die Nahrungsmittel mit einem Gewicht von 40-45 % in diesen Index eingehen. Dieser Anteil ist ohne Zweifel überhöht gegenüber dem, der sich bei Betrachtung der gesamten Konsumausgaben, wie sie die Volkswirtschaftlichen Gesamtrechnungen ausweisen, ergeben würde. Aber hinsichtlich der Bedeutung, die die Nahrungsmittelausgaben in den Budgets der ärmeren Bevölkerungsschichten spielen, ist er gewiß nicht übertrieben.

Mit der Entscheidung zugunsten einer Zoll- und Wirtschaftsunion, die sowohl die Landwirtschaft als auch die Dienstleistungen mit einschließt und sich nicht nur auf Endprodukte, sondern auch auf die Produktionsfaktoren erstreckt, sollten die oben beschriebenen Verzerrungen verhindert werden. Es ist wahr, daß erst die Rechnungseinheit für Agrarprodukte den freien Wettbewerb zwischen den Nahrungsmittelindustrien erlaubt. Handelt es sich aber um die Lohnkosten der Gesamtindustrie, so sind nicht die landwirtschaftlichen Erzeugerpreise, deren Einheitlichkeit durch die Rechnungseinheit garantiert ist, sondern die Endverbraucherpreise für Nahrungsmittel entscheidend.

Da die Distributions- und Steuersysteme zwischen den einzelnen Mitgliedsländern stark differieren, sind auch die Handelsspannen und die indirekten Steuern — beide mitbestimmend für die Höhe der Verbraucherpreise — verschieden hoch. Das heißt, die Verbraucherpreise, durch die die Löhne und die allgemeinen Konkurrenzbedingungen in der Industrie beeinflußt werden, divergieren weiterhin zwischen den einzelnen Ländern.

Verzerrungen

Der Mangel an agrarpolitischen Maßnahmen, die direkt auf die Strukturen und Einkommen einwirken, läßt die Gemeinsame Agrarpolitik kaum als eine Politik erkennen. Aufgrund der fehlenden Einflußmöglichkeiten auf die Interventionsmaßnahmen der einzelnen Staaten und des zweimaligen durch Währungskrisen verursachten Zusammenbruchs der Rechnungseinheit, kann man sie ebensowenig als wirklich gemeinsam bezeichnen. Betrachtet man weiterhin die zentrale Rolle, die die Diskussionen über Abschöpfungen, finanzielle Beiträge, Subventionen und Rückerstattungen spielten, so erscheint sie eher als Finanzpolitik denn als Agrarpolitik.

Aber die sich anhäufenden Schwierigkeiten können einen Wandel erzwingen. Die augenblickliche Gemeinsame Agrarpolitik provoziert geradezu die ins Auge springenden Verzerrungen, und die daraus entstehenden Spannungen zwischen den verschiedenen Interessen sind vielleicht der Schlüssel zu einer Lösung. Es ist möglich, bestimmte Gruppen wachzurütteln, einen bestimmten Teil der öffentlichen Meinung und der Landwirtschaft selbst zu mobilisieren. Es liesse sich mit anderen worten ohne weiteres eine wirklich politische Lösung für die erforderlichen Veränderungen finden.

Zwischen Ländern

Zunächst wären einmal die schwerwiegenden Verzerrungen zwischen den Ländern zu nennen.

Die finanzielle Solidarität der Mitgliedsländer hinsichtlich der Kosten der Gemeinsamen Agrarpolitik findet wie gesagt ihre Rechtfertigung in der Logik des Gemeinsamen Marktes. Es würde jedoch vernünftiger erscheinen, wenn sich die Höhe der finanziellen Beiträge der Mitgliedsländer proportional zu ihrem Volkseinkommen verhielte. Sie könnte sogar in einem progressiven Verhältnis zum Pro-Kopf-Einkommen stehen. Andererseits liegt das wahre Problem der Landwirtschaft in ihrer Überbevölkerung: sie ist Ursache der im Vergleich zu anderen Wirtschaftssektoren niedrigen Wertschöpfung pro Kopf und eines geringen Einkommensniveaus. In erster Linie muß deshalb die Abwanderung aus der Landwirtschaft, die unvermeidlich ist, durch staatliche Maßnahmen erleichtert werden. Die finanziellen Belastungen, die aus den Maßnahmen zur Mobilitätsförderung, Produktivitätsverbesserung und Einkommenserhöhung entstehen, wiegen aber in einem gegebenen Land umso schwerer, je größer der Anteil der in der Landwirtschaft Beschäftigten an den Erwerbstätigen insgesamt ist. Unter diesen Umständen läge es auf der Hand, wenn Italien im Verhältnis zu den anderen EWG-Staaten die niedrigsten Beiträge abzuführen hätte und die höchsten Zuweisungen erhielte. Aber die angewandte Finanzierungsregelung, im Rahmen derer dem gemeinsamen EWG-Haushalt vorzüglich die Einnahmen aus den Abschöpfungen zufließen, bringt es mit sich, daß Italien dem Europäischen Ausrichtungs- und Garantiefonds für die Landwirtschaft (EAGFL) mehr Mittel überweist, als es empfängt. Auch ohne eine völlige Umkehrung des augenblicklichen Systems sollte es möglich sein, einen logischeren und gerechteren Finanzierungsmodus zu finden.

Zwischen Konsumenten

Andere Verzerrungen treten zwischen den Bewohnern eines jeden Landes auf, weil das von der Gemeinschaft errichtete System untragbare Gegensätze schafft. Ein Vergleich mit dem britischen System bringt dies am deutlichsten zum Ausdruck. Von bestimmten Ausnahmen, wie hoher Zollschutz für den Gartenbau und gelegentliche Abschöpfungen auf Getreideimporte, einmal abgesehen, beinhaltet dieses System im Prinzip freie Einfuhren und die Anwendung der Weltmarktpreise auf dem Inlandsmarkt. Umgekehrt werden die Erzeugergewinne durch Ausgleichszahlungen angehoben, deren Höhe sich nach der Differenz aus Garantiepreisen und durchschnittlichen Marktpreisen bemißt; die Marktpreise werden dabei durch die Importe bestimmt. Auch bei diesen *deficiency payments* handelt es sich um normale Subventionszahlungen; nur erlauben sie zugleich mit der Aufrechterhaltung eines bestimmten Einkommens eine Senkung der Preise. Mit anderen Worten, für das was der Steuerzahler bezahlt, wird er als Konsument entschädigt. Das System der Gemeinschaft besteht nicht nur darin, die Weltmarkpreise auf das Niveau der Inlandspreise anzuheben — dieser Schutz würde nicht ausreichen —, sondern es muß durch staatliche Interventionsmaßnahmen, mit Hilfe derer das Inlandspreisniveau nur aufrechtzuerhalten ist, ergänzt werden. Das heißt, alles was auf dem innergemeinschaftlichen Markt keine Absatzmöglichkeiten findet, muß vom Staat aufgekauft werden. Die öffentliche Hand übernimmt die finanziellen Belastungen der Lagerung, der Denaturierung und der Preisnachlässe für den Export, die eine Ausfuhr der Überschüsse in Drittländer erst ermöglichen. Diese öffentlichen Ausgaben tragen nicht zu einer Senkung der Binnenpreise, sondern zu ihrer Erhöhung bei. Der Steuerzahler, der zu ihrer Finanzierung beitragen muß, wird als Konsument aufs neue zur Kasse gebeten. Das Realeinkommen wird gleich zweimal reduziert.

Es ist ein allgemein bekanntes Gesetz, daß die Ausgaben für Nahrungsmittel einen umso größeren Teil des Einkommens beanspruchen, je niedriger das Einkommensniveau und erst recht je größer die Familie ist. Das heißt, eine Politik der hohen Agrarpreise, und hier insbesondere für Basisprodukte, führt automatisch zu einer « verkehrten » Einkommensumverteilung : die einkommensstarken Bevölkerungsschichten werden begünstigt, die einkommensschwachen benachteiligt. Das Argument mag vielleicht einleuchtender sein, wenn man sich für einen Augenblick vorstellt, daß man die Agrarpreise senkt, und der Einkommensverlust der Landwirtschaft gleichzeitig durch aus dem Haushalt finanzierte äquivalente Ausgleichszahlungen aufgefangen wird. Niemand würde auch nur im Traum daran denken, die daraus erwachsenden öffentlichen Ausgaben durch indirekte Steuern auf Nahrungsmittel oder durch direkte Steuern, die die niedrigsten Einkommensgruppen am stärksten belasten, zu decken. Der Ruf nach Gerechtigkeit würde sofort laut werden. Aber genau diese Wirkung hat eine Hochpreispolitik für Agrarprodukte auf die Einkommensverteilung. Das englische System wirkt hingegen in die entgegengesetzte Richtung ; die Verbraucher können ihren Vorteil aus den günstigen Preisen ziehen ; die Erzeugergewinne werden durch Ausgleichszahlungen angehoben ; deren Finanzierung erfolgt über eine progressive Einkommenssteuer und stark differenzierte indirekte Steuern, von denen die Nahrungsmittel nicht erfaßt werden, die Luxusartikel aber umso mehr. Unser Vorschlag wird hier aber dennoch nicht sein, das System Grossbritanniens auf die Gemeinschaft zu übertragen [1]. Immerhin sollte sein beschriebener positiver Einkommensumverteilungseffekt doch zum Nachdenken anregen.

Zwischen Produkten

Die eindeutigsten Verzerrungen sind zwischen den Produkten selbst zu finden. Für hochentwickelte Länder, in denen der Anteil der landwirtschaftlichen Bevölkerung noch relativ groß ist, wäre es ökonomisch am sinnvollsten, diese verstärkt in der Veredelungsproduktion zu beschäftigen, d.h. dort, wo die Erzeugung noch einer elastischen Nachfrage gegenübersteht. Genau diesen Weg haben die fortschrittlichsten Landwirtschaften Europas, wie Dänemark, die Niederlande und Großbritannien beschritten. Die Gemeinsame Agrarpolitik jedoch hat in erster Linie die Erzeugung der Basisprodukte, wie Getreide und Zuckerrüben, begünstigt. Eine Folge davon sind erhöhte Herstellungskosten im Veredelungssektor und somit eine Beschrän-

1. Siehe Seite 56.

kung der internationalen Konkurrenzfähigkeit seiner Produkte, wie Geflügel, Eier und Schweinefleisch. Es reicht nicht aus, wenn man diese Produkte deshalb mit einer starken Schutzmauer umgibt. Ihr Markt ist durch die hohen Preise der Basisprodukte eingeengt.

Hier ist eine Berichtigung einzufügen. Von der Hochpreispolitik für die Grundstoffe sind die Ölsaaten und Ölkuchen ausgenommen, d.h. sie können zollfrei eingeführt werden. Wir wollen hier nun nicht einer noch protektionistischeren Politik das Wort reden, aber ein Minimum an Geschlossenheit in der Politik wäre doch wünschenswert. Ohne Zweifel sind in der tierischen Ernährung Getreide und Melasse die Lieferanten für die notwendigen Kohlehydrate, während die Ölsaaten und Ölkuchen den tierischen Ernährungshaushalt mit den erforderlichen Fetten und Proteinen versorgen. Aber in der gleichen Weise wie man davon ausgehen kann, daß die menschlichen Grundnahrungsstoffe nicht in einem absolut starren Verhältnis zueinander stehen — man spart an teurem Fleisch und verzehrt dafür vermehrt billige Kartoffeln und Teigwaren — genauso ist es möglich, daß die tierischen Ernährungsstoffe sich nicht nur ergänzen, sondern teilweise auch miteinander konkurrieren. Mit anderen Worten, bei den gegebenen hohen Getreidepreisen kann es durchaus möglich sein, daß den relativ billigeren Ölsaaten und Ölkuchen auf Kosten des Getreides ein größeres Gewicht in der Futterzusammensetzung beigemessen wird.

Weitere Verzerrungen zwischen den Produkten sind z.B. bei einem Vergleich der Marktorganisationen für Getreide, Obst und Gemüse festzustellen. Während Getreide unbegrenzte Absatzgarantien genießt, ist der Zeitpunkt, zu dem die Interventionsmaßnahmen auf dem Obst- und Gemüsemarkt einsetzen, sehr viel ungewisser. Ohne Zweifel handelt es sich hierbei um eine Vielfalt von Produkten, die zudem starken Saisonschwankungen unterworfen sind, wodurch die Schaffung einer gemeinsamen Marktorganisation erschwert wird. Wir haben schon auf die in bezug auf den Preis elastische Nachfrage dieser Produkte hingewiesen, die bewirkt, daß trotz sinkender Preise der Umsatz steigt. Ein infolge eventueller Überschußproduktion eintretender Preisfall kann also in einem gewissen Ausmaß durch höhere Verkaufserlöse kompensiert werden.

Es können beim Obstanbau jedoch besondere Schwierigkeiten auftreten, die aus der zeitlichen Verzögerung zwischen der Anpflanzung von Obstbäumen und den ersten Erntemöglichkeiten erwachsen. Wird in einem Jahr relativer Obstknappheit und hoher Preise eine Ausweitung der Produktion und damit eine Neuanpflanzung von Obstbäumen beschlossen, so läßt sich diese Produktionsentscheidung zu einem späteren Zeitpunkt, in dem die Preise sinkende Tendenz aufweisen, nicht mehr korrigieren, es sei denn, man holzt die mit großem finanziellem Aufwand gepflanzten Bäume ab. Eine Anpassung der Produktion an die jeweilige ökonomische Lage ist also nur schwer möglich. So ist es zu erklären, daß man für das zeitweilige Problem der Überschüsse bei Äpfeln und Birnen schließlich keine andere Lösung fand, als sie zu vernichten.

Es mag eine unausweichliche, in ihren Konsequenzen aber bedauerliche Tatsache sein, daß die Gemüseerzeugnisse, für die die Nachfrage mit steigendem Realeinkommen zunimmt, gegenüber dem Getreide und insbesondere dem Weizen benachteiligt sind, obwohl die Weizenprodukte nur einen — zudem noch ständig kleiner werdenden — Bruchteil der menschlichen Ernährung ausmachen.

Schließlich müßte auch noch auf die Substitutionalität hingewiesen werden, die sowohl zwischen der Anwendung des Bodens für den Getreidebau und seiner Anwendung für die Viehzucht besteht als auch zwischen dem Rindfleisch und der Milch. Bisher hat man keinen anderen Weg eingeschlagen, als die Getreideproduktion durch Prämien anzukurbeln. Für die Fleischproduktion fehlen derartige Anreize, ein Mangel dessen Wirkung noch durch den denkbar schlecht organisierten Markt, auf dem die Erzeuger aus steigenden Verbraucherpreisen keinen höheren Profit ziehen können, verstärkt wird.

Zwischen Landwirten

Die Verzerrungen, die sich aus der ungleichen Behandlung der Produkte ergeben, haben notwendigerweise Verzerrungen zwischen den einzelnen Betriebstypen und -größen zur Folge. Der Getreideanbau konzentriert sich hauptsächlich auf die größeren Betriebseinheiten. Zwar werden die schwierigen Arbeitsbedingungen, mit denen sich viele Landwirte konfrontiert sehen, als Alibi für die bestehenden hohen Preise herangezogen, aber begüngstigt werden dadurch nur die ohnehin schon besser gestellten Betriebe. Sie werden dabei umso mehr begünstigt, je größer sie sind und je mehr Möglichkeiten sie zur Ausnutzung des technischen Fortschritts und der *economies of scale* haben. Durch die Gemeinsame Agrarpolitik wird die Einkommensdisparität innerhalb der Landwirtschaft noch vergrößert.

Einerseits wird von offizieller Seite immer wieder darauf hingewiesen, daß die Kleinbetriebe nicht rentabel genug arbeiten können, daß sie einem allein Arbeitenden nicht nur ein geringes Einkommen gewähren, sondern er auch noch dazu verdammt ist, dieses unter Verzicht auf jegliche Freiheit und Erholung zu erwirtschaften ; anderseits aber werden diese Schwierigkeiten der Kleinbauern noch künstlich vermehrt ; denn eine derartige Wirkung haben in Wirklichkeit die hohen Preise für Getreide und Zuckerrüben. Sie verschlechtern gleich auf zweifachem Wege die Lage des kleinen Fleisch- und Milchproduzenten. Einmal, indem sie zur Erhöhung seiner Herstellungskosten beitragen und seine Konkurrenzfähigkeit verschlechtern und zum anderen, indem durch sie die finanziellen Mittel der großen Betriebe, mit denen er eventuell konkurriert, in unangemessener Weise zunehmen.

Nichts wäre deshalb irreführender, als die Landwirtschaft als homogene Einheit zu betrachten. Es waren die Kleinbetriebe, auf die die Gemeinsame Agrarpolitik zugeschnitten war, aber die Großbetriebe zogen daraus den meisten Nutzen. Die Intentionen der Politik haben sich offensichtlich in ihr

Gegenteil verkehrt. Es gibt zumindest zwei Arten der Landwirtschaft, und es soll hier keinen Augenblick geleugnet werden, daß die modernere sich entwickeln und die, die den wirtschaftlichen Erfordernissen nicht gewachsen ist, von ihr absorbiert werden müßte. Diesen notwendigen Strukturwandel zu forcieren und in richtige Bahnen zu lenken, ist die Hauptaufgabe der Agrarpolitik. Diejenigen, die heute am stärksten benachteiligt sind, sind auch am zahlreichsten. Man kann ihre Unterstützung zur Erreichung der angestrebten Ziele nur erlangen, wenn es möglich ist, ihr Schicksal augenblicklich zu verbessern. Allein auf dieser Basis kann ein Programm gestartet werden, das — über die Umstrukturierung der Landwirtschaft — allen einen höheren Lebensstandard sichert.

Grundlegende Ideen für eine Politik

Ohne Agrarpolitik ist nicht auszukommen. Die Unstabilität, die auf den Agrarmärkten herrscht, ist allzu bekannt. Ihre Ursachen sind weniger auf der Nachfrageseite zu suchen als vielmehr auf der Angebotsseite, bedingt durch die von Witterungseinflüssen stark abhängigen und deshalb in ihrem Ausmaß unvorhersehbaren Schwankungen in der Produktion. Ohne Zweifel sind mit dem technischen Fortschritt — wie z.B. der Vielfalt an Düngemitteln, Bewässerung, Entwässerung, neue Getreidearten, bessere Kontrolle der Tier- und Pflanzenkrankheiten — die naturbedingten Produktionsausschläge zurückgegangen. Es wäre sogar ein Entwicklungsstadium denkbar, in dem die Landwirtschaft durch ihren hohen Industrialisierungsgrad vor derartigen witterungsbedingten Störungen des Marktgleichgewichts weitgehend geschützt ist. Aber selbst wenn dies in den hochentwickelten Ländern gelingen sollte, so werden die Entwicklungsländer weiterhin von diesen Störungen betroffen sein, und die Unstabilität auf ihren Märkten wird unweigerlich auf die der Industrienationen übergreifen.

Ein anderer Faktor von primärer Bedeutung ergibt sich daraus, daß die landwirtschaftliche Produktion Zeit beansprucht ; das können einige Monate sein, für Getreide zum Beispiel, manchmal aber auch Jahre, wie für bestimmte tierische Produkte. Deshalb wird eine Produktionsentscheidung, die von einer bestimmten Zeit aufgrund gegebener Preise getroffen wurde, nach Beendigung der Produktionsperiode häufig nicht mehr der dann herrschenden Marktsituation entsprechen. Das Resultat sind die bekannten zyklischen Schwankungen.

Ohne Zweifel steht die Industrie ähnlichen Problemen gegenüber, die Investitionsperioden sind im allgemeinen sogar noch länger. Jedoch hat die Industrie mehr Möglichkeiten, ihre Preise durch Anpassung des Angebots an die Marktbedingungen aufrecht zu erhalten. Die Lage der Landwirtschaft wird dadurch noch erschwert, daß jede den Marktbedarf übersteigende Produktion die Gefahr eines starken Preisfalls und somit einer unmittelbaren Einkommensreduzierung heraufbeschwört.

Nicht nur die Länge der zeitlichen Verzögerung, die zwischen der Entscheidung zur Produktion und der Verfügbarkeit der entsprechenden Produkte besteht, ist je nach Produkt verschieden, sondern auch ihr Angebot und ihre Nachfrage reagieren jeweils sehr unterschiedlich auf Preisänderungen. Ein Preisfall bei Getreide wird z.B. kaum zu einer Marktausweitung führen, während ein Fallen der Milchpreise — zumindest in gewissen Grenzen — die an der Erhaltung ihres Einkommensniveaus interessierten Kleinbauern dazu veranlassen könnte, ihre Produktion zu intensivieren oder wenigstens die Milchanlieferungen an die Molkereien zu vergrößern. Einige Veredelungsprodukte, wie Schweinefleisch, Geflügel und Eier, passen sich schneller dem Markt an, der selbst auch verstärkt auf Preisänderungen reagiert. Wenn auch von der Anpflanzung neuer Obstkulturen bis zur ersten Erntemöglichkeit lange Zeit vergeht, so ist wenigstens die Nachfrage in bezug auf den Preis elastisch.

Man kann auf Stabilisierungsmaßnahmen nicht verzichten, die umso notwendiger sind, als ein regelmässiges Einkommen der Hauptanreiz für die Anwendung des technischen Fortschritts und der Produktivitätssteigerung in der Landwirtschaft ist. Man weiß, welchen Schwankungen die Basisprodukte unterworfen sind und welche schädlichen Rückwirkungen dies auf die Entwicklungsländer haben kann. Es steht außer Frage, die Landwirtschaft in einem derartigen Zustand zu belassen. Im Gegenteil, alle Möglichkeiten sollten ausgeschöpft werden, um den erreichbaren Grad an Stabilität auch auf den Rest der Welt auszudehnen. Solange ein weltweites Gleichgewicht nicht im Bereich des Möglichen ist, bleibt die Verpflichtung, auf nationaler oder Gemeinschaftsebene nach Mitteln zu suchen, die die Instabilität begrenzen. Bereits jetzt schon sind aber die Schwierigkeiten abzusehen, die aus den sowohl hinsichtlich der Produktions- als auch Marktbedingungen bestehenden Unterschieden zwischen den Produkten erwachsen.

Produktivitätsniveau

Das Grundproblem liegt dennoch anderswo. Die Landwirtschaft versorgt im wesentlichen nur die Nahrungsmittelproduktion mit Primärprodukten, ihr Beitrag zur Textilproduktion ist — zumindest was Europa betrifft — als marginal zu bezeichnen. Wie gesagt steigt die Nachfrage nach Nahrungsmitteln im Verhältnis zum Wachstum des Realeinkommens relativ langsam an. Hieraus erklärt sich auch die im Vergleich zu den Produkten des Industrie- und Dienstleistungssektors zunehmende Begrenzung der Absatzmöglichkeiten für landwirtschaftliche Erzeugnisse. Selbst wenn der Technisierungsgrad in der Landwirtschaft demjenigen in der Industrie entspräche, wäre das landwirtschaftliche Einkommen, verglichen mit anderen Einkommenskategorien, weiterhin von einer Verschlechterung bedroht. Nur ein im Verhältnis zu anderen Wirtschaftsbereichen viel größerer Produktivitätsfortschritt in der Landwirtschaft könnte zu einer Beseitigung der intersektoralen Einkommensdisparität führen.

Gemäß den Bedingungen, unter denen der Landwirt im Durchschnitt in der Europäischen Wirtschaftsgemeinschaft arbeitet, würde ihm seine Produktivität ein im Vergleich zum allgemeinen Einkommensniveau eines jeden

Landes völlig unzureichendes Einkommen gewähren. Es sind hier nicht die Erträge pro Hektar, die zählen. Sie sind in einigen Regionen und für bestimmte Produkte mit die höchsten in der Welt. Wodurch in Wirklichkeit das Einkommen determiniert ist, das ist die Nettoproduktion pro Arbeitskraft, die Wertschöpfung des betreffenden Sektors dividiert durch die Anzahl der in ihm Beschäftigten. Höhere Erträge pro Hektar können nämlich aus der Benutzung von Produktionsfaktoren resultieren, die in anderen Sektoren gekauft wurden. Als Kostenfaktor gehen sie nicht in die Wertschöpfung der Landwirtschaft ein.

Ein eindeutiger Produktivitätsvergleich ist nur schwer durchführbar. Einen allgemein gültigen Maßtab kann man nur bei Betrachtung des Wertes der Gesamtproduktion erhalten. Dies wird aber unmittelbar zu dem Einwand Anlaß geben, daß die Produktivität in der Landwirstchaft durch die hohen Preise künstlich erhöht wird. Die durch ein dichtes Protektionssystem geschützten EWG-Preise liegen sehr viel höher als z.B. in den Nachbarländern, Großbritannien oder Dänemark. Würde man deshalb auf die landwirtschaftliche Produktion in der EWG die niedrigeren Preise internationaler Märkte anwenden, so erhielte man einen Produktionswert und eine daraus abgeleitete Produktivität pro Kopf, die noch sehr viel geringer wäre, als es die zu EWG-Preisen durchgeführten Berechnungen zeigen.

Es gibt aber dennoch Vergleiche, die zumindest größenordnungsmäßig einige nützliche Anhaltspunkte liefern. Die Gemeinschaft, in einigen Produkten Überschüsse produzierend, in anderen importabhängig, ist, durchschnittlich gesehen, Selbstversorger in landwirtschaftlichen Erzeugnissen. 1950 waren 29 % ihrer Erwerbstätigen in der Landwirtschaft beschäftigt. Diese Zahl hat sich 1968 bis auf 14 %, d.h. auf annähernd die Hälfte, reduziert. Auf die einzelnen Länder bezogen, ergibt sich aber ein völlig verschiedenes Bild: 22 % in Italien, 14 % in Frankreich, 10 % in Deutschland, 8 % in den Niederlanden und 5 % in Belgien.

Auch hier ließe sich natürlich lange über Zahlen diskutieren. Die Anzahl der Betriebsinhaber und Lohnempfänger in der Landwirtschaft ist dabei noch leicht zu ermitteln. Für den intersektoralen Einkommensvergleich aber ist die Frage nach der aufgewendeten Arbeitszeit pro Jahr und pro Arbeitskraft von größter Bedeutung. Diese Arbeitszeit kann je nach Produktionsrichtung beträchtlich höher oder niedriger als in der Industrie sein. Fast unüberwindliche Schwierigkeiten tun sich bei der statistischen Erfassung der mitarbeitenden Familienangehörigen auf. In den einzelnen Länderstatistiken werden letztere entweder als Vollarbeitskräfte ausgewiesen oder mit Hilfe eines mehr oder weniger willkürlichen Koeffizienten berechnet, der berücksichtigt, daß es sich in den meisten Fällen nur um Teilzeitbeschäftige handelt. Um hier ein einheitliches Verfahren zu garantieren, sind mittlerweile von der Gemeinschaft Studien in Auftrag gegeben worden, in denen versucht werden soll, auf der Grundlage von Stichproben einen der Wirklichkeit entsprechenden Umrechnungskoeffizienten zu finden. Die Ergebnisse einer dann möglichen exakteren Messung würden wahrscheinlich den Anteil der effektiv in der Landwirtschaft Beschäftigten auf rund 12 % statt auf 14 % reduzieren. Diese Korrektur ist notwendig, an den bestehenden Tatsachen ändert sie aber dennoch nichts.

Ein Blick auf die Länder mit den fortschrittlichsten Landwirtschaften genügt. In den Vereinigten Staaten zum Beispiel sind heute nur noch 5 % aller Erwerbstätigen beschäftigt, von denen ein Viertel rund 75 % der Gesamtproduktion erstellen. Trotz des niedrigen Anteils der Agrarbevölkerung sind die USA immer noch der Welt größter Exporteur landwirtschaftlicher Erzeugnisse. In Neuseeland sind nur 7 % in der Landwirtschaft beschäftigt, aber drei Viertel der landwirtschaftlichen Produktion gehen in den Export. Großbritannien erzeugt rund 60 % seines Nahrungsmittelbedarfs selbst, dies aber auch nur mit 3 % seiner Erwerbstätigen. Die Schlußfolgerung geht unvermeidlich dahin, daß normalerweise ein Drittel der augenblicklichen EWG-Agrarbevölkerung den Nahrungsmittelbedarf in der Gemeinschaft hinreichend decken könnte. Diese Größenordnung wird durch globale Angaben, wie sie sich über die Wertschöpfung pro Kopf machen lassen, bestätigt. In den drei großen Ländern der EWG liegt diese etwa um die Hälfte unter dem Niveau der im Industrie- und Dienstleistungsbereich erzielten Wertschöpfung. Dieser Vergleich fiele für die Landwirtschaft noch ungünstiger aus, würden in die Berechnung niedrigere Erzeugerpreise als die in der EWG künstlich aufrechterhaltenen eingehen.

Hier trägt man schwer an den Folgen der Vergangenheit. Als im 19. Jahrhundert die landwirtschaftliche Produktion aus den Ländern der neuen Welt nach Europa floß, beschlossen Deutschland, Frankreich und Italien einschneidende Maßnahmen zum Schutz ihrer Landwirtschaft. Das Vereinigte Königreich hingegen bot den billigen Importen freien Zugang zu seinem Markt, auch wenn dies auf Kosten der Landwirtschaft ging und es Gefahr lief, völlig importabhängig zu werden. Die Niederlande wiederum spezialisierten sich auf die Veredelungsproduktion, d.h. sie importierten billiges Getreide als Rohstoff für die tierische Produktion, deren Erzeugnisse einen wesentlich höheren Wert haben.

Aber auch der Einfluß der jüngsten Vergangenheit ist überall zu spüren. Der Nahrungsmittelmangel während des Krieges und in der Nachkriegszeit führte zu einer starken Ankurbelung der landwirtschaftlichen Produktion. Die Bundesrepublik, die sich von ihren Hauptanbaugebieten in Ostdeutschland getrennt sah, forcierte insbesondere Maßnahmen zur Bodenverbesserung durch staatliche Beihilfen. Italien litt unter massiver Arbeitslosigkeit und verspürte dementsprechend keinerlei Wunsch, diese noch durch eine Einschränkung seiner Landwirtschaft zu erhöhen. Frankreich verließ sich fälschlicherweise auf die zusätzlichen Absatzmöglichkeiten, die die Errichtung des Gemeinsamen Marktes in Aussicht stellte, und strebte demzufolge in seinem IV. Plan als Ziel eine Ausweitung der landwirtschaftlichen Produktion an, ohne auch nur die damit verbundenen Kosten abzuschätzen.

Grenzen der Abwanderung

Die Situation ist im Wandel begriffen. Der augenblickliche Produktivitätszuwachs in der Landwirtschaft übersteigt fast überall denjenigen der Industrie. Setzt sich das auf längere Sicht hin fort, so würden die Unterschiede zum Produktivitätsniveau anderer Sektoren schwinden. Aber diese geradezu spektakuläre Entwicklung mit einer jährlichen Zuwachsrate von 6-7 % schafft ebensoviele Probleme wie sie löst, da hier zwei gänzlich verschiedene Elemente unauflöslich miteinander verknüpft sind : einmal die technische Revolution, zum anderen eine Verringerung der Anzahl der Beschäftigten. Die verstärkte Abwanderung aus der Landwirtschaft wird durch die relativ ungünstige Situation, in der sich Landarbeiter und Betriebsinhaber befinden, hervorgerufen. Sie ist Zeugnis sowohl der wachsenden Leistungsfähigkeit, die aus der systematischen Anwendung technischer Neuerungen entspringt, als auch für den in der Landwirtschaft herrschenden Grad an versteckter Arbeitslosigkeit. Von daher ist zu verstehen, daß der Beitrag eines Teils des tatsächlichen Arbeitskräftebestands nur ein scheinbarer war und weniger Arbeitskräfte ausreichten, um dieselbe Produktion zu erstellen. So schätzt auch der Mansholt-Plan, daß 80 % der Betriebe innerhalb der Gemeinschaft außerstande sind, auch nur eine einzige Arbeitskrat voll zu beschäftigen. Damit rückt das menschliche Problem in den Vordergrund. Die wahren Schwierigkeiten, gegen die die Agrarpolitik zu kämpfen hat, sind die Grenzen, die einer möglichen Abwanderung noch gesetzt sind. Aufgabe der Agrarpolitik ist es deshalb, den Abgang aus der Landwirtschaft zu beschleunigen, wobei sie aber Mittel und Wege finden muß, die diesen Wechsel erleichtern und damit verbundene soziale Härten mildern.

Betrachtet man die Zusammensetzung der aktiv in der Landwirtschaft Beschäftigten etwas näher, so lassen sich mehrere Elemente erkennen, die den wünschenswerten Rhythmus der Abwanderung stören könnten. Die Kategorie der Lohnabhängigen hat am schnellsten abgenommen. Sie repräsentieren nur noch einen geringen Anteil der insgesamt in der Landwirtschaft Beschäftigten. Auch die mithelfenden Familienangehörigen wenden sich vermehrt anderen Berufen zu. Das eigentliche Problem liegt bei den Betriebsinhabern. Es ist unmöglich, ihre Bindung an den eigenen Grund und Boden, ihren Wunsch die Unabhängigkeit zu wahren und nicht den für sie niederen Status eines Lohnempfängers annehmen zu müssen, nicht zu verstehen. Aber hieraus erwächst die unmittelbare Gefahr einer Verzögerung der Abwanderungsbewegung. Gerade eine fortschreitende Abwanderung kann aber nur Gewähr dafür bieten, daß sich der Abstand zwischen dem Produktionswert pro Kopf in der Landwirtschaft und dem in anderen Sektoren verringert.

Hier spielt noch ein anderer Faktor eine wesentliche Rolle. Das durchschnittliche Alter der Betriebsinhaber hat sich beträchtlich erhöht und liegt bei 57 Jahren. Richtiges Handeln vorausgesetzt, müßte sich also die Verminderung der Agrarbevölkerung stark beschleunigen lassen. Es ist durchaus im Sinne der gemeinsamen Solidarität, diejenigen, die heute den Boden bearbeiten, großzügig zu unterstützen. Aber die heute noch gerechtfertigten Begüngstigungen auch auf die nachfolgenden Generationen zu erstrecken, hieße eine untragbare Situation ohne sichtlichen Grund aufrechtzuerhalten.

Die Schwierigkeiten werden aber noch offensichtlicher, wenn man von einer globalen zu einer differenzierteren Betrachtungsweise übergeht. Das Agrarproblem ist eng mit dem Regionalproblem verknüpft. Innerhalb eines jeden Landes entdeckt man zwischen den einzelnen Regionen enorme Unterschiede hinsichtlich der Anzahl der in der Landwirtschaft Beschäftigten. In Frankreich gibt es noch Gebiete, wo ihr Anteil an den Erwerbstätigen insgesamt 30 % übersteigt, in Italien teilweise sogar 50 %. Im Gegensatz zu dem, was zur Erreichung eines befriedigenden Gleichgewichts notwendig wäre, sind es gerade die Regionen mit der größten Überbevölkerung in der Landwirtschaft, in denen die Abwanderungsrate am geringsten ist. Dies ist leicht zu erklären. In den industriellen Agglomerationsgebieten werden die in der Landwirtschaft Tätigen von anderen Wirtschaftssektoren abgezogen ; diese Bewegung kann sogar soweit gehen, daß einige Betriebe nicht mehr über genügend Arbeitskräfte verfügen.

Auf diese und viele andere Arten gestaltet sich die Alterspyramide zunehmend ungünstiger ; diejenigen, die auf der Höhe ihrer Arbeitskraft stehen, werden immer weniger, was nicht ohne Wirkungen auf das Ausmaß des Produktivitätswachstums bleibt. Je weiter die Landwirschaft von den industriellen Zentren entfernt liegt, desto größer ist der Anteil der in ihr Beschäftigten, desto geringer die Produktivität und desto langsamer die Abwanderung. Schlimmer noch, in vielen dieser Gebiete stehen die traditionellen Industrien wirtschaftlich auf einer derart schmalen Basis, daß ihre Existenz mehr und mehr gefährdet ist. Durch eine « offene » Arbeitslosigkeit in der Industrie wird aber der letzte Ausweg für die versteckte Arbeitslosigkeit in der Landwirtschaft versperrt.

Marktgröße - Betriebsgröße

Es genügt nicht, diese enormen Anforderungen allein mit der Ausweitung des Marktes lösen zu wollen. Solange es sich um die Industrie handelt, bewirken der freie Warenverkehr und die Bildung ausgedehnter gemeinsamer Märkte von sich aus die Schaffung einer optimalen Produktionsstruktur und eine Spezialisierung der Betriebe, in denen eine besserre Ausnutzung der *economies of scale* zu erreichen ist. Jedes Einzelteil kann in den spezialisierten Produktionseinheiten, immer mehr in fortlaufend erweiterte Produktionsprogramme integriert, in großen Serien hergestellt werden. Das ist im Wesentlichen das Geheimnis des industriellen Wachstums und der Stärke der internationalen Unternehmen, die die Quellen steigender Erträge voll ausschöpfen können.

In der Landwirtschaft hingegen ist alles anders. Ein spürbarer Einfluss der Größe des Marktes auf die Höhe der Produktionskosten ist nicht zu bemerken. Mag ein landwirtschaftlicher Betrieb auch noch so groß sein, er wird immer nur einen äußerst kleinen Teil des Gesamtangebots repräsentieren. Die Existenz und die Größe des Europäischen Marktes reichen allein nicht aus, um die Bedingungen in der Landwirtschaft grundlegend zu ändern.

Die *economies of scale* wirken hier auf einem ganz anderen Niveau. Unterhalb einer Mindestgröße, die je nach Produktionsrichtung verschieden ist, können die Betriebe eine Arbeitskraft nicht mehr voll beschäftigen. Der Mansholt-Plan zum Beispiel setzt folgende Standardgrößen fest : unter Ausnutzung der modernen technischen Hilfsmittel ist ein wirtschaftlicher Anbau von Getreide in Betrieben unter 80 bis 120 ha nicht mehr möglich ; unter gleichen Voraussetzungen erfordert eine wirtschaftliche Milchproduktion 40 bis 60 Kühe ; die Rindermast 150-200 Rinder ; die Schweinemast 400-600 Tiere, die Geflügelmast 100.000 Stück Geflügel. Dabei beziehen sich diese Angaben nur auf den heutigen Stand der Technik.

Mit den industriellen Produktionsmethoden in der Schweine- und Geflügelmast spielt die Bodenfläche eine immer geringere Rolle. In seiner letzten Fassung geht der Mansholt-Plan deshalb von einer anderen Optimumbestimmung aus, die auf alle Betriebsarten anwendbar sein soll. Es handelt sich um den Wert der verkauften Produktion nach Abzug der Vorleistungen anderer Wirtschaftssektoren. Diese Messungseinheit wird etwas mysteriös als bereinigter Rohertrag bezeichnet. In den Betrieben, die unterhalb eines bestimmten Mindestwertes liegen, treten dann auch die ganzen Schwierigkeiten auf, denen insbesondere ein alleinstehender Landwirt gegenübersteht. Er läuft nicht nur Gefahr, ein äußerst niedgriges Einkommen zu erwirtschaften, sondern er ist — speziell in der Rinderzucht — zu einer Art Sklaventum verurteilt, d.h. ohne die Möglichkeiten, auch nur einen freien Tag, geschweige denn Erholungsurlaub zu nehmen.

Die *economies of scale* können noch eingehender analysiert werden. Hinsichtlich der Anzahl der beschäftigten Personen wird sehr bald ein Punkt erreicht, von dem an die Produktivität nicht mehr zunimmt und die Kosten pro Arbeitsstunde sich nicht weiter senken lassen : das zeigt sich wahrscheinlich schon in Betrieben mit nicht mehr als vier oder fünf Arbeitskräften, und in einigen Produktionsrichtungen kann der Punkt sogar schon bei zwei Beschäftigten erreicht sein. Mit anderen Worten, der Unterschied zur Industrie ist beträchtlich.

In der industriellen Produktion bedeutet die Zunahme in der Größe fast immer eine Zunahme in der Beschäftigtenzahl eines Unternehmens. In der Landwirtschaft bezieht sich « Größe » im wesentlichen auf die Bodenfläche, deren Ausdehnung eine bessere Ausnutzung der bestehenden menschlichen Arbeitskraft erlaubt.

Durch eine Vergrößerung des Betriebes lassen sich hohe Gewinne erzielen, dies sowohl hinsichtlich der Einkaufsbedingungen für notwendige Produktionsmittel als auch der Stellung auf dem Markte für die Endprodukte.

In den Veredelungsbereichen kann man sogar die gleichen wirtschaftlichen Gesetzmäßigkeiten feststellen, wie sie in der Industrie gelten, d.h. den mit dem technischen Fortschritt ständig wachsenden Vorteil der Größe. Konzentriert sich die landwirtschaftliche Produktion nicht in Betrieben optimaler Größe, so wird der Abstand zwischen einer technisch möglichen Produktionsstruktur und der tatsächlich existierenden immer weiter.

Anders ausgedrückt, es besteht die Gefahr, daß die Landwirtschaft weiterhin ein beträchtliches Element an versteckter Arbeitslosigkeit in sich trägt und als Folge davon die Arbeitseinkommen nur ein Bruchteil dessen sind, was sie sein könnten, die Masse der Betriebe nur ein Produktivitätsniveau erreicht, das erheblich unter dem Niveau der effektivsten Betriebe liegt. Es handelt sich hier um ein schwieriges und relativ neues Problem.

Solange die Landwirtschaft hauptsächlich von Hand mit teilweise primitiven Geräten betrieben wurde, kam es weder auf die Größe des Marktes noch auf die der Betriebe an. Nun können auch heute noch die Betriebe des Gemüsebaus, die direkt die Städte beliefern, mit nur wenigen Hektar Fläche höchst rentabel arbeiten, wobei sie nicht nur eine äußerst intensive Bewirtschaftung erfordern, sondern auch hohe Investitionen. Aber hiervon einmal abgesehen, wurde mit der technischen Revolution und ihren Maschinen, die die Aussaat, das Spritzen von Pflanzenschutzmitteln und das Ernten auf großen Flächen ermöglichen, die Größe der Produktionseinheiten zu einem ebenso entscheidenden Faktor wie in der Industrie.

In der denkbar schlechtesten Situation befinden sich die Höfe, deren Gesamtfläche in mehrere unzusammenhängende Parzellen aufgesplittert ist: zu dem größeren Arbeitsaufwand — der Vorteil, den die Anwendung moderner Produktionsmethoden bietet, kann nicht voll ausgeschöpft werden — kommt noch der Zeitverlust beim Wechsel von einer Parzelle zur anderen. Flurbereinigungsmaßnahmen, die hier einzig Abhilfe schaffen können, erfordern die nie enden wollende Geduld einer Penelope: sie werden verzögert durch die schon gewohnten Widerstände und den Mangel an qualifizierten Landvermessern, und ihr Erfolg wird laufend durch neuerliche Erbteilungen in Frage gestellt.

Solange es sich um die Landwirtschaft handelt, tut sich noch eine weitere Schwierigkeit auf. In der Industrie ist es immer möglich, die gewünschte Fläche für einen Fabrikneubau zu finden, ohne daß existierende Firmen ausscheiden müssen. Im Gegensatz dazu und mit Ausnahme der Produktionsrichtungen industriellen Charakters — Schweine-, Geflügelmast, Eier — die praktisch ohne Land auskommen, hängt in der Landwirtschaft die Betriebserweiterung, und damit die Steigerung der Erträge pro Arbeitskraft, von der Verfügbarkeit des Bodens ab. Nur in dem Maße, wie einige Betriebe ausscheiden, können sich andere vergrößern. Obwohl die landwirtschaftliche Bevölkerung jährlich um 3 % abnimmt, werden pro Jahr nur 1-2 % der Betriebe aufgegeben. Durch nichts wird heute sichergestellt, daß ihr Land nicht unter denselben ungünstigen Bedingungen wie vordem weiter bewirtschaftet wird und der neue Inhaber nicht zur gleichen Armut verdammt ist.

Der entscheidende Faktor für die Modernisierung der Landwirtschaft ist also die Verbesserung des Verhältnisses zwischen der verfügbaren landwirtschaftlichen Nutzfläche und der auf ihr beschäftigten Arbeitskraft *(land-labour ratio)*. Hier zeigt sich der zentrale Unterschied zwischen der nordamerikanischen oder sowjetischen Landwirtschaft und der Westeuropas. So bedeutend auch der Produktivitätszuwachs als Resultat des technischen Fortschritts und der Abwanderung sein mag, so ist er doch nur ein Bruchteil dessen, was in einer Landwirtschaft der Großbetriebe erreicht werden könnte, wenn genügend freies Land zur Verfügung stünde. In Europa leiden selbst die größten und modernsten Betriebe an Überschußkapazitäten, d.h. die vorhandene technische Ausrüstung ist ökonomisch nicht voll ausgelastet. Wenn derselbe Arbeits- und Kapitaleinsatz auf größeren Flächen und für sehr viel mehr Arbeitsstunden im Jahr genützt würde, so ließen sich die Kosten erheblich reduzieren. Aber das Gesetz im Agrarsektor ist die Interdependenz zwischen den Betrieben : die *economies of scale* können dem einen nur voll zugute kommen, wenn andere ausscheiden.

Auch hier kommen wir wieder zu dem Schluß, daß die wirkungsvollste und zugleich humanste Agrarpolitik, als Vorbedingung für die Freilegung landwirtschaftlicher Flächen und für die Produktivitätssteigerung, eine Lösung des Problems der vielen einkommensschwachen Landwirte erfordert, Landwirte, die in einer reorganisierten Landwirtschaft keinen Platz mehr hätten und für die deshalb vorgesorgt werden muß.

Nichts wäre gefährlicher als die Schwierigkeiten zu unterschätzen — Wundermittel gibt es nicht. Die Unterschiede in der Bodengüte und im Klima wie in der Ausbildung und Fähigkeit der Bevölkerung sind immens. Sie bestehen nicht nur zwischen, sondern auch innerhalb der Regionen. Die notwendigen Investitionen sind nicht nur materieller, sondern auch geistiger Natur : sie müssen für den Menschen erbracht werden. Wenn es sich überdies um unzählig viele Betriebe handelt, von denen die meisten nur von unzureichender Betriebsgröße sind, so ist es nur allzu ungewiß, ob sich diese kleinen Einheiten dem Markt anpassen können, ob der individuelle Einsatz oder selbst die bestdurchdachtesten politischen Maßnahmen den Erfordernissen eines gesamtwirtschaftlichen Gleichgewichts entsprechen.

Hindernisse für eine internationale Arbeitsteilung

Neben der Frage einer internen Umstrukturierung der Landwirtschaft ist ein weiteres, noch schwierigeres politisches Ziel in Angriff zu nehmen, wobei man hier auf eine andere Art von Widersprüchen stoßen wird. Je nach Klima, Bodenbeschaffenheit, Lohnkosten eignen sich die einzelnen Agrarregionen der Welt verschieden gut für die Produktion bestimmter landwirtschaftlicher Güter. Nun könnten alle Länder aus einer Arbeitsteilung den größten Nutzen ziehen, wenn sie sich in ihrer Produktion auf die Güter konzentrieren würden, in denen sie produktivitätsmäßig am günstigsten arbeiten. Das Ergebnis wären sowohl höhere Einkommen für die Landwirtschaft als auch erheblich niedrigere Kosten für die gesamte Volkswirtschaft, speziell auch für die Industrie. Eine grundlegende, gesamtwirtschaftlich erklärbare Rechtfertigung für den Protektionismus in der Landwirtschaft läßt sich somit kaum finden.

Die gesamte Neuorientierung im ökonomischen Denken, wie sie in Großbritannien in der zweiten Hälfte des 19. Jahrhunderts stattfand, ist auf die geradezu gigantische Kampagne gegen die *Corn Laws* zurückzuführen. Nach der Versorgungsblockade während der napoleonischen Kriege waren die Getreideimporte seit 1815 kontingentiert, um die Inlandspreise zu stabilisieren, und zwar in der Art, daß Importe unterhalb eines bestimmten Preisniveaus keinen, oberhalb dessen aber freien Zugang zum englischen Markt hatten. Nach der Aufhebung der *Corn Laws* nahm der Anteil der Agrarbevölkerung aufgrund des nun nahezu freien Wettbewerbs im landwirtschaftlichen Sektor erheblich ab, und Englands Vorsprung in der industriellen Entwicklung wuchs gegenüber allen anderen Nationen beträchtlich an.

So bestechend und logisch diese rein ökonomische Betrachtungsweise auch ist, so stößt sie doch bei vielen auf Bedenken. Einmal wird auf den Faktor Zeit hingewiesen, d.h. auf den notwendigerweise langen Zeitraum, den eine Reduzierung der Agrarbevölkerung erfordert, zum anderen sind es die Kriege und die damit verbundene Blockade der Seewege, die neue Probleme aufwerfen und den Prozeß verzögern. So hat England während des zweiten Weltkriegs die Bewirtschaftung seines Bodens intensiviert und die Leistungsfähigkeit seiner Landwirte gefördert.

Was sind obige Argumente heute überhaupt noch wert? Die Schweiz versucht damit ihre Agrarpolitik und ihr realitätsfernes Preisniveau zu erklären. Geht man von den heutigen Gegebenheiten aus, so kann man sich schwerlich vorstellen, daß eine Überbevölkerung in der Landwirtschaft im Konfliktfall wirklich einen militärischen Vorteil garantiert. Zunächst einmal kann von einem starren Verhältnis zwischen dem Produktionsvolumen und der Anzahl derjenigen, die es erstellen, keine Rede sein. Ganz im Gegenteil. Weiterhin muß man sich darüber im klaren sein, daß es im Falle eines Konflikts nur zwei Möglichkeiten gibt: entweder können die wichtigsten Transportwege aufrechterhalten werden, oder der Konflikt wird weltweit sein und solche Ausmaße annehmen, daß weder die Inlandsproduzenten noch die Erzeuger von außerhalb in der Lage sein werden, ihre Produktion und ihre Lieferungen in angemessener Weise fortzuführen. Zumindest dürften derart weit hergeholte Argumente keine Rechtfertigung für eine ständige Schwächung der Gesamtwirtschaft sein.

Ein dritter Grund hat sowohl Deutschland während der Zeit seines Wiederaufbaus als auch in jüngster Zeit Großbritannien dazu veranlaßt, die landwirtschaftliche Produktion anzukurbeln und somit die Abwanderung aus der Landwirtschaft zu verlangsamen: es waren dies die negativen Auswirkungen der Agrarimporte auf die Zahlungsbilanz. Das ist eine etwas heikle Angelegenheit — was man auf der einen Seite des Kontos gewinnt, kann man auf der anderen Seite ebensogut verlieren. Wenn die Erhöhung der Nahrungsmittelkosten, die von grundlegender Bedeutung für die Kosten der Lebenshaltung sind, durch ihren Lohneffekt die Konkurrenzfähigkeit der Industrie vermindert, so können mögliche Exportverluste die Einsparungen auf der Importseite durchaus übersteigen.

Schließlich noch ein Hinweis auf ein besonders wichtiges Problem : von keinem wird bestritten, daß eine Eindämmung der Marktschwankungen notwendig ist, um angemessene Produktionsbedingungen und tragbare Lebensverhältnisse in der Landwirtschaft zu schaffen. Die angewandten Stabilisierungsmaßnahmen beschränken sich jedoch auf die nationalen Märkte oder wie im Falle Europas auf den Gemeinsamen Markt. Die sehr partiellen und sehr unsicheren internationalen Übereinkommen, wie z.B. für Weizen oder bei tropischen Produkten für Kaffee, waren nur begrenzt wirksam und brachen zeitweise völlig zusammen. Schon daraus ergibt sich, daß ein freier Warenaustausch, der für jeden vorteilhaft wäre, nur über den Weg weltweiter Stabilisierungsmechanismen erreicht werden kann.

Dies sind die Probleme, die zur Lösung anstehen.

Die Europäische Wirtschaftsgemeinschaft hatte die Chance gehabt, eine rationellere Politik zu betreiben, als es für die einzelnen Länder vorher möglich gewesen ist. Diese Gelegenheit wurde bisher nicht genutzt. Aber es bietet sich für die Gemeinschaft noch eine weitere Chance : Sie kann in internationalen Verhandlungen den Einfluß, den sie bereits schon besitzt und erst recht nach ihrer Erweiterung haben wird, geltend machen, um ihre wichtigsten Handelspartner zu einer Politik der Marktstabilisierung zu veranlassen, wie sie der freie Warenverkehr im Agrarsektor verlangt.

Eine entscheidende Wahl

Genau genommen braucht die Gemeinschaft aber selbst eine eigene Politik. Sie wird sie nur haben, wenn sie eine entscheidende Wahl trifft. Will sie eine leistungsfähige Landwirtschaft aufbauen, die auch ohne finanzielle Hilfen und Subventionen im internationalen Wettbewerb bestehen kann, dann muß sie die Rationalisierung schleunigst vorantreiben. Dies erfordert eine massive Reduzierung der Überbeschäftigung, eine Konzentrierung der Produktion auf große Betriebseinheiten, in denen die modernsten Mittel Anwendung finden können, und die die höchstmögliche Produktivität für die landwirtschaftliche Arbeit garantieren.

Bisher schlug die Gemeinschaft den entgegengesetzten Weg ein, indem sie ein Abschöpfungssystem einführte, das die internen Preise völlig von denen der Konkurrenz außerhalb abrückt, indem sie die Agrarmärkte mit einem dichten Schutzsystem umgibt und die Drittlandsexporte ihrer Überschüsse unbegrenzt subventioniert. Man könnte beinahe glauben, das Hauptziel ihrer

Agrarpolitik bestünde darin, die Selbstversorgung zu sichern und sowohl Importe als auch Exporte als Regelwidrigkeiten zu behandeln.

In einem seiner ebenso kernigen wie irrationalen Aussprüche erklärte de Gaulle einmal, daß es Ziel einer Gemeinschaft sei, sich selbst zu ernähren. Warum denn eher ihre Ernährung als ihre Energie oder Industrie? Eine überbeschützte Landwirtschaft kann der Mehrheit ihrer Landwirte kein angemessenes Einkommen gewähren, sie beeinträchtigt aber durch die von ihr verursachten finanziellen Belastungen die Konkurrenzfähigkeit der übrigen Wirtschaftssektoren in der Gemeinschaft.

Es bleibt ein dritter Weg. Die Gemeinschaft braucht nicht von vornherein zu entscheiden, ob sie Netto-Importeur oder Netto-Exporteur sein will. Das sollte, für jedes Produkt, von den Preisen abhängen, die angesichts der Hauptkonkurrenten erreichbar sind. Diese Methode wird es ihren Landwirten erlauben, ihr Einkommen durch eigene Anstrengungen aufrechtzuerhalten, nur auf diese Art kann die bestmögliche Verteilung ihrer Ressourcen und eine Verbesserung des Lebensstandards erreicht werden, nur so trägt sie schließlich dazu bei, daß der internationale Handel mit Agrargütern seine eigentliche Funktion wiedererlangt. Dieser Wandel kann nicht von heute auf morgen stattfinden: die Strukturrationalisierung, die Verzögerungen und die Beschränkungen, die durch die Sorge um das Schicksal der Einzelnen entstehen, bestimmen den notwendigen Zeitraum. Aber je mehr Zeit ein Vorhaben beansprucht, desto eher muß man es in Angriff nehmen.

Das sind die einzuschlagenden Wege, ohne die es keine wirkungsvolle Agrarpolitik geben kann. Die bisherigen Erfahrungen geben immer wieder zu der Befürchtung Anlaß, daß agrarpolitische Maßnahmen das Ergebnis einer allzu isolierten Betrachtungsweise sind. Damit sie den gesamtwirtschaftlichen Zielen nicht zuwiderlaufen, müssen sie in die allgemeine Wirtschaftspolitik integriert werden und mit ihr ein einheitliches Ganzes bilden. Die Möglichkeiten zur Erhöhung des Lebensstandards in der Landwirtschaft hängen zum größten Teil davon ab, ob genügend und angemessene außerlandwirtschaftliche Arbeitsplätze vorhanden sind. Das heißt, es bedarf hauptsächlich Maßnahmen, die nicht so sehr im Agrarsektor selbst liegen, sondern im wesentlichen industrie- und regionalpolitischer Art sind. Auch hierbei sind aber die Schwierigkeiten nicht zu unterschätzen.

Industriepolitik

Die Verspätung, mit der die Notwendigkeit einer Industriepolitik erkannt wurde, scheint umso erstaunlicher, als die Landwirtschaft, die bisher die volle Aufmerksamkeit aller Institutionen auf sich zog, nur 7 % der Gesamtproduktion erstellt, verglichen mit fast 50 % der Industrie. Aber selbst der Industriesektor sieht sich schwerwiegenden Strukturproblemen gegenüber. Am augenfälligsten ist das Wachstum der großen Konzerne und die Konzentrationsbewegung, die umso frappierender ist, als sich immer häufiger Unternehmen, die ohnehin schon zu den bedeutendsten und mächtigsten zählen, zusammenschließen.

Dieses Phänomen kann zu Mißdeutungen Anlaß geben. In dem Maße, wie die großen Unternehmen expandieren, werden ihre Umsätze durch eine Ausweitung der Einkäufe von externen Anbietern aufgebläht. Mit anderen Worten, die Konzentrationsbewegung erscheint weniger evident, wenn wir einen Blick auf die Wertschöpfung der Konzerne oder auf die Anzahl ihrer Beschäftigten statt auf ihr Verkaufsvolumen werfen.

Die genauesten verfügbaren Strukturdaten stammen aus einer Industrieerhebung, die für alle Länder der Gemeinschaft durchgeführt wurde und sich auf Zahlenmaterial aus dem Jahre 1962 stützt. Soweit sich hieraus eine Beurteilung ableiten läßt, ist in Deutschland eine fortlaufende Umstrukturierung im Industriesektor, d.h. der Trend zu größeren Unternehmensformen hin und weg von den klein- und mittelständischen Betrieben, unbestreitbar. In den Niederlanden, wo der Industrialisierungsprozeß im wesentlichen erst in den letzten 25 Jahren stattfand, gibt es nicht nur einige der größten Unternehmen in der Gemeinschaft, sondern auch die mittleren Betriebe liegen dort beträchtlich über dem Durchschnitt vergleichbarer Länder. In Frankreich, Italien und Belgien scheint die Industriestruktur, zumindest wenn man sich nach der Anzahl der Beschäftigten in den unterschiedlichen Betriebsgrößen richtet, im wesentlichen unverändert, abgesehen von einer ständigen Abnahme der Betriebe mit weniger als zehn Beschäftigten, die man aber genau genommen nicht zur eigentlichen Industrie rechnen kann.

Glücklicherweise ist Größe nicht alles. Die *economies of scale* liegen in der Spezialisation. Sie erlaubt es den großen Unternehmen und insbesondere jenen, die auf multinationaler Basis arbeiten, jedes Einzelteil für jeden ihrer Artikel von Produktionseinheiten zu beziehen, die zu den geringsten Kosten produzieren. Es zeichnet sich eine Struktur ab, in der — wie in den Vereinigten Staaten — auch kleine und mittlere Betriebe dank weitgehender Spezialisierung, verbunden mit einer Integrierung in den Gesamtproduktionsprozeß, im harten Wettbewerb bestehen können. Sie können dabei sogar derart leistungsfähig sein, daß sie nicht in den Sog der Konzerne und in ein Abhängigkeitsverhältnis zu ihnen geraten, sondern als gleichberechtigte Verhandlungspartner mehrerer großer, miteinander konkurrierender Firmen angesehen werden.

Die Hauptaufgabe der Industriepolitik besteht nicht allein darin, daß Europas Industrie in den technologisch fortschrittlichsten Sektoren vertreten ist. Dies ist eine Aufgabe, die nur durch eine koordinierte, von einem Denken in nationalen Grenzen befreite Politik erfüllt werden kann — eine Politik also, die die Arbeitsteilung und die Aufhebung des noch heute in vielen Formen bestehenden Protektionismus zum Ziel haben muß.

Es ist nicht die Hauptaufgabe der Industriepolitik, den bereits großen Unternehmen Möglichkeiten zur weiteren Expansion an die Hand zu geben und damit unter Umständen zum Ausbau einer Monopolstellung, die die unternehmerische Dynamik erlahmen läßt, beizutragen. Ihre wichtigste und zugleich schwierigste Aufgabe liegt in der Rationalisierung jener unzähligen Betriebe, die heute Güter in kleinem Maßstab produzieren, die aber vom wirtschaftlichen Standpunkt her nur in großen Serien zu fertigen sind. Diese Betriebe müssen zu einer weit größeren Spezialisierung veranlaßt werden, die ihnen, über eine Ausweitung der Märkte und Reduzierung der Kosten, eine stetige Beschäftigung und ihren Arbeitern einen höheren Lebensstandard sichert.

Regionalpolitik

Diese Umgestaltung der Industrie kann umso mehr zu einer Erneuerung der Landwirtschaft führen, je enger sie mit einer effektiven Regionalpolitik verbunden ist. Maßnahmen, die der Konzentrierung des Industrie- und Dienstleistungsgewerbes auf die wenigen Ballungsgebiete entgegenwirken und stattdessen die Industrieansiedlung in den sogenannten Agrarregionen fördern, sind fundamentaler Teil eines Plans zur Umstrukturierung der Landwirtschaft.

Alle Nationen sind bestrebt, die Dezentralisation durch Steuererleichterungen oder direkte Subventionen zu begüngstigen. Aber noch immer stehen diesen Bemühungen viele Hindernisse im Weg. Kein Land auferlegt seinen industriellen und urbanen Ballungszentren die wahren Kosten, die ihre Entwicklung verursacht — Kosten, die mit extremer Geschwindigkeit anwachsen, sei es für die Erschließung des Geländes, Schaffung des Verkehrsnetzes oder auch nur für die Wasserversorgung. Kein lokales Steuersystem belastet weder die Industrien noch die Einwohner ganz mit diesen sozialen Kosten. Daraus resultiert, daß die Ballungsgebiete zu einem großen Teil über die öffentlichen Finanzen von den übrigen Regionen des Landes subventioniert werden, im Sinne eines « umgekehrten » Finanzausgleichs. Auf diese Art stellt ein Teil der direkten Beihilfen zur Dezentralisierung nur eine Kompensation für bereits getätigte Ausgaben dar, durch die die Konzentration unbewußt gefördert wurde. Darüber hinaus sind in einigen Ländern die Maßnahmen zur Entwicklung der Infrastruktur, insbesondere des Verkehrs- und Kommunikationswesens, völlig unzureichend. Ohne sie ist aber eine wirtschaftliche Entwicklung der abgelegenen Regionen nicht denkbar. Schließlich ist es zweifelhaft, ob die zur Verfügung stehenden Mittel überhaupt richtig eingesetzt werden. Im allgemeinen handelt es sich nur um Investitionshilfen, die aber zur Folge haben können, daß die Industrie, statt so viele Arbeitsplätze wie möglich zu schaffen, eher schwere, d.h. arbeitssparende, Investitionen tätigt.

Um sowohl für die ausscheidenden Landwirte als auch für die in veralteten Industriebetrieben oder kostspieligen Zweigen des Handelsnetzes Tätigen genügend andere Beschäftigungsmöglichkeiten bereitzustellen, müssen dem Industrie- und Dienstleistungsgewerbe Anreize zur Schaffung möglichst vieler Arbeitsplätze — d.h. solange es die Rentabilitätserwägungen erlauben — geboten werden. In diesem Zusammenhang kann man auf Großbritannien hinweisen, wo die jetzt zum Einsatz kommenden Maßnahmen direkter, und den jeweiligen Gegebenheiten besser angepaßt sind. Praktisch wird hier die Beschäftigung in den Dienstleistungen und in den Ballungszentren besteuert, um Mittel für die direkte Subventionierung der dezentralisierten industriellen Beschäftigung freizustellen.

Auf jeden Fall ist die Dezentralisierung des Bildungswesens, die Verbesserung und Vermehrung der Institutionen zur beruflichen Umschulung fundamental für jede Wachstumspolitik wie auch für jede Regional- und Strukturpolitik. Zu Recht weisen die Landwirte auf die Hindernisse hin, denen sie begegnen, wollen sie ihren Kindern eine mit den Städtern vergleichbare Erziehung gewähren. Besonders dann, wenn wir es als eine für den Strukturwandel der Landwirtschaft notwendige Maßnahme ansehen, daß Subventionszahlugen in Zukunft zeitlich begrenzt werden, daß sie nur noch den augenblicklichen Bewirtschaftern, nicht aber ihren Nachfolgern zugute kommen, ist es ein noch dringenderes Gebot, ihren Söhnen den Weg für die verschiedenen beruflichen Laufbahnen zu öffnen.

Die neuen Perspektiven, wie sie sich in einer modernen Industriegesellschaft zeigen, lassen übrigens klar erkennen, daß die Verringerung der in der Landwirtschaft tätigen Bevölkerung nicht mit einer Entvölkerung der ländlichen Gebiete gleichzusetzen ist. Der Bedarf an « reiner » Luft, an Entspannung nach der Arbeit in der Stadt verleiht den « grünen » Regionen ihren besonderen Wert und lenkt die Aufmerksamkeit auf Dienstleistungsbereiche, die einen neuen Zweig des Tourismus versorgen — den Wochenendtourismus. Hier bieten sich dem Landwirt vielfache Möglichkeiten für Nebenbeschäftigungen, die ergänzend zu seiner ursprünglichen Arbeit treten können. Überhaupt wird es eine seiner wichtigsten Funktionen sein, die natürlichen Reserven zu bewahren, eine Aufgabe, die angesichts der zunehmenden Umweltverschmutzung dringender denn je ist.

Es zeichnet sich eine wichtige Schlußfolgerung ab. Die Schaffung industrieller Schwerpunkte in den verschiedenen Regionen, die bessere Verteilung der Standorte im Raum, die Kombination zwischen der Bereitstellung erforderlicher Arbeitsplätze und der neuen « Berufung » ländlicher Gebiete in einer modernen Industriegesellschaft und, als Vorbedingung hierfür, schließlich die Entwicklung der Infrastruktur, all das kann ohne eine Regionalplanung nicht erreicht werden. Zur Vermeidung von Zielkollisionen müssen dabei die Ziele und die zu ihrer Verwirklichung erforderlichen Mittel aufeinander abgestimmt sein.

Neuorientierung der Agrarpolitik

Schon die Ankündigung einer Veränderung ist eine Veränderung mit heilsamen Folgewirkungen.

Die jeweilige ökonomische Situation bestimmt die Richtung der Investitionen, deren Effekt sich aber weit in die Zukunft hinein erstreckt. Jede falsche Weichenstellung im Agrarsektor verursacht doppelte Kosten: einmal die unmittelbaren Investitionskosten selbst, zum anderen die langfristigen Kosten der Überschußbeseitigung.

Jeder ist sich darüber im klaren, daß beträchtliche Opfer für die Reform der Landwirtschaft erbracht werden müssen, für einen Sektor also, der die Folgen der Vergangenheit zu tragen hat, dessen Produktivität lange unter dem Durchschnitt lag und der heute zu einer raschen Anpassung an die realen ökonomischen Bedingungen gezwungen ist. Aber es besteht ein grundsätzlicher Unterschied zwischen Ausgaben, die darauf hinzielen, die langfristigen Anpassungskosten zu verringern, oder denjenigen, die nur kurzfristig ausgerichtet sind und in langer Sicht zu einer ständigen Erhöhung des Ausgabenniveaus beitragen.

Der Mansholt-Plan

Dies hat die Kommission der Europäischen Gemeinschaften klar erkannt. Seit 1968 tritt sie unter Führung ihres für die Landwirtschaft zuständigen Kommissionsmitglieds, dem Vizepräsidenten Sicco Mansholt, mutig für eine völlige Neuorientierung der Agrarpolitik ein. Sie weist darauf hin, daß eine Politik des Marktschutzes, der Preisstützung, der gemeinsamen Finanzierung der Lagerung von Überschüssen oder der unbegrenzten Subventionierung ihrer Exporte zu keiner Lösung der Probleme geführt hat. Sie schlägt deshalb eine direkte und mit Nachdruck vorangetriebene Reform der Agrarstruktur vor.

Die ersten Vorschläge zur Reform der Agrarpolitik sind fertiggestellt und stehen zur Beratung im Ministerrat an. Es sind detaillierte und quantifizierte Vorschläge, die aus den wichtigsten Grundsätzen des als Mansholt-Plan bekannten Memorandums der Kommission abgeleitet wurden. Im

Mittelpunkt stehen miteinander verknüpfte Maßnahmen zur Beschleunigung und Erleichterung der Abwanderung aus der Landwirtschaft, mit dem Ziel einer besseren Nutzung des Bodens, wobei die Betriebsrationalisierung und die Flurbereinigung, d.h. die Zusammenlegung weit auseinanderliegender Parzellen, die primären Mittel sind.

Vier Ergänzungsvorschläge vervollständigen das Ziel-Mittel-Schema. Einer zielt auf die Verringerung der landwirtschaftlichen Nutzfläche hin, indem ein Teil des Bodens für Zwecke der Aufforstung, der Schaffung von Nationalparks und Erholungszentren freigemacht werden soll. Ein anderer bezieht sich auf die Bildung von Erzeugergemeinschaften, die es den Landwirten erlauben sollen, durch eine Konzentration des Angebots die Zwischenstufen des Handels weitmöglichts zu umgehen und in direkte Verhandlungen mit der weiterverarbeitenden Industrie zu treten. In einem dritten Ergänzungsvorschlag wird die Bedeutung eines besseren Bildungs- und Informationssystems für den Agrarsektor unterstrichen. Schließlich zieht die Kommission Konsequenzen aus den Schwierigkeiten, denen sie sich bisher bei der Durchführung gemeinsamer agrarpolitischer Maßnahmen gegenüber sah: die langen Diskussionen im Rat, die vielfachen Krisen, die schlechten Kompromisse, die ständigen administrativen Schwierigkeiten beim Konzipieren von Entscheidungen lassen es ratsam erscheinen, den Hauptteil an Verantwortung und Verwaltungsarbeit an die landwirtschaftlichen Berufsorganisationen zurückzugeben.

Unter diesen Aspekten und verglichen mit dem Bisherigen ist der Mansholt-Plan geradezu revolutionär und stellt einen entscheidenden Fortschritt dar; denn trotz vieler Absichtserklärungen nahmen bis jetzt die Aufwendungen für die Preisstützung den größten Teil der Ausgaben ein. Was dann noch im gemeinsamen Fonds für die Abteilung Ausrichtung blieb, fand für Investitionsbeihilfen Verwendung, welche auf die Schaffung von Lagerräumen oder auf die Modernisierung der Betriebe abzielten. Es kam oft vor, daß diese finanziellen Hilfen, ebenso wie die der einzelnen Regierungen, an den Erfordernissen des Marktes vorbeigingen und zum Anwachsen der Überschüsse im Getreide- Milch- und Obstsektor beitrugen.

Mit der im Mansholt-Plan vorgeschlagenen Strukturpolitik verhält es sich ganz anders. Sie ist bestrebt — sei es durch den Zusammenschluß kleinerer Betriebe, sei es durch die Stärkung der Fortschrittlicheren — Produktionseinheiten zu schaffen, deren Größe eine Kostensenkung, die Befreiung der Landwirte von dem Sklaventum, zu dem sie durch Alleinarbeit verurteilt waren, und eine bessere Anpassung an die sich ändernden Marktbedingungen ermöglicht.

Um diese Umstrukturierung in Gang zu setzen, sind umfangreiche finanzielle Hilfen vorgesehen. Nach wenigen Jahren sollen dann nur noch diejenigen Produktionseinheiten, die entweder aufgrund eigener Ausweitung oder durch Zusammenschluß mehrerer juristisch voneinander unabhängiger Betriebe eine gewünschte Mindestgröße erreicht haben und in denen der Zeit entsprechende Produktionsmethoden zur Anwendung kommen, von den

Stützungsmaßnahmen der Gemeinschaft und der einzelnen Regierungen profitieren dürfen.

Voraussetzung für die Verwirklichung des Ziels ist aber, daß Land freigemacht, d.h. die Anzahl der Betriebsinhaber verringert werden muß. In diesem Sinne wendet sich ein Teil der vorgeschlagenen Maßnahmen an alle Landwirte, ganz gleich welchen Alters. Man bietet ihnen bedeutende Geldsummen für den Fall an, daß sie ihr Land zur Aufstockung entwicklungsfähiger Betriebe zur Verfügung stellen, wobei sie die Möglichkeit haben, Eigentümer des Bodens zu bleiben, d.h. sie kommen auch dann in den Genuß dieser Strukturverbesserungsprämien, wenn sie ihr Land nur langfristig verpachten, nicht aber verkaufen wollen.

Andere Maßnahmen richten sich an die älteren Landwirte, die ab 55 Jahren Anspruch auf eine Einkommensausgleichsrente haben sollen, wenn sie sich aus der Landwirtschaft zurückziehen. Anders als es z.B. in Frankreich bei ähnlichen Maßnahmen üblich ist, sind derartige Beihilfen aber immer an die Bedingung geknüpft, daß das freiwerdende Land von dem nachfolgenden Besitzer nicht unter denselben unökonomischen Bedingungen wie vordem bewirtschaftet wird, sondern der Größenrationalisierung entwicklungsfähiger Betriebe oder anderen im Interesse der Gemeinschaft liegenden Zwecken dient. Allgemein gesagt ist die Grundidee also, finanzielle Beihilfen für aufgabewillige Landwirte nur dann zur gewähren, wenn der freiwerdende Boden zur Schaffung einer modernen Landwirtschaft genutzt wird.

Um den jüngeren Landwirten auf der anderen Seite den Weg zu anderen Berufen hin zu öffnen, sollen die Anstrengungen hinsichtlich besserer Bildungs- und Umschulungsmöglichkeiten verstärkt werden. Im Mansholt-Plan findet auch die Tatsache genügend Beachtung, daß diese sich auf den Agrarsektor beschränkenden Anreize nicht genügen, um die Abwanderung aus der Landwirtschaft zu beschleunigen, sondern die Chancen für eine durchgreifende Reform umso größer sind, je stärker die Landwirte von den außerlandwirtschaftlichen Sektoren angezogen werden, d.h. je mehr und je bessere Beschäftigungsmöglichkeiten sich ihnen in Industrie und Dienstleistungssektor bieten. Voraussetzung hierfür ist aber ein gleichmäßiges wirtschaftliches Wachstum innerhalb der gesamten Wirtschaftsgemeinschaft. Die Landwirtschaft ist in den Regionen umso benachteiligter, ihre Abwanderungsrate umso niedriger, wo die industrielle Entwicklung nur wenig fortgeschritten ist oder wo bestehenden Industrien ineffizient arbeiten und deshalb Gefahr laufen, von der auswärtigen Konkurrenz verdrängt zu werden. Abhilfe kann hier nur, wie auch der Mansholt-Plan hervorhebt, eine umfassende Regionalpolitik schaffen.

Es ist bewundernswert, mit welchem Nachdruck der Plan einige der ernsthaftesten Probleme offenlegt und die Notwendigkeit einer Änderung der Betriebsstrukturen unterstreicht. Man muß auch den Mut und die Standfestigkeit seines Urhebers bewundern, mit denen er der Landwirtschaft gegenübertrat und versuchte, die ersten, feindseligen Reaktionen zu überwinden, die Mißverständnisse auszuräumen und den Landwirten so weit wie möglich klarzumachen, wo ihr eigentliches Interesse liegt. Denn in Wirklichkeit haben sie nur die Wahl zwischen mittelmäßigen und teilweise erdrückenden Lebensbedingungen, die sich noch fortwährend verschlechtern, oder aber sie akzeptieren neue Bedingungen, die für einen Teil von ihnen mit dem Ausscheiden aus der Landwirtschaft gleichbedeutend sind, dies aber verbunden mit einem angemessenen Renteneinkommen oder der Möglichkeit, sich ohne finanzielle Schwierigkeiten auf andere Berufe vorzubereiten, insgesamt aber die Voraussetzungen für eine besserre Nutzung des landwirtschaftlichen Bodens schaffen.

Eine nicht zu unterschätzende Erschwerung der Situation liegt in der Demagogie, mit der bestimmte politische Parteien die Masse der Landwirte davon zu überzeugen sucht, daß sie in ihren den heutigen Erfordernissen bei weitem nicht gerecht werdenden Betrieben überleben könnten, wenn man sie nur vor der Konkurrenz schützen würde, d.h. vor den modern und rationell arbeitenden Betrieben. Damit läßt man sie über ihre wahren Einkommensmöglichkeiten in einer derart nach « rückwärts » ausgerichten Landwirtschaft völlig im Dunkeln. Man geht auch an der Tatsache vorbei, daß der Bereitwilligkeit der Gemeinschaft, mit ständig steigenden Kosten eines einzelnen Sektors belastet zu werden, irgendwann einmal Grenzen gesetzt sind.

Notwendige Ergänzungen

Man wünschte sagen zu können, dieser Plan sei eine wirksame Antwort auf die Probleme der europäischen Agrarpolitik. Eine vertiefte Analyse läßt jedoch einige Widersprüche zu Tage treten, die der Verwirklichung der angestrebten Ziele hinderlich im Wege stehen würden, es sei denn, der Maßnahmekatalog wird erweitert und vervollständigt. Gewiß ist keine echte Neuorientierung der Agrarpolitik mehr denkbar, die nicht vom Mansholt-Plan ausginge und nicht dessen wesentlichste Maßnahmen in ihr Konzept einbezöge. Trotzdem ist nicht zu verhehlen, daß er einiger notwendiger Ergänzungen bedarf.

Dieser Forderung versuchen die hier folgenden Vorschläge gerecht zu werden : sie anerkennen die Notwendigkeit einer in sich geschlossenen und als Ganzes präsentierten Politik. Ihren auf den ersten Blick als unannehmbar erscheinenden Maßnahmen werden andere gegenübergestellt, die diese nicht nur annehmbar sondern sogar attraktiv machen.

So gesehen wird sich die Agrarpolitik leichter in die allgemeine Politik integrieren lassen. Zunächst gilt es aber, die Probleme zu erkennen, die im Mansholt-Plan ungelöst bleiben, da ihm einige bedeutende Elemente fehlen. Im wesentlichen verläßt er sich nämlich auf die Schaffung einer besseren Betriebsstruktur um den Lebensstandard derjenigen anzuheben, die das Land bewirtschaften. Er geht davon aus, daß größere Betriebe oder solche, die auf einer partnerschaftlichen Basis zusammenarbeiten, die Möglichkeit haben, ihre Produktion den Markterfordernissen besser anzupassen. Ergänzend hierzu sollen die derart gestärkten Landwirte durch die Bildung bestimmter Organisationsformen in die Lage versetzt werden, direkt mit der verarbeitenden Industrie zu verhandeln, d.h. die Handelsstufen auszuschalten, die heute zwischen der Urproduktion und ihrer Weiterverarbeitung stehen und von denen Erhöhungen in den Nahrungsmittelpreisen gewöhnlich völlig absorbiert werden, ohne daß auch nur ein Teil davon an die Landwirtschaft weitergegeben wird.

Genügen diese Maßnahmen allein wirklich, um die landwirtschaftlichen Einkommen auf das Niveau anderer Einkommenskategorien anzuheben? Betrachtet man die Mindestgrößen, die der Plan sowohl hinsichtlich ihrer Produktionskosten als auch der in ihnen zu erwirtschaftenden Einkommen als optimal ansieht — und die sich nur schrittweise erreichen lassen — so ist die Frage erlaubt, ob ihre wirtschaftliche Lebensfähigkeit sich nicht einzig und allein auf die heutigen ökonomischen Gegebenheiten und ihre Preise bezieht. Würde allein die Größe der Betriebe zur Sicherung des Gleichgewichts genügen, so gäbe es für die amerikanische Landwirtschaft wohl kaum noch Schwierigkeiten. Wahrscheinlich würden dann auch die englischen Betriebe, die im Durchschnitt dreimal so groß sind wie die des Kontinents, nicht auf die Subventionen des Schatzamtes angewiesen sein, deren Betrag sich fast in Höhe des landwirtschaftlichen Nettoeinkommens bewegt. Mit einem Wort, werden nicht in den Perspektiven des Mansholt-Plans zwei sich auf verschiedene zeitliche Perioden beziehende Ausgangspunkte miteinander vermengt: zukünftige Strukturen und gegenwärtige Preise?

Auch das finanzielle Problem kann nicht umgangen werden. Im Mansholt-Plan kommt die Hoffnung zum Ausdruck, daß eine resolut vorangetriebene Änderung in den Agrarstrukturen es erlauben würde, die heute mit schwindelerregender Geschwindigkeit ansteigenden Ausgaben für die Preisstützung schrittweise zu senken und schließlich ganz abzubauen. Die amerikanischen Erfahrungen lassen jedoch diese Erwartungen als zu optimistisch erscheinen.

Zunächst einmal darf man nicht die Schwierigkeiten außer acht lassen, die einer sofortigen Erhöhung der Gesamtausgaben, wie sie die Realisierung des Mansholt-Plans erfordert, entgegenstehen. Von den Gesamtausgaben für die Landwirtschaft — mögen sie von den öffentlichen Finanzen oder von der Europäischen Gemeinschaft getragen werden — geht der überwiegende Teil auf das Konto Frankreichs, was aber nicht ganz so erstaunlich ist, als es über die Hälfte der landwirtschaftlichen Nutzfläche der EWG verfügt. Die kumulierten Gesamtausgaben für die Preisstützung und die zusätzlichen Ausgaben für die Strukturreform würden — ließen erstere sich nicht unmittelbar reduzieren — im Falle Frankreichs schon unvorstellbare Ausmaße annehmen.

Ein Widerspruch bei der Analyse des Mansholt-Plans ist besonders auffallend. Jede Reform der Landwirtschaft mit dem Ziel einer optimalen

Produktionsstruktur wird den Produktionsanstieg noch beschleunigen und den Teil der Gesamtproduktion, der auf den Markt gelangt, erhöhen. Wenn nicht gleichzeitig an eine spürbare Neuorientierung der Produktionsrichtung gedacht ist, so wird es kaum möglich sein, ein weiteres Anwachsen der Überschüsse zu verhindern.

Der Vorschlag, bei einer Gesamtfläche von 71 Mill. ha einige Millionen Hektaren aus der Bebauung herauszuziehen, kann hier ebensowenig einen Ausgleich schaffen wie die direkten Verkaufsverhandlungen zwischen den zu errichtenden Erzeugergemeinschaften und der weiterverarbeitenden Industrie. Man läuft Gefahr, daß die Preisstützungsmaßnahmen — beim heutigen Stadium des Strukturwandels noch weit davon entfernt überflüssig zu sein — aufrechterhalten oder sogar ausgeweitet werden müssen.

Produktionskontrolle durch quantitative Restriktionen

Die Erzeugerorganisationen sind sich dessen bewußt, daß die augenblickliche Situation nicht bis in die Unendlichkeit bestehen bleiben kann. Schon heute existiert für Zuckerrüben und Weißzucker ein kompliziertes System, bei dem sich die Preisgarantie nur auf eine bestimmte Produktionsmenge (Grundquote) erstreckt ; bei ihrer Überschreitung und bis hin zu einer zweiten oberen Grenze müssen die Zuckerfabrikanten eine Produktionsabgabe entrichten, die für die Finanzierung der Überschlußbeseitigung bestimmt ist, wobei sie 60 v.H. dieser Abgabe ihren Rübenlieferanten anlasten können, der Rübenpreis sich für den Anbauer also ebenfalls verringert. Wird schließlich die zweite Höchstgrenze überschritten, richten sich ihre Einnahmen nur noch nach den auf Drittmärkten erzielbaren Preisen.

Bereits die Grundquote übersteigt jedoch den internen Verbrauch. Der Inlandsmarkt bleibt also von vornherein den überseeischen Rohrzuckerproduzenten verschlossen ; auch ist es unmöglich, ein befriedigendes Marktgleichgewicht zu erreichen, und schließlich ist es eine außergewöhnlich ungeschickte Methode, um zu einem Durchschnittspreis zu kommen, der tatsächlich unterhalb des augenscheinlich garantierten Preises liegt.

Wird die Frage aufgeworfen, wie die Produktion am besten in den Griff zu bekommen ist, d.h. wie man die Überschüsse beseitigen kann, so liegt für viele die Antwort in der Wiedereinführung eines Quotensystems. Sicherlich würde diese Mengenbeschränkung die Kosten senken, aber es sind doch einige Klarstellungen notwendig.

Ist hierbei die Rede von fixen Quoten, d.h. die Begrenzung in den Mengen für z.B. Weizen, die jedes Land oder jeder Landwirt auf den Markt bringen darf ? Schon die politischen Schwierigkeiten der Verteilung solcher Quoten unter die einzelnen Länder sind beträchtlich. Sind die Quoten überdies für jeden einzelnen Betrieb zu bestimmen, so muß man notwendigerweise eine Bezugsbasis festsetzen ? Um es kurz zu sagen, man friert die bestehenden

Produktionsstrukturen definitiv ein und hindert somit den Fortschritt. Man begünstigt diejenigen, die bereits eine hohe Produktion aufzuweisen hatten und diskriminiert diejenigen, die unter Umständen in der Lage wären, ihre in der Basisperiode niedrigere Produktion mit geringerem Kostenaufwand auszudehnen. Mit einem Wort, man trägt zur Erhöhung der durchschnittlichen Herstellungskosten bei, und durch nichts kann verhindert werden, daß die Produktionsbegrenzung zu einer Einkommensminderung führt.

Oder wird an ein flexibleres System gedacht, in dem die sich auf eine frühere Basisperiode beziehenden Quoten übertragbar sind, d.h. wo die Landwirte, die glauben, es wäre für sie vorteilhaft, ihre Produktion auszuweiten, dort Quoten dazukaufen können, wo die Bereitschaft zu einer Produktionseinschränkung besteht? Als Resultat würden einige Landwirte dafür bezahlt, daß sie nichts produzieren; für die anderen würden sich die Herstellungskosten in dem Maße erhöhen, wie sie sich die Rechte für ihre zusätzliche Produktion erkaufen müssen.

Mag es sich nun um fixe oder übertragbare Quoten handeln, auf alle Fälle läuft man dabei Gefahr, daß der Abbau der Überschüsse bei einem Produkt zu Überschüssen bei anderen führt. Ausgenommen im Falle einer zwangsweisen Brachlegung des Landes, werden nämlich die Landwirte, deren Produktion begrenzt würde, oder die ihre Produktionsrechte verkauften, ihren Boden anderweitig verwenden. Man kann der Überschußproduktion nicht Herr werden, indem man sie bei einem Produkt beschneidet und gleichzeitig bei anderen provoziert. Im Endeffekt müßte das zunächst auf eine Produktionsrichtung begrenzte Quotensystem mit all seinen verheerenden Folgen nach und nach auf die gesamte Landwirtschaft ausgedehnt werden.

Von einigen Organisationen wird nun vorgeschlagen, für Weizen ein Globalquantumsystem, wie es lange Zeit in Frankreich Anwendung fand, auf EWG-Ebene einzuführen. Hierbei erhielten die Erzeuger nur innerhalb eines festgesetzten Produktionsvolumens den vollen Preis. Auf Mengen, die darüber hinaus an den Markt gelangten, wurde eine Produktionsabgabe erhoben. Die Produzentent trugen damit zur Finanzierung der Ausgaben für die Beseitigung der Überschüsse bei. Es ist schwer einzusehen, weshalb die durchschnittlichen Erzeugerpreise auf diesem indirekten und wenig durchsichtigen Wege gesenkt werden sollen; denn die Wurzel des Problems wird dabei nicht berührt. Wichtig ist vielmehr, die Preise, zu denen die Veredler Getreide kaufen können, eindeutig festzusetzen, und zwar so, daß die Fleischproduktion im Vergleich zur Getreideproduktion relativ günstiger erscheint. Wenn es die Erzeugerorganisationen auf eine Senkung des durchschnittlichen Einkommens abgesehen haben, weshalb dann nicht von vornherein eine allgemeine und einheitliche Preisreduzierung?

Es bleibt nichts anderes übrig, als die Schwierigkeiten direkt anzugehen. Wie kann man auf eine beschleunigte Abwanderungsrate — die ja Voraussetzung für eine Anhebung des landwirtschaftlichen Einkommens ist — hoffen, wenn die Preise noch immer so kalkuliert sind, daß die Grenzbetriebe in der Lage sind, zu überleben?

Eine andere Art des Vorgehens, die keine formelle Entscheidung verlangt, wäre es, die nominellen Agrarpreise unverändert zu lassen und, indem man mit einer Steigerung der anderen rechnet, die Realpreise zu senken. Aber die permanente Inflation zur Basis einer Politik zu machen, ist unannehmbar. Darüberhinaus würde dieses « System der Entscheidungslosigkeit » alle Agrarpreise im gleichen Maße treffen, ohne eine Änderung in ihrer Beziehung zu den Preisen anderer Länder, noch in ihrer Beziehung zueinander zu bewirken.

Preisrelationen: ein Gesamtplan

Worauf es sowohl für die Landwirtschaft als auch für die Volkswirtschaft insgesamt ankommt, ist nicht die historische Beziehung heutiger zu früheren Preisen, sondern ihre Beziehung zu den laufenden Marktbedingungen, zu den Absatz- und Konkurrenzverhältnissen. Unter diesem Blickwinkel gesehen, haben wir innerhalb der Europäischen Gemeinschaft eine völlig verzerrte Preisstruktur.

Man erweist der Landwirtschaft einen schlechten Dienst, wenn man sie in ihrem Glauben bestärkt, sie könne damit fortfahren, an dem wahren Bedarf vorbeizuproduzieren. Schlimmer noch wäre es, die Preise in dem Maße zu erhöhen, wie die Nachfrage fällt. Denn dieses Vorgehen muß irgendwann einmal abrupt enden. Den landwirtschaftlichen Interessen ist durch eine schrittweise Anpassung an die ökonomische Realität sehr viel mehr gedient.

Die notwendige Neuorientierung in der Produktion ist ohne eine spürbare Änderung der Preisstruktur nicht mehr vorstellbar. Hierbei handelt es sich um eine der schwierigsten Entscheidungen. Die Landwirtschaft hat sich seit langem daran gewöhnt, Einkommensverbesserungen hauptsächlich nur in Preiserhöhungen zu suchen. Aber die Höhe des durchschnittlichen Preisniveaus ist irreführend. Hohe Preise für die einen bedeuten hohe Kosten für die anderen, deren Produktion auf landwirtschaftlichen Rohstoffen basiert.

Es bietet sich einfach kein anderer Ausweg, als die Preise für Überschußprodukte zu senken, zumal einige von ihnen als Input für die Produktion anderer landwirtschaftlicher Erzeugnisse dienen. Mit anderen Worten, die Produktionskosten für Produkte im Defizit müssen gesenkt und ihre Preisrelationen verbessert werden. Im Endeffekt würde eine derartige Modifizierung der Preisstruktur, selbst wenn sie mit der Senkung einiger Preise, und damit des Preisniveaus insgesamt, einhergeht, das Einkommen eines großen Teils der Landwirtschaft nicht vermindern, sondern im Gegenteil erhöhen.

Ein radikales Umdenken in der Agrarpolitik ist also vonnöten. Dies wird auch seit einiger Zeit von all denen verlangt, die — einschließlich bestimmter Erzeugerorganisationen — erkannt haben, daß die Preisstützung durch eine Einkommensstützung ersetzt werden muß. Diese Erkenntnis resultiert aus der Tatsache, daß nicht alle im gleichen Maße von einer Preisstützungspolitik profitieren und diese außerdem zu einer Vergrößerung der Einkommensdisparität innerhalb der Landwirtschaft führen kann.

Es ist eine Sache, auf die direkte Einkommensstützung zu verweisen und eine andere, sie in die Tat umzusetzen, d.h. konkrete Formeln für ihre praktische Anwendung zu finden. Hauptanliegen dieser Studie ist es, zu diesem Problem präzise Lösungsmöglichkeiten anzubieten und zur Diskussion zu stellen. Sie sind dann entscheidend, wenn die als notwendig erachtete Änderung der Agrarpolitik technisch durchführbar, politisch akzeptabel und sozial zu rechtfertigen ist.

Es steht außer Frage, Preisanpassungen vorzuschlagen, ohne ihre Auswirkungen auf die Einkommen durch Kompensationsmaßnahmen in Form direkter Beihilfen abzuschwächen und ohne dadurch nicht gleichzeitig zur Normalisierung und Stabilisierung der Preise auf den internationalen Märkten beizutragen. Es muß deshalb ein Gesamtplan angeboten werden, der sicherstellt, daß die Produktion dahin tendiert, sich selbst an die Bedingungen auf ihren Absatzmärkten auzupassen, daß Preisänderungen sich nicht unmittelbar in einer Reduzierung des landwirtschaftlichen Einkommens auswirken und schließlich, daß die Einkommensdisparität — die augenblicklich zunimmt — sich vermindert, sowohl zwischen dem landwirtschaftlichen und den anderen Sektoren als auch innerhalb der Landwirtschaft selbst.

Dies sind die Grundsätze der hier vorgelegten und sich als Ganzes präsentierenden Vorschläge. Sie betrachten die Frage des Preisniveaus für verschiedene Produkte nur in Verbindung mit einem neuen Subventionssystem und mit einer Reorganisation der internationalen Märkte.

Natürlich müssen sich diese Maßnahmen noch im Laufe der Zeit entfalten und mit anderen Neuerungen auf dem agrar- und regionalpolitischen Gebiet einhergehen. Sie werden sich nach und nach zu einem zusammenhängenden Ganzen entwickeln, in dem die Strukturpolitik mit der Preispolitik harmoniert und diese wiederum mit einer Agrarhandelspolitik, die sich der in anderen Sektoren der Gemeinschaft angewandten annähert. Dies ist der Gesamtplan, dessen Elemente nun im einzelnen betrachtet werden sollen.

Preisrevision

Wir haben gesehen, daß alle ins Auge gefaßten Maßnahmen, um die Produktion in den Griff zu bekommen, im Grunde auf eine Preisreduzierung hinausliefen. Man muß den Mut haben, die einfachste Methode zu wählen, nämlich die einer etappenweisen Preissenkung für Überschußprodukte.

Es wird vorgeschlagen, mit den Produkten zu beginnen, deren EWG-Preise im Vergleich zu jenen anderer großer Agrarproduzenten am überhöhtesten und am wenigsten haltbar erscheinen. Dies weist sofort auf zwei Produkte hin, bei denen die Prozedur der gemeinsamen Entscheidungen in den ehemaligen Niedrigpreisländern der EWG zu einer massiven Anhebung ihrer Preise geführt hat, namentlich auf Getreide — insbesondere Weizen — und Zuckerrüben. In einer Senkung der Preise für diese Produkte liegt der Schlüssel für ein Gleichgewicht innerhalb der Landwirtschaft, da sie als Rohstoffe für die tierische Produktion gelten, wie dem Schweine- und Rindfleisch, dem Geflügel und bis zu einem gewissen Ausmaß der Milch, und eben weil sie auch mit der Tierzucht um die Verwendung der landwirtschaftlichen Nutzfläche konkurrieren.

Ohne Zweifel sind diese Preise nach ihrer gemeinsamen Festsetzung relativ stabil geblieben, obwohl das allgemeine Preisniveau stieg. Aber zunächst einmal sind es die Endverbraucherpreise, die ansteigen, im besonderen als Resultat einer Erhöhung der Kosten im Dienstleistungssektor und infolge der sich ausweitenden Handelsspannen, während die industriellen Preise im allgemeinen stabil bleiben. Zum anderen spiegelt die Entwicklung der Preise in keiner Weise die der Einkommen wieder.

Die Kühlschrankindustrie z.B. steigert laufend ihre Produktion, auch wenn ihre Preise im Laufe der Jahre — verglichen mit den durchschnittlichen Preisen anderer Industrien — um 80 % gesunken sind. Wo, wie hier geschehen, neue Produktionsmethoden einen Produktivitätssprung nach oben verursachen, können die Einkommen nur dann gleichbleiben oder anwachsen, wenn die Absatzmärkte ausgeweitet werden.

Es war im Agrarsektor bei Getreide und Zuckerrüben, wo man durch Ausnutzung des technischen Fortschritts den spektakulärsten Produktivitätsanstieg verzeichnete. (Übrigens würden diesen Produkten zusätzliche Absatzmöglichkeiten gegeben, wenn die verschiedenen Marktmaßnahmen untereinander besser koordiniert wären. Solange für Getreide und Zucker noch Schutzmaßnahmen ergriffen werden, bedeutet es ein beträchtliches Maß an Inkonsequenz, wenn Ölkuchen, der mit diesen Produkten auf dem Futtermittelmarkt im Wettbewerb steht, zollfrei die Grenzen passieren darf.) Eine graduelle Preissenkung, deren jeweiliges Ausmaß durch die Erfahrung bestimmt wird, ist notwendige Voraussetzung zur Erreichung eines befriedigenden Gleichgewichts hinsichtlich der Fleischpreise, denn Fleisch ist das Produkt, bei dem die Nachfrage mit zunehmendem Realeinkommen am schnellsten steigt und für das nicht nur auf EWG-Ebene, sondern auch auf den Weltmärkten ein Defizit besteht.

Sämtliche Produkte, einschließlich der Milchprodukte, die der Gemeinschaft heute die ernsthaftesten Schwierigkeiten bereiten, reagieren auf Änderungen in den Basispreisen. Will man den nicht mehr länger tragbaren Überschüssen und den Verlusten aus ihrer Lagerung und ihrer Ausfuhr durch eine Senkung der Preise ein Ende setzen, so ist dies nur unter zwei Bedingungen möglich. Einmal muß damit eine Verringerung der Produktionskosten einhergehen und zum anderen müssen Ausgleichshilfen gewährt werden, deren Ausmaß sich danach richten sollte, wie stark der einzelne Landwirt von der Preisreduzierung betroffen wurde.

Ausgleichszahlungen

Das zweite und grundlegendste Element des Gesamtplans liegt in der Methode, die Einkommen in den Produktionszweigen, deren Produktpreise gesenkt werden, durch gezielte Ausgleichszahlungen aufrechtzuerhalten. Prinzipiell muß die Preisstützung schrittweise durch die Einkommensstützung ersetzt werden. Erstere führt wie gesagt zu Überschüssen und verschärft bestehende Ungleichheiten, letztere entspricht hingegen direkter der Forderung nach sozialer Gerechtigkeit. Die Aufgaben, die sich unserer Gesellschaft stellen, betreffen mehr die Landwirte selbst als die Landwirtschaft. Lösungsmöglichkeiten, die dieser Erkenntnis Ausdruck verleihen wollen, müssen drei Bedingungen erfüllen : Sie sollten 1. auch zur Förderung der gesamtwirtschaftlichen Entwicklung beitragen, 2. der Forderung nach sozialer Gerechtigkeit entgegenkommen und 3. relativ einfach zu kalkulieren und administrativ leicht durchführbar sein.

Erhielte jeder Erzeuger für eine Preissenkung den vollen Ausgleich pro Mengeneinheit seiner Gesamtproduktion, so versteht es sich von selbst, daß diese Art von Subventionen dann nur ein etwas komplizierter zu handhabender Ersatz für die vordem überhöhten Preise wäre. Der Anreiz zu produzieren wäre derselbe, der Einkommensumverteilungseffekt gleich Null. Das ist der Hauptgrund, weshalb wir die Übertragung des britischen *deficiency payment* Systems nicht vorschlagen werden. Da sich hier die Höhe der aus dem Budget kommenden Ausgleichszahlungen für jeden Landwirt nach der Differenz zwischen den pro Mengeneinheit garantierten Preisen und den durchschnittlichen Marktpreisen bemißt, wobei letztere sich auf einem Markt bilden, zu dem Importe freien Zugang haben, handelt es sich bei dieser Methode, genau wie in der Gemeinschaft, um eine Preisstützung, nicht aber Einkommensstützung. Ihre Produktionsanreize sind kaum geringer einzuschätzen als die der hohen Preise. Der wesentliche Unterschied zwischen der EWG und Großbritannien liegt auch nicht im Mechanismus, durch den die Preise garantiert werden. Er liegt in dem niedrigeren Niveau der britischen Garantiepreise und den Methoden, wie sie den ökonomischen Bedingungen angepaßt werden. Die Anwendung des britischen *deficiency payment*-Systems in der Gemeinschaft, mit Garantiepreisen, die sich auf dem Niveau der augenblicklichen EWG-Preise bewegen, würde genau wie vordem in einer Überschußproduktion resultieren.

Außerdem werden in Großbritannien die Ausgleichszahlungen an Hand der im Durchschnitt einer vorangegangenen Periode normalerweise produzierten Menge jedes einzelnen Betriebes berechnet. Das kommt der Forderung nach einem komplexen Buchführungssystem gleich, wie sie in einem Land, das nicht mehr als 200.000 Betriebe mit einer durchschnittlichen Betriebsgröße von 50 ha hat, durchsetzbar ist, nicht aber in einer Europäischen Gemeinschaft mit 6 Millionen Betrieben, von denen die meisten zu den sogenannten Kleinbetrieben zu zählen sind, die keine Bücher führen.

Eine dem *deficiency payment*-System vergleichbare Methode wurde in der EWG schon für Olivenöl und Hartweizen versucht. Man wollte hierdurch Preissteigerungen für Produkte vermeiden, die nur von einem Land der Gemeinschaft — Italien — geliefert wurden und deren Produktion nur ein Bruchteil des Gesamtbedarfs deckte, während der Rest importiert werden mußte. Der Versuch endete mit einem völligen Durcheinander.

Es gilt also, andere Lösungsmöglichkeiten zu finden. Die hier vorgeschlagene Methode würde vier Hauptregeln miteinander kombinieren: 1. Die Ausgleichszahlungen für niedrigere Preise erfolgten auf Basis der durchschnittlichen Erträge innerhalb der EWG. 2. Die Zahlungen würden sich (im Falle des Weizens) nach der bewirtschafteten Fläche bemessen, deren Größe sich aus dem Durchschnitt der einer Entscheidung zur Preissenkung unmittelbar vorangegangenen Jahre berechnet. 3. Die Subventionen würden in dem Sinne zeitlich begrenzt sein, als daß sie nur an den augenblicklichen Bewirtschafter eines Betriebes gingen, sich nicht aber auf seinen Nachfolger übertragen ließen. 4. Ab einer bestimmten Grenze würden die Zahlungen nur noch degressiv mit der Betriebsgröße steigen.

Jeder dieser Punkte verlangt nach Präzisierung und detaillierter Beschreibung.

Durchschnittsertrag

Die Idee, durchschnittliche Erträge als Kalkulationsbasis zu nehmen, läßt sich an einem Rechenbeispiel verdeutlichen. Angenommen sei eine Senkung des Weizenpreises um 1 Franken pro Doppelzentner, und der durchschnittliche Ertrag läge bei 32 dz/ha: Die Grundausgleichszahlung beliefe sich dann auf 32 Franken pro Hektar Weizenfläche. Nehmen wir weiterhin für die Milch eine Senkung des Preises um 1 Centime an und eine durchschnittliche Milchleistung von 2.500 Litern pro Kuh und Jahr: der Grundbetrag beliefe sich dann auf 25 Franken pro Milchkuh und Jahr. Mit anderen Worten, die Höhe der Ausgleichszahlungen würde unter Zuhilfenahme von Standardeinheiten, wie Doppelzentner Weizen, Hektoliter Milch oder Tonnen Zuckerrüben, berechnet, nicht aber nach den produzierten Mengen der einzelnen Landwirte.

Die verwaltungstechnischen Erleichterungen sind offensichtlich. Es ist nicht notwendig, die laufenden Produktionsdaten pro Betrieb zu erfassen. Die am einfachsten erreichbaren Informationen über den Umfang der mit den verschiedenen Kulturen bebauten Flächen oder dem Tierbestand genügen für die Berrechnung der Ausgleichssubventionen.

Diese Formel hat übrigens ihre Vorgängerin. Als Deutschland die DM aufwertete, sanken seine Preise, ausgedrückt in der europäischen Rechnungseinheit. Es wurde ermächtigt, die damit verbundene Einkommensminderung für seine Agrarproduzenten durch zeitlich begrenzte Einkommensübertragungen auszugleichen: Es fand das System einheitlicher Subventionen pro Hektar Anwendung. Die hier vorgeschlagene Formel ist nur eine Verallgemeinerung dieser Lösung.

Bemessungsgrundlage

Die Bemessungsgrundlage für die Berechnung der Ausgleichszahlungen, auf die der Produzent nach einer Senkung der Preise Anspruch hätte, würde in der Anzahl der « Einheiten » (Flächeneinheiten, Tiereinheiten) liegen, die für die Erzeugung des betreffenden Produkts verwendet werden, wobei ihre Größe sich aus dem Durchschnitt der letzten drei Jahre, die der Entscheidung zur Preisrevision unmittelbar vorangingen, ergäbe. Es versteht sich von selbst, daß eine später erfolgende Ausweitung der ermittelten Einheiten zu keinem Anrecht auf zusätzliche Ausgleichszahlungen führen dürfte ; denn das stünde im Widerspruch zu der Absicht, die Überschußproduktion einzudämmen.

Man kann sich fragen, ob der umgekehrte Fall einer Reduzierung der Einheiten zur Einschränkung der Subventionen führen müßte. Wäre das beabsichtigt, beraubte man den vorgeschlagenen Plan eines Teils seiner gewünschten Wirkung, denn es soll gleichzeitig ein besonders starker Anreiz zur Umorientierung in der Produktionsausrichtung geschaffen werden. Wird die Subvention auch dann gewährt, wenn z.B. der als Bemessungsgrundlage dienende Getreide — oder Zuckerrübenboden in anderen Produktionsrichtungen Verwendung findet oder man den Milchkuhbestand zugunsten der Rindfleischproduktion abstockt, so ist der Vorteil, den der Landwirt beim Überwechseln auf andere Produktionsrichtungen genießt, offenkundig.

Im Fall *sukzessiver* Preissenkungen bliebe das Prinzip das gleiche. Die nach jedem Schritt zusätzlich erforderlichen Ausgleichszahlungen würden als Bemessungsgrundlage die genutzten Einheiten haben, wie sie vor der jeweils *letzten* Preissenkung bestanden, während sich die entsprechenden Basen der laufenden Subventionen nicht änderten.

Geltungsdauer

Die dritte Hauptregel, die eine zeitliche Begrenzung der Ausgleichszahlungen einführt, zieht einen noch schärferen Trennungsstrich zwischen Einkommens- und Preisstützung. Grundsätzlich hätte nur der augenblickliche Bewirtschafter eines Betriebes Anspruch auf Ausgleichszahlungen, und sie dürften nicht auf einen Nachfolger, sei es der Erbe oder ein Käufer, übertragen werden (ausgenommen in bestimmten Fällen, auf die noch zurückzukommen ist). Diese auf den ersten Blick hart anmutenden Forderungen sind langfristig gesehen im ureigensten Interesse der Landwirtschaft, da ohne sie der Strukturwandel nicht in dem gewünschten Maße stattfinden würde. Außerdem unterstützen sie die Ziele des Mansholt-Plans.

Hieraus sind zwei Folgerungen zu ziehen :

1. Die Ausgleichszahlungen sollten ab einer bestimmten Altersgrenze nicht mehr gewärt werden, nämlich dann, wenn der augenblickliche Betriebsinhaber im Falle seines Ausscheidens gemäß dem Mansholt-Plan Anspruch

auf eine angemessene Altersrente hat, d.h. mit 55 Jahren. Jedoch sind hier Modifikationen zugunsten derer notwendig, die kurz vor der Erreichung der Altersgrenze stehen. Die Ausgleichszahlung sollte deshalb über einen Mindestzeitraum, z.B. 5 Jahre, laufen. Sie könnte sowohl an den Betriebsinhaber als auch, im Falle seines Todes, an seine Frau oder Kinder gehen.

Auf der anderen Seite kann man diese Zahlungen aber auch nicht bis in die Unendlichkeit gewähren. Es ist durchaus angebracht, ihre Geltungsdauer zu begrenzen. Das Maximum könnte auf 15 Jahre festgelegt werden. Landwirte, die gerade das vierzigste Lebensjahr überschritten hätten, würden also bis zu dem Augenblick, in dem sie mit Anspruch auf eine Altersrente ausscheiden, in den Genuß der Subvention kommen. Für jüngere Landwirte wird angenommen, daß sie entweder ohne größere Schwierigkeiten zu einem Berufswechsel in der Lage sind oder aber der in den 15 Jahren vorangetriebene Strukturwandel im Agrarsektor es ihnen erlauben wird, ein angemessenes Einkommen ohne weitere Unterstützung seitens des Staates oder der Gemeinschaft zu erwirtschaften.

2. Die zweite Folgerung verdient es, besonders hervorgehoben zu werden. Wenn in Übereinstimmung mit dem Mansholt-Plan verfügbarer Boden an auf partnerschaftlicher Basis zusammenarbeitende Betriebe geht oder zur Aufstockung bestehender größerer Betriebe dient, so müßte nach der vierten Regel ab einer bestimmten Betriebsgröße die vorgesehene Degression in den Subventionszahlungen einsetzen. Hierdurch könnte man jedoch eine Bewegung hemmen, die man gerade fördern will. Deshalb sollten für Betriebe, die mit anderen partnerschaftlich zusammenarbeiten wollen oder von grösseren absorbiert werden, die Anrechte auf Ausgleichszahlungen für die Geltungsdauer des Gesamtplans ungekürzt bleiben. Mit anderen Worten, die Subventionen, wie sie für die Betriebe vor der Zusammenlegung, sei es durch partielle oder durch vollständige Fusion, bestanden, bleiben für die Dauer von 15 Jahren, gerechnet ab Beginn der ersten Überweisungen, unverändert. Hierduch könnte die Konzentrationsbewegung einen starken Auftrieb erhalten.

Die Beibehaltung des vollen Anrechts auf Subventionen beinhaltet ferner eine Wertsteigerung der zum Verkauf oder zur Verpachtung anstehenden Betriebe : Landwirte, die ihren Betrieb aufgeben wollten, würden schon über den Markt selbst entschädigt, und die zur Verwirklichung des Mansholt-Plans notwendigen öffentlichen Mehrausgaben könnten reduziert werden. Über den Verkaufs- oder Pachtpreis hinaus erhielte der Landwirt auch den Wert der kapitalisierten Subvention, auf die er einen persönlichen Anspruch hatte. Der Vorteil könnte sich für ihn eventuell sogar erheblich steigern. Hätte er infolge seines fortgeschrittenen Alters z.B. nur Anrecht auf eine fünfjährige Zahlung der Subvention, so würde sich in dem Verkaufs- oder Pachtpreis trotzdem der Wert der Subventionsrechte für die gesamte Laufzeit von 15 Jahren niederschlagen. Den zur Betriebsaufgabe bereiten Landwirten bliebe noch eine andere Wahl offen, die im Endergebnis aber unter Umständen weniger vorteilhaft wäre : Sie könnten sich auch sofort den vollen Wert der kapitalisierten Subvention, auf die sie Anspruch haben, auszahlen lassen, wobei aber zu beachten ist, daß die der Berechnung zugrundeliegende Geltungsdauer unter dem Maximum von 15 Jahren liegen kann. Es ist klar, daß in Fällen, in denen die Subvention als Pauschalsumme ausgezahlt wird, der betreffende Betrieb kein Subventionsanrecht mehr besitzt, auch wenn er mit anderen zur Gruppenbewirtschaftung zusammengeschlossen wird oder zur Aufstockung größerer Betriebe dient.

Degression

Von oben erwähnten Ausnahmen abgesehen, scheint es angebracht, in die Berechnungsformel für die Ausgleichszahlungen ein degressives Element einzubauen, das ab einer bestimmten Betriebsgröße zur Wirkung kommt: Die Subventionen nehmen mit der Anzahl Hektar Weizen- oder Zuckerrübenfläche oder mit der Anzahl der Milchkühe ab.

Tatsächlich sind die hinsichtlich ihrer Flächenausweitung oder ihres Viehbestands größten Betriebe in der Gemeinschaft normalerweise nicht auf Preise angewiesen, die im wesentlichen mit Rücksicht auf die Aufrechterhaltung der Einkommen in den Grenzbetrieben festgesetzt wurden. Außerdem sind die Großbetriebe in ihren Möglichkeiten zur Produktionsumstellung sehr viel flexibler. Und schließlich hängt die Beurteilung der Wirtschaftlichkeit nicht davon ab, ob ein Betrieb hohe Erträge erzielt oder eine günstige Kostenstruktur aufweist: Wenn er für die Überschußmärkte produziert, so ist sein Einkommens nur künstlich. Die Betriebe müssen den stärksten Anreiz erhalten, ihre Produktion den wahren Absatzbedingungen anzupassen.

Mehrere Möglichkeiten bieten sich an, um den Punkt, ab dem die Degression einsetzt, zu bestimmen. Beginnt sie frühzeitig, ist das Subventionssystem im ganzen weniger kostspielig, und die Aufwendungen für den Strukturwandel in der Landwirtschaft oder zur Unterstützung der niedrigeren Einkommen ließen sich beträchtlich steigern. Jedoch könnten dann die Rentabilität und die Entwicklungsmöglichkeiten der Betriebe mit den wirtschaflich besten Zukunftsaussichten negativ beeinflußt werden.

Ein Lösungsweg läge darin, die Degression oberhalb der auf EWG-Ebene festgestellten durchschnittlichen Betriebsgröße einsetzen zu lassen. Die Schwierigkeit hierbei ist aber, daß in diesem Durchschnitt die Verschiedenartigkeit der Betriebsgrößen und -typen in den einzelnen Regionen nicht zum Ausdruck käme. Wahrscheinlich wäre es deshalb vorteilhafter, die Degression oberhalb der im Mansholt-Plan für die Wirtschaftlichkeit eines Betriebes angegebenen Mindestgrößen beginnen zu lassen: z.B. 80 ha Getreidefläche, 60 Milchkühe. Welche Formel hier auch immer gefunden wird, auf alle Fälle sollte die Degression langsam sein und z.B. nicht mehr als 2 % des Grundbetrages pro zusätzlichem, die Höchstgrenze überschreitenden Hektar oder Stück Vieh betragen. Somit läßt sich eine maximale Betriebsgröße bestimmen, ab der die Subventionszahlungen eingestellt werden.

Man wird ohne Zweifel einwenden, daß die Gefahr besteht, Großbetriebe gleichen Ausmaßes ungleich zu behandeln, je nachdem ob sie vor Inkrafttreten des Plans bereits existierten, sich durch die Zusammenlegung mehrerer größerer Betriebe bildeten oder im Gegensatz dazu aus vielen kleinen Betrieben entstanden. Letztere brächten ja das Recht auf Subventionen ohne jeden degressiven Chararkter mit sich. Die Ungerechtigkeit ist jedoch nur scheinbar, da es offensichtlich ungleich schwieriger ist, einen landwirtschaftlichen Großbetrieb aus einer Masse kleinerer Betriebe zu formen. Der finanzielle Anreiz zur Konzentration sollte deshalb auch proportional zu den damit verbundenen Mühen anwachsen.

Nettobelastung

Sicherlich ist es wünschenswert, eine Vorstellung über die Größenordnung der Kosten zu haben, die durch die Anwendung dieses Systems entstünden.

Als erstes muß klargestellt werden, daß dieses System sich auf eine Aufrechterhaltung der Einkommen beschränkt, und ein Ausgleich eventueller Kapitalverluste nicht beabsichtigt ist. Unter normalen Bedingungen werden die bei einer Preissenkung vorgesehenen Subventionen einem Sturz in den Bodenwerten zuvorkommen. Sollten die Bodenpreise in einigen Fällen sinken — wobei es unter allen Umständen wünschenswert ist, daß sich ihr Anstieg zumindest verlangsamt — so ergäbe sich daraus kein zusätzlicher Anspruch auf Subventionen. Wie gesagt werden Kapitalverluste durch dieses System der zeitlichen Einkommensstützung nicht ausgeglichen. Das ist nur die konsequente Anwendung eines generellen Prinzips. Wenn sich aufgrund einer Veränderung der ökonomischen Bedingungen, z.B. durch die starke Konkurrenz eines neuen Produkts, die Aktivseite der Bilanz eines Industriebetriebs verschlechtert, so besteht kein Anspruch auf Entschädigung. Speziell, wenn die Aktiva durch Interventionen der öffentlichen Hand, wie Außenschutz oder Preisstützung, künstlich aufgebläht werden, ist diese Vorzugsbehandlung nicht als ein Dauerrecht anzusehen, und es ist keineswegs als eine Selbstverständlichkeit aufzufassen, daß bei ihrem Abbau eine Entschädigung geleistet werden muß.

In der Kostenkalkulation ist zunächst eine Unterscheidung zwischen den Belastungen, die der Volkswirtschaft insgesamt entstehen, und denen des öffentlichen Haushalts zu treffen. Es ist offensichtlich, daß die Gesamtkosten für die Volkswirtschaft auf alle Fälle geringer sein werden als im heutigen System. Die augenblickliche Effektivbelastung ergibt sich aus der Summe der öffentlichen Ausgaben für die Landwirtschaft und dem Mehr an Preisen, das der Verbraucher in der Gemeinschaft gegenüber andern Ländern zu tragen hat. Da die Preissenkung durch den degressiven Charakter nicht *voll* auszugleichen wäre, vermindern sich notwendigerweise auch die Gesamtkosten.

Eine Eigenschaft des vorgeschlagenen Systems darf allerdings nicht unerwähnt bleiben. Die Ausgleichszahlungen werden nach den durchschnittlichen

Erträgen berechnet, d.h. sie beziehen sich auf die Gesamtproduktion. Die niedrigeren Preise aber kommen nur in dem auf dem Markt verkauften Produktionsanteil zur Geltung. Für Getreide z.B. sind dies nur zwei Drittel der Gesamtproduktion. Um eine Überbelastung der öffentlichen Finanzen zu vermeiden, könnte man also daran denken, die Subventionen zu reduzieren, indem man sie nach dem tatsächlich auf dem Markt veräußerten Anteil der Produktion ausrichtet. Man muß aber die Gründe für den Unterschied zwischen der Gesamtproduktion und den tätsächlichen Verkäufen etwas näher untersuchen, um zu sehen, daß eine derartige Anpassung der Subventionsformel schon aus sozialer Sicht nicht gerechtfertigt wäre.

Der Unterschied läßt sich teilweise aus dem Eigenverbrauch der landwirtschaftlichen Haushalte erklären. Dieser ist im Verhältnis zu ihrer Gesamtproduktion umso geringer, je höher das Einkommen und damit je abwechslungsreicher die Ernährung der einzelnen Landwirte ist, d.h. je mehr Nahrungsmittel sie von außen dazukaufen. Berechnet man die Ausgleichszahlungen auf Basis ihrer Gesamtproduktion statt ihrer Verkäufe, so werden die einkommensschwachen Landwirte (deren relativer Eigenverbrauch am höchsten ist) verhältnismäßig stärker begünstigt, und man würde somit im vollen Interesse der sozialen Gerechtigkeit handeln.

Der größte Teil der nicht vermarkteten Erzeugung geht in die Veredelungsproduktion, sei es Getreide für die Rinder-, Schweine- oder Geflügelzucht, sei es Milch für die Kälberaufzucht. Es besteht hier eine enge Beziehung zwischen den Preisen der Inputs und denen der Endprodukte. Anders ausgedrückt und, um nur ein Beispiel zu nennen, der Preis für Schweinefleisch fällt mit dem Preis für Futtergetreide, was übrigens zu einer Ausweitung des Marktes für Schweinefleisch führen kann.

Auch in diesem Fall ist die einfachste Methode die beste, d.h. die Subventionen an die Gesamtproduktion zu binden und dadurch auch den Veredler, der seine pflanzliche Produktion nicht auf den Markt bringt, sondern im eigenen Betrieb einsetzt, für einen Preisfall seiner Produkte zu entschädigen.

Bei einer speziellen Betrachtung der Belastung des öffentlichen Haushalts, ist das Maximum der Ausgaben ohne größere Schwierigkeiten zu berechnen. Es ergibt sich aus der Multiplikation der niedrigeren Preise pro Produkteinheit mit der betreffenden Produktionsmenge. Aber die Nettobelastung wird von der maximal möglichen Höhe beträchtlich abweichen. Sie vermindert sich schon durch den degressiven Charakter der Subventionen. Um die Höhe der daraus resultierenden Einsparungen zu kalkulieren, ist es notwendig, zu wissen, wie sich die Produktion auf die einzelnen Betriebsgrößen und -typen verteilt. Derartige statistische Daten sind im Grunde für jede rationale Agrarpolitik unerläßlich. Unglücklicherweise sind sie aber in dem wünschenswerten Maße bis jetzt noch nicht verfügbar. Bedeutsame Einsparungen wären auch in den augenblicklichen Gesamtausgaben zu erzielen, insbesondere in den Erstattungen an die Exporteure landwirtschaftlicher Produkte. Diese dürften zum Teil aufgrund der niedrigeren Inlandspreise zurückgehen, vor allem aber durch den Abbau der Überschüsse, der zu einer beträchtlichen Verringerung der Ausfuhrmengen, auf die sich die Zahlungen beziehen, führen würde.

Da weiterhin davon ausgegangen wird, daß der diskontierte Wert der Subventionsrechte sich in einem höheren Bodenpreis für Betriebsinhaber, die ihr Land verkaufen, niederschlägt, kann man diesen Preiszuwachs als Ersatz für eine Prämie ansehen, wie sie der Mansholt-Plan für ausscheidungswillige Landwirte vorsieht und von der bei seiner Verwirklichung die größten Ausgabesteigerungen ausgehen würden.

Sollte es trotz dieser Einsparungen zu einem Anwachsen der öffentlichen Ausgaben kommen und müßten die Mehrausgaben durch eine Erhöhung der indirekten Steuern finanziert werden, so würde ein sich daraus ergebender Anstieg in den Lebenshaltungskosten durch eine Senkung der Nahrungsmittelpreise, von der die Verbraucher niedrigerer Einkommensklassen überproportional profitieren, mehr als ausgeglichen.

Es mutet übrigens paradox an, daß Nahrungsmittelgüter mit indirekten Steuern belegt werden. Es geht hier nicht allein darum, auf den regressiven Charakter dieser Steuern hinzuweisen — der Nahrungsmittelverbrauch beansprucht in den einkommensschwachen und kinderreichsten Familien den größten Teil ihrer Haushaltsmittel —, sondern auch darauf, daß der Staat selbst den Absatz für landwirtschaftliche Produkte durch die Erhebung dieser Steuern einschränkt, um dann einen Teil ihrer Einnahmen für die Finanzierung der kostspieligen Überschußbeseitigung zu verwenden. Besser wäre es, diese die Überschüsse mitverursachenden Steuern von vornherein zu senken.

Das System der EWG basiert auf der Mehrwertsteuer, bei der die auf Einkäufe gezahlte Steuer von der den Verkäufen auferlegten Steuer abgezogen wird. Man sollte es dahingehend ändern, daß industrielle Produkte, die in der Landwirtschaft Verwendung finden, — im wesentlichen landwirtschaftliche Maschinen und Düngemittel —, davon ausgenommen sind. Sowohl niedrigere Preise als auch ein Anreiz zur höheren Produktivität wären das Ergebnis. Das trüge zu einem Anstieg der landwirtschaftlichen Nettoeinkommen bei, und zwar durch die Anwendung ökonomischer Mittel.

Zusammenfassende Betrachtung und Begründung

Insgesamt gesehen scheint das hier vorgeschlagene System sowohl aus ökonomischer als auch sozialer Sicht gerechtfertigt, was sich besonders bei einem unmittelbaren Vergleich mit einem System quantitativer Restriktionen offenbart. Man vermeidet die Inflexibilität und Verluste, die fixe Quoten für den jeweiligen Betrieb mit sich bringen. Man trägt nicht zur Anhebung der Produktionskosten bei, wie es handelsfähige Quoten tun. Der Einkommenseffekt ist sehr viel größer als er es in einem Globalquantumsystem wäre, wo die Preise bis zu einer bestimmten Höhe der Gesamtproduktion garantiert sind und wo darüberhinausgehende Mengen mit einer Produktionsabgabe zur Finanzierung der Überschußbeseitigung belastet oder ganz dem freien Marktspiel überlassen werden.

Dort, wo die ungünstigsten Betriebsbedingungen herrschen, wird es sofort zu einer Einkommenserhöhung beitragen. Da sich die Höhe der Subventionen nach den Durchschnittserträgen in der EWG richtet, werden diejenigen Betriebe, die in ihren Hektarerträgen darunterliegen, einen unmittelbaren finanziellen Vorteil genießen, der aber nur den augenblicklichen Bewirtschaftern zugutekommt. Dieses in jedem Fall zeitlich begrenzte System der Einkommensunterstützung hindert nicht den Strukturwandel, und es läßt sich ohne Widerspruch mit den vorgesehenen Maßnahmen des Mansholt-Plans zur Reform der Landwirtschaft vereinigen.

Der Mansholt-Plan hatte Formen der Unterstützung aufgezeigt, die sowohl den älteren als auch den jüngeren Landwirten das Ausscheiden aus der Landwirtschaft erleichtern würden. Aber es fehlte eine Antwort auf die schwierige Frage, was mit den Landwirten mittleren Alters geschenen soll, die zum Ausscheiden zu jung, für einen Berufswechsel aber zu alt sind. Die hier gemachten Vorschläge würden mit zu einer Lösung dieses Problems beitragen.

Auch in der Tatsache, daß sich die Subventionen auf die Durchschnittserträge beziehen, und in ihrem degressiven Charakter liegt eine ökonomische Logik: Es sind die großen Betriebe, die einerseits am stärksten mit zum Ungleichgewicht auf den Märkten beitragen, die sich anderseits aber auch am leichtesten den Erfordernissen der Märkte anpassen können. Es ist deshalb nur recht und billig, auf sie dahingehend einzuwirken, die Erzeugung der Produkte im Überschuß zugunsten der Produkte im Defizit einzuschränken, mit einem Wort, sie dazu zu veranlassen, von Weizen, Zuckerrüben oder Milch auf die Futtergetreide- oder Rindfleischerzeugung überzuwechseln. Hier kann ein gradueller wirtschaftlicher Wandel mit dem Bemühen in Einklang gebracht werden, die Lebensbedingungen der einkommensschwachen Landwirte unmittelbar zu verbessern und die einkommensstärkeren zu einer den Marktbedingungen entsprechenden Neuorientierung ihrer Produktion zu bewegen.

Auch steht der Plan nicht dem Modernisierungsbestreben der entwicklungsfähigen und insbesondere der größeren Betriebe entgegen. An den Zielen des Mansholt-Plans und den ins Auge gefassten Maßnahmen, wie Starthilfen zur inneren und äußeren Betriebsrationalisierung, wird festgehalten.

Den Großbetrieben in der Landwirtschaft muß in erster Linie die Möglichkeit zur Flächenausweitung gegeben und die Beschaffung des notwendigen Kapitals erleichtert werden. Um gerade dieser Forderung nachzukommen, könnte ein landwirtschaftlicher Entwicklungsfonds eingerichtet werden, und zwar analog dem Fonds für den wirtschaftlichen und sozialen Fortschritt, wie er seit langem in Frankreich und in ähnlicher Weise in allen anderen Ländern der Gemeinschaft existiert. Kredite werden für eine festgelegte Laufzeit gewährt und nach ihrer Rückzahlung wieder an andere vergeben.

Auf alle Fälle ist es das Ziel, die Rentabilität der in der Landwirtschaft verbleibenden Betriebe zu verbessern. Dazu käme es aber nie, wenn sie weiterhin für die Überschußmärkte produzierten. Deshalb müssen Anreize geschaffen werden, durch die sie die zur Verfügung stehenden Ressourcen den Erfordernissen des Marktes entsprechend verwenden.

Natürlich ist die Frage erlaubt, ob die gewünschten Wirkungen dieser Neuorientierung der Agrarpolitik in so kurzer Zeit eintreten, daß eine weitere Anhäufung der Überschüsse vermieden wird. Man darf hier nicht den heilsamen Effekt unterschätzen, den bereits die Vorankündigung derartiger Maßnahmen hat. Die Erfahrung zeigt, daß der Gemeinsame Markt schon seinen Einfluß auf die Wirtschaftsplanung ausübte, bevor er überhaupt handlungsfähig war: Die Unternehmen überprüften ihre Wettbewerbsfähigkeit, und die Reorganisation und Investitionstätigkeit waren auf den kommenden Abbau der Schutzmaßnahmen ausgerichtet. Ebenso würde die Ankündigung eines Plans zur Wiederherstellung des Gleichgewichts zwischen den Preisen ihre Wirkung auf die Entwicklung der Produktion nicht verfehlen.

Es ist durchaus möglich — und dies könnte in besonderem Maße mit zur Beseitigung der Überschüsse beitragen — daß der Boden aufgrund einer neuen Preispolitik weniger intensiv genutzt wird. Die heute intensive Bewirtschaftung findet ihre Rechtfertigung in den hohen Bodenpreisen, die wiederum zum großen Teil eine Konsequenz des derzeitig festgelegten Preisniveaus für Basisprodukte sind. Eine Senkung ihrer Preise trüge mit dazu bei, den Anstieg der Bodenpreise aufzuhalten und zu einem besseren Verhältnis zwischen dem Wert der Endprodukte und dem Wert der benötigten Produktionsmittel zu kommen.

Anderseits besteht kein Zweifel darüber, daß die Preise für landwirtschaftlich nutzbaren Boden von dem Anstieg der Preise für Bauland mit in die Höhe gerissen werden. Es ist hier nicht der Ort, Methoden aufzuzeigen, die diese Entwicklung bremsen könnten, eine Entwicklung, die der Städtesanierung und dem Wohnungsneubau, d.h. Maßnahmen, die zur Verbesserung der Lebensbedingungen eines großen Teils der Bevölkerung dienen, so hinderlich im Wege steht. Jedes Programm, das eine Reduzierung der Baulandpreise anstreben würde, wäre gleichzeitig ein Beitrag zur Lösung der Agrarprobleme.

Reform des Weltmarktes

Keine Politik, wäre sie auch noch so gut durchdacht, sollte zur Anwendung kommen, wenn sie die internationalen Zusammenhänge außer acht läßt. Für einen wirtschaftlichen Machtblock wie die EWG wäre es unmöglich, sich durch eine Politik der Autarkie von dem wirtschaftlichen Geschehen außerhalb seiner Grenzen abzukapseln und blind gegenüber den Rückwirkungen zu sein, die seine Wirtschaftspolitik auf andere Produzenten in der Welt hat. Es liegt im eigenen Interesse der EWG, die Konkurrenzfähigkeit zu bewahren und zu stärken.

Man muß zugeben, daß das Niveau der internationalen Verhandlungen über Agrarprodukte auf eine Stufe mit der schlimmsten Marktfeilscherei zu stellen ist. Jedes Land ist bemüht, seine Exporte aufrechtzuerhalten, um sich von den eigenen Überschüssen zu befreien, ohne sich um die Probleme der anderen zu kümmern. Bisher war es nicht möglich, Einigkeit über die Bedingungen zu erreichen, unter denen sich die Preise bilden sollten. Solange jedes einzelne Land in aller Freiheit seine Produkte subventionieren kann, wird durch nichts garantiert, daß die Entwicklung des Handels einer vernunftgemäßen internationalen Arbeitsteilung entspricht.

Ein Versuch, hier Abhilfe zu schaffen, ging zu Zeiten der Kennedy-Runde von der Europäischen Gemeinschaft aus. Sie schlug vor, alle Hilfs- und Schutzmaßnahmen, die jedes Land seiner landwirtschaftlichen Erzeugung gewährt, aufzusummieren. Dieser Gesamtschutz wäre gleich dem Betrag gewesen, um den das tatsächliche Entgelt, einschließlich der Subventionen an den einheimischen Erzeuger, den Preis überstieg, zu dem das Erzeugnis von den internationalen Märkten bezogen werden konnte. Die Rechengröße sollte dann als Basis für die nachfolgenden Verhandlungen über die Nichtausweitung und später auch Reduzierung der Protektion in den einzelnen Ländern dienen.

Der Grundgedanke des Plans war verführerisch. Er hatte den Vorteil, alle Arten der Intervention als in ihrer Wirkung äquivalent zu betrachten, ob es sich um Zollschutz, Abschöpfungen oder *deficiency payments* nach englischen Muster handelte. Selbst direkte Einkommensunterstützungen und Investitionsbeihilfen hätten Berücksichtigung finden können, sofern man sie mit zu den Einnahmen der Landwirte zählte. Der Plan war jedoch von vornherein mit einem Fehler behaftet : Eine Ausnahmeklausel erlaubte es, die Protektion im Falle einer inflationistischen Entwicklung im Inland oder eines plötzlichen Preissturzes auf dem Weltmarkt wieder zu erhöhen. Eine weitere Schwierigkeit lag darin, daß der Gesamtschutz zwischen den einzelnen Ländern sehr stark voneinander abwich und durch seine für den Anfang vorgesehene simple Konsolidierung Unterschiede in der jeweiligen Höhe der Protektion nicht beseitigt worden wären. Auch bei einem eventuell später ausgehandelten prozentual gleichen Abbau des Gesamtschutzes der an der Kennedy-Runde beteiligten Länder, hätten diejenigen, die den höchsten Grad an Protektion aufwiesen, Gelegenheit gehabt, diesen dubiosen Vorteil zu bewahren, und der Zugang zu den Märkten ihrer Handelspartner wäre sehr viel freier gewesen, als er es zu ihren eigenen Märkten jemals war.

Auf jeden Fall aber sollte dieser Vorschlag innerhalb der Gemeinschaft selbst, von der er ja schließlich ausging, verwirklicht werden. Angesichts der Freiheit, die die Regierungen der einzelnen Mitgliedsländer hinsichtlich der Verwendung ihrer öffentlichen Mittel zugunsten der Landwirtschaft erhalten haben, ist es unmöglich zu wissen, wo die vorzugsweise zu fördernde Produktionsrichtung liegt.

Solange das französische Budget den größten Teil der Sozialversicherung des Agrarsektors trägt, solange die Bundesrepublik sehr viel mehr als ihre Partner für Maßnahmen der Bodenverbesserung ausgibt, solange gibt es auch keine wirklichen Vergleichsmöglichkeiten. Es ist keineswegs normal, daß die Gemeinschaft auf das Recht zur Überprüfung aller staatlichen Interventionen verzichtete. Es ist dies umso weniger normal in einer Zeit, wo Frankreich seine Preise schrittweise anhebt, um wieder das gemeinsame Preisniveau, von dem es sich nach der Abwertung entfernte, zu erreichen. Dieser Vorgang resultiert in Extra-Einnahmen für seine Landwirtschaft, deren Höhe noch die Summe der für ihre Sozialversicherung bereitgestellten Haushaltsmittel übersteigt. Aufgrund dieser Zusatzeinnahmen böte sich die Gelegenheit, Frankreichs Landwirten — genau wie in allen andern Sektoren der Volkswirtschaft — diese Belastungen nun selbst aufzuerlegen und damit eine der Verzerrungen zwischen den Ländern zu beseitigen.

Eine bessere Koordination der nationalen Hilfsmaßnahmen könnte zu einem realistischeren Preisniveau in der Gemeinschaft führen und damit den Grundstein für eine realistischere Einkommenspolitik im Agrarsektor setzen. Die EWG würde sich dadurch selbst in eine besser abgesicherte Position rücken, von der aus sich die internationalen Aufgaben, zu deren Lösung sie aufgrund ihrer Handelsmacht eine besondere Verpflichtung hat, leichter in Angriff nehmen ließen.

Voraussetzung für den Erfolg einer neuen internationalen Handspolitik ist die Erfüllung zweier Bedingungen. Als erstes muß ein internationaler Markt geschaffen werden, auf dem die Preise ihren eigentlichen Sinn wiedererhalten, wo sie nicht länger nur das Ergebnis der Dumpingpraktiken sind und umso tiefer sinken, je höhere Preise auf den internen Märkten eines jeden Landes herrschen. Zum andern sollten die im Agrarsektor unerläßlichen Stabilisierungsmechanismen Resultat gemeinsamer weltweiter Anstrengungen sein. Diesen Forderungen muß Genüge getan werden, damit sich das Prinzip des Freihandels vom Industriesektor auf den Bereich der Landwirtschaft ausweiten kann.

Abkehr vom Dumping

Um die erste Bedingung zu erfüllen, muß die Europäische Gemeinschaft, die die quantitativen Importrestriktionen abschaffte — wenn auch zugunsten eines Abschöpfungssystems mit stark protektionistischen Zügen — auf die Beseitigung der Importkontingente ihrer Handelspartner drängen. Dumping ist nur dann möglich, wenn der heimische Markt des Exportlandes stark geschützt ist; denn ohne hinreichenden Außenschutz kämen die auf externen Märkten zu Dumping-Preisen verkauften Güter über den Re-Export auf den Inlandsmarkt zurück. Erst der schrittweise und konzertierte Abbau des Protektionismus in allen großen Erzeugerländern wird es den Weltmarkt-Preisen erlauben, sich auf einem Niveau zu bilden, das die effektiven Produktionskosten widerspiegelt.

Gelänge dieser Versuch, so hätte die Gemeinschaft einen Maßstab zur Hand, nach dem sie ihre Produktion ausrichten könnte. Internationale Preise würden sich nicht mehr von den Inlandspreisen der Haupterzeuger unterscheiden. Auf diese Art ließe sich für die Gemeinschaft ein annehmbarer Bezugsrahmen für ihre interne Preispolitik finden.

Sollte eine Übereinkunft unter den Haupterzeugerländern über die Verwirklichung von Weltmartpreisen, die den ökonomischen Realitäten mehr entsprechen, nicht möglich sein, so könnte die Gemeinschaft von den ihr aus internationalen Abkommen gewährten Rechten gebrauch machen und ein Anti-Dumping-Gesetz erlassen. Ziel dises Gesetzes wäre es, ausländische Erzeugnisse, deren Preise unter denen des EWG-Inlandsmarktes liegen, von den innergemeinschaftlichen Märkten fernzuhalten. Im Gegensatzu zu den Zöllen, für deren Anwendung die Meistbegünstigungsklausel gilt, können diese Anti-Dumping-Gesetze je nach Land, Anbieter oder Zeitpunkt spezifiziert werden. Auf diese Art fände die Gemeinschaft die Preisreferenz, die sie sucht, d.h. die Preise, wie sie auf den Märkten der Haupterzeuger gelten.

Darüberhinaus würde sie als erste Handelsmacht der Welt und als ihr größter Agrarimporteur über genügend Druckmittel verfügen, um die anderen Produzenten zu einer mehr von rationalen Gesichtspunkten geleiteten Politik zu veranlassen.

Stabilisierende Mechanismen

Um die notwendige Stabilisierung auf den Weltmärkten zu erreichen, kann auf drei Typen internationaler Abkommen zurückgegriffen werden. Einmal handelt es sich um die bloße Vereinbarung von Mindest- und Höchstpreisen. Im internationalen Weizenabkommen von 1967, das hierfür als Beispiel dient, stimmten die Unterzeichnerländer zwar den Mindestpreisen zu, aber es waren ihnen keine sicheren Methoden an die Hand gegeben, um Preissenkungen zu unterbinden. Tatsächlich entsprachen die damals vereinbarten Preise nicht den wahren Marktbedingungen, und unter dem Druck der sich ansammelnden Überschüsse strürzten sich die ehemaligen Vertragspartner in einen Wettlauf der gegenseitigen Preisunterbietung.

Im zweiten Typ der internationalen Abkommen werden die Märkte unter den Vertragspartnern aufgeteilt. Es ist somit einem nationalen Quotensystem gleichzusetzen, nur daß es jetzt auf internationaler Ebene Geltung hat. Mit anderen Worten, man versucht, die Preise durch eine Beschränkung des Zugangs zu den Weltmärkten aufrechtzuerhalten. Aber die politische Durchführbarkeit dieses Systems ist äußerst schwierig. Jedes Teilnehmerland ist bemüht, seinen Marktanteil gegenüber den anderen zu erhöhen, und durch nichts ist zu verhindern, daß die außerhalb des Vertrags stehenden Länder ihre Produktion nicht ausweiten und zusätzlich auf den Markt werfen. Die Einigkeit unter den Vertragspartnern, sofern sie überhaupt zu erreichen ist, wird somit nur von kurzer Dauer sein.

Nur dem dritten Typ der Abkommen liegt ein wirklich ökonomischer Mechanismus zugrunde, nämlich die Bildung internationaler Auffanglager *(international buffer stocks)* zu Zeiten des Angebotsüberhangs, um sie dann, wenn die umgekehrte Situation eintritt, d.h. die Weltnachfrage das Weltangebot übersteigt, aufzulösen. Dieses System hat bei einigen britischen *Marketing Boards* wie auch in den Abkommen Frankreichs mit der ehemaligen Französischen Union Anwendung gefunden. Oft ist der Einwand zu hören, die damit verbundenen finanziellen Belastungen könnten innerhalb kürzester Zeit beträchtliche Ausmaße annehmen und das System sei schon von daher sehr bald zum Scheitern verurteilt. Hierbei wird aber die Tatsache übersehen, daß in jedem Augenblick, in dem die Produktion den Bedarf übersteigt, Überschüsse entstehen und Mittel zur Finanzierung ihrer Lagerung aufzubringen sind. Wenn nun ein Teil der Lagerkosten von einer internationalen Organisation übernommen wird, so sind die Belastungen nicht höher als jene, die sonst insgesamt von den Regierungen oder privaten Lagergesellschaften zu tragen wären. Würde man außerdem die Preise schrittweise senken, wenn die internationalen Lagerbestände eine bestimmte Grenze überschreiten, so lägen die Gesamtkosten der Lagerung wohl noch unter denen, die den Regierungen und den Verbrauchern heute bei Nichtvorhandensein einer derartigen internationalen Regelung erwachsen.

Es ist dringend geboten, daß die Gemeinschaft ihre Macht und ihren Einfluß nutzt, die Idee der im Agrarsektor unlösbaren Verkettung von Marktstabilität und freiem Warenaustausch in die Tat umzusetzen. Dies ist das Hauptziel, dessen Erreichung in den kommenden Jahren im Bereich des internationalen Handels verfolgt werden muß. Seine Verwirklichung ermöglicht auch die notwendige Integrierung der Agrarpolitik in die allgemeine Wirtschaftspolitik der Länder und der Ländergemeinschaften.

Handelspolitik und Preispolitik

Stabile und den ökonomischen Gegebenheiten besser entsprechende Preise werden es der Europäischen Gemeinschaft erlauben, ihre interne Agrarpreispolitik zu vervollständigen und den handelspolitischen Zusammenhang zwischen Industrie und Landwirtschaft wieder herzustellen.

Danach gilt es nur noch eine Entscheidung über die Höhe des zur Sicherung der Gemeinschaftspräferenz für die Landwirtschaft der EWG erforderlichen Schutzniveaus zu treffen.

Der hier zu unterbreitende Vorschlag über die Höhe der zukünftigen Protektion bezieht sich auf einen Zeitpunkt nach 10 oder 15 Jahren, in denen sich die Strukturen der europäischen Landwirtschaft grundlegend gewandelt haben und der Weltmarkt, auf dem die Preise für einige Produkte durch die Handelspraktiken der Haupterzeuger künstlich niedrig gehalten werden, von seinen Verzerrungen befreit wurde, d.h. auf einen Zeitpunkt, in dem das Niveau der internationalen Preise wahrscheinlich höher liegen wird als heute. Diese zwei Änderungen in den ökonomischen Gegebenheiten, sollten es der Gemeinschaft ermöglichen, sich selbst eine Richtschnur zu setzen : ein Präferenzniveau für ihre Landwirtschaft, das sich nicht unverhältnismäßig weit von dem der Industrie entfernt.

Es ist wohl eine Protektionsspanne für die Landwirtschaft denkbar, die zwei- oder dreimal so hoch ist wie diejenige für die Industrie. Unhaltbar ist aber eine Situation wie heute, in der sie zwanzig- oder dreissigmal höher liegt. Für gewisse Agrarprodukte erreicht sie heute 100% oder 200%, während sie für die Industrie allmählich bis auf etwa 7% absinkt.

Jedoch kann man in seinem Bemühen, die Politik der EWG zu liberalisieren, nicht von der Hypothese ausgehen, daß eine vollkommene Stabilisierung der internationalen Preise für Agrarerzeugnisse zu erreichen ist.

Für Basisprodukte haben schon allein die zu beobachtenden Fluktuationen in den Frachtraten eine nicht zu unterschätzende destabilisierende Wirkung. Um den Einfluß derartiger kurzfristiger Fluktuationen weitestgehend auszuschalten, müßte der Protektionshöhe, oder genauer gesagt der Gemeinschaftspräferenz, ein sich auf 5 Jahre beziehender Durchschnitt des externen Preisniveaus zugrundeliegen, der sowohl die Maxima als auch Minima mit einschließt. Damit die Landwirte innerhalb der EWG nicht völlig von den Bewegungen auf dem Weltmarkt isoliert sind, sollte die Kalkulationsbasis regelmäßig überprüft, d.h. ein *rollender* Durchschnitt verwendet werden. Soweit die Preise einiger Produkte langfristig fallende und die anderer steigende Tendenz aufwiesen, müßte sich diese Entwicklung auch im Innern der Gemeinschaft bemerkbar machen können und sich entsprechend in den Produktionsplänen ihrer Erzeuger niederschlagen.

Mit diesen langfristigen Trendbewegungen einhergehende kurzfristige Fluktuationen werden sich aber nicht vollkommen ausschalten lassen. Um dem Stabilitätsziel zu genügen, wäre es deshalb erforderlich, die fixen Zölle durch variable Grenzabgaben zu ergänzen, die sich bei einem plötzlichen Preissturz erhöhten bzw. verminderten oder, stiegen die Preise zu schnell an, sogar Formen einer Importsubvention annehmen würden.

Die Frage ist erlaubt, ob die Fluktuationen in den Weltmarktpreisen in voller Höhe aufzufangen wären, mit anderen Worten, ob die Stabilität perfekt sein müßte. Es ist wichtig, darauf hinzuweisen, daß die Landwirte nicht nur die langfristigen Tendenzen in ihre Produktionspläne einbeziehen sollten, sondern auch den günstigsten Verkaufszeitpunkt. Dieses Ziel wäre zu erreichen, wenn es durch die variablen Abgaben nicht zu einem vollen Ausgleich der Preisfluktuationen käme.

Die hier vorgeschlagenen Regelungen wären schrittweise auszuhandeln, und ihre Verwirklichung würde die Geschlossenheit und die Effizienz einer neuen Agrarpolitik gewährleisten.

Beiträge der Mitgliedsländer

Ein weiterer Punkt ist für die Gemeinschaft von Wichtigkeit. Es wird notwendig sein, die Formeln neu zu überdenken, nach denen sich einerseits die Beiträge, die von den Ländern zur Finanzierung der Gemeinsamen Agrarpolitik abzuführen sind, und anderseits die Rückerstattungen, die sie von der Gemeinschaft empfangen, bestimmen. Hierbei wird von zwei Erwägungen ausgegangen. Die eine liegt darin, daß sich die Höhe der Bruttobeiträge an den Europäischen Fonds nach der wirtschaftlichen Leistungskraft eines jeden Landes richten sollte, und die der Rückerstattungen nach den Belastungen, die den einzelnen Ländern aus ihrer Landwirtschaft erwachsen. Erforderlich ist ein größtmögliches Maß sowohl an Gerechtigkeit als auch an Gleichheit in den ökonomischen Wettbewerbsbedingungen innerhalb einer Wirtschaftsgemeinschaft. Die andere Erwägung bezieht sich auf die Richtung, in die die Wirtschaftstätigkeit der Mitgliedsstaaten gelenkt werden müßte.

Wenn der wesentliche Teil der Rückerstattungen an die Bildung von Überschüssen und den daraus entstehenden finanziellen Belastungen gebunden ist, so wirkt der Mechanismus in eine völlig falsche Richtung. Es ist notwendig, einen entgegengesetzten Weg einzuschlagen und Anreize zu schaffen, die dahingehend wirken, daß jedes Land bestrebt ist, den Anteil seiner Agrarbevölkerung mit sozial vertretbaren Mitteln zu reduzieren und eine Neurorientierung in seiner Produktion gemäß den Nachfragebedingungen vorzunehmen.

Tatsächlich ist es notwendig, zwei Elemente der öffentlichen Ausgaben voneinander zu trennen. Solange es erforderlich ist, die Exporte zu subventionieren, müssen die dafür notwendigen Erstattungen an die Exporteure direkt von der Europäischen Gemeinschaft kommen; denn durch den innergemeinschaftlich freien Warenverkehr läßt sich im Falle einer Ausfuhr der Erzeugnisse in Drittländer ihr eigentliches Ursprungsland nicht feststellen. Ähnlich liegt auch die finanzielle Verantwortung für die Lagerung, die nicht an das Herkunftsland der Produkte gebunden ist, bei der Gemeinschaft.

Im Gegensatz dazu lassen sich die Ausgaben für die Verbesserung der Struktur präzise lokalisieren. Hier würde schon die Verwirklichung einer einfachen Idee genügen, um dem eigentlichen Problem der Agrarpolitik, d.h. dem Zuviel an menschlicher Arbeitskraft im Agrarsektor, Rechnung zu tragen. Überweisungen der Gemeinschaft an die einzelnen Mitgliedstaaten sollten im Verhältnis zu den finanziellen Belastungen stehen, die diesen aus den Maßnahmen zur Reduzierung des Anteils ihrer Agrarbevölkerung erwachsen. Denn es ist anzunehmen, daß diese Kosten umso höher liegen, je höher der Anteil der Agrarbevölkerung ist. Nun darf es sich hierbei aber nicht um die Ausstellung eines Blanko-Schecks handeln: Die Mitgliedsländer sollten nur dann Anspruch auf finanzielle Beihilfen der Europäischen Gemeinschaft haben, wenn sie nachweisen, daß ihre agrarpolitischen Maßnahmen mit den Zielen einer besseren Betriebs- und Preisstruktur im Einklang stehen.

Seit Bestehen der Gemeinsamen Agrarpolitik wurde davon ausgegangen, daß die Abschöpfungen auf Importe die hauptsächliche Basis für die Beiträge an die Gemeinschaft darstellen würden. Hier bahnt sich aber eine Änderung an. Die bisher letzte Finanzierungsregelung geht über die Belange des Agrarsektors hinaus und bezieht sich auf die Gesamtheit der gemeinsamen Ausgaben. Sie sieht die Einbeziehung aller Zolleinnahmen, wie sie sich aus dem gemeinsamen Außentarif ergeben, in den EWG-Haushalt vor. Die Logik dieser bereits während der Verhandlungen über die Römischen Verträge in Betracht gezogenen Entscheidung liegt in der Tatsache, daß mit dem Einfuhrort eines Erzeugnisses noch nichts über dessen wirklichen Bestimmungsort ausgesagt ist: Was über Rotterdam eingeführt wird, kann, infolge des freien Warenverkehrs im Innern der Gemeinschaft schließlich in Deutschland oder Frankreich Verwendung finden. Der Idee, dem EWG-Haushalt die Einnahmen aus den Abschöpfungen auf Agrarimporte zuzuführen, lag zunächst eine ganz andere Logik zugrunde. Sie basierte auf dem schlecht durchdachten Argument, daß je mehr ein Land importierte, sich umso mehr Produktionsüberschüsse ansammeln würden. Folgerichtig hätten dann über die Erhebung von Abschöpfungen die Importe für die Finanzierung der Überschußbeseitigung mit aufzukommen.

Wie bereits gesagt, gibt der Einfuhrort noch keinen Aufschluß über die endgültige Bestimmung der Importe in der Gemeinschaft. Diese Frage bedarf noch einer näheren Betrachtung. Über Rotterdam eingeführte Erzeugnisse können also ebensogut für Deutschland oder Frankreich wie für die Niederlande bestimmt sein. Von so großer Bedeutung der Transitverkehr aber für die Niederlande ist, von so geringer Bedeutung ist er auf der anderen Seite für Italien. Wenn Großbritannien dem Gemeinsamen Markt beitritt, so werden seine Importe ebenfalls im Land bleiben, anstatt, um in andere Mitgliedsländer zu gelangen, nochmals das Meer zu überqueren. Müssen die Einnahmen aus den Abschöpfungen auf Agrarimporte, die ohnehin schon zu einer Erhöhung der Nahrungsmittelpreise für die inländischen Konsumenten beitragen, an die Gemeinschaft abgeführt werden, so resultiert dies in einer nicht zu unterschätzenden Nettobelastung der Zahlungsbilanz dieser Länder.

Es wäre jedoch unklug, die Finanzierungsregelung aufs neue zur Diskussion zu stellen, deren Beschließung einen derart langen Verhandlungszeitraum in Anspruch nahm, durch die der Gemeinschaft aber eigne Mittel zugewiesen werden und die selbst dahin tendiert, den offenkundigsten Ungerechtigkeiten vorzubeugen. Auf alle Fälle sah man auch voraus, daß die Einnahmen aus den Abschöpfungen aufgrund fallender Importe abnehmen würden: In der neuen Finanzierungsregelung ist ihr Anteil an den Gesamtmitteln des Gemeinschaftsbudgets nur noch mit 20 % veranschlagt. Dafür wird das Schwergewicht der künftigen Beschaffung von Eigenmitteln der Gemeinschaft auf die Zuweisung eines bestimmten Prozentsatzes der Wertschöpfung aus der Gesamtproduktion eines jeden Mitgliedlandes liegen.

Die in diesem Bericht vorgeschlagene Neuorientierung der Agrarpolitik wird diese Finanzierungsregelung nur noch annehmbarer und wirkungsvoller in ihrer Anwendung machen. Sie tut dies in dem Maße, in dem die Binnen- und Weltmarktpreise modifiziert und mehr auf eine Linie gebracht, die Einnahmen aus den Abschöpfungen dadurch vermindert und somit die Nettobelastungen der Importländer reduziert würden. Durch den Abbau der Überschußproduktion verringerten sich die Kosten für Lagerung und Exportsubventionen, und der Schwerpunkt der Politik könnte auf die Forcierung des Strukturwandels gelegt werden. Man würde sich automatisch einer Situation nähern, in der die Beiträge der Gemeinschaft im Verhältnis zu der Wirtschaftskraft der einzelnen Länder und die Rückerstattungen im Verhältnis zu den Belastungen, die eine landwirtschaftliche Überbevölkerung mit sich bringt, stehen.

Es wäre sehr viel einfacher, ein generelles Gleichgewicht zu erreichen, wenn die Gemeinsame Agrarpolitik ihre stark dominierende Rolle, die sie augenblicklich noch in dem Einigungsbestreben Europas spielt, verlöre. Wendet sich die Gemeinschaft entschiedener der Zukunft zu, und versucht sie ihr Tätigkeitsfeld zugunsten der fortschrittlichsten Industrien und der jüngsten technologischen Methoden auszuweiten, so werden die Länder, die augenblicklich den größten Beitrag zur Modernisierung der Landwirtschaft ihrer Partner leisten, einen Ausgleich dadurch erhalten, daß sie, wie es eine rationale Arbeitsteilung verlangt, eine stärkere Berücksichtigung in den gemeinsamen Plänen hinsichtlich des Ausbaus der Schlüsselindustrien fänden.

Es ist von Bedeutung, daß die Gemeinschaft sich durch diese Mechanismen einem System nähert, in dem sich die Höhe der Beiträge nach der Wirtschaftskraft eines jeden Landes bestimmt und in dem die gemeinsamen Mittel an die Länder gehen, wo die Überschußbevölkerung im Agrarsektor am höchsten und die Belastungen am stärksten sind, an Regionen, deren wirtschaftliche Entwicklung beschleunigt werden muß, an Industrien, die am ehesten geeignet sind, den technischen Fortschritt insgesamt zu fördern.

Diese Methode der Aufteilung finanzieller Vorteile und Belastungen unter den Mitgliedsländern würde zur Stärkung der Einheit der Europäischen Gemeinschaft beitragen, da sie dem Solidaritätsgedanken — wie er in jeder öffentlichen Finanzpolitik zum Ausdruck kommt — so weit wie möglich gerecht wird.

THESEN UND DATEN ZUR WELTERNÄHRUNGSLAGE

Auszüge aus einem
Gutachten des Wissenschaftlichen Beirates
des Bundesministeriums für wirtschaftliche
Zusammenarbeit zur

VERBESSERUNG DER ERNÄHRUNGSLAGE IN ENTWICKLUNGSLÄNDERN

Leitsätze des Wissenschaftlichen Beirates
zu dem
Gutachten des Unterausschusses

Die Mitglieder des Unterausschusses sind:
Prof. Dr. *Cremer*, Gießen (Vorsitzender), Prof. Dr. *Boesch*, Saarbrücken, Prof. Dr. *Dams*, Freiburg, Prof. Dr. *Kötter*, Gießen, Prof. Dr. Dr. h. c. *Kraut*, Dortmund, Prof. Dr. *Meyer-Dohm*, Bochum, Prof. Dr. Dr. *Schiller*, Heidelberg, Prof. Dr. *Wilbrandt*, Göttingen. Außerdem haben zahlreiche andere Mitglieder des Wissenschaftlichen Beirates – unter ihnen vor allem Frau Dr. *Wander*, Kiel, und Prof. Dr. *Jacobs*, Bremen – wesentliche Beiträge zu dem Gutachten geleistet.

Wissenschaftliche Schriftenreihe des Bundesministeriums für wirtschaftliche Zusammenarbeit, Band 21. Ernst Klett Verlag, Stuttgart 1970. Der auszugsweise Abdruck erfolgt mit freundlicher Genehmigung des Bundesministeriums für wirtschaftliche Zusammenarbeit und des Ernst Klett Verlags, Stuttgart.

Zur Welternährungslage

Vorbemerkung

In der Diskussion über Weltprobleme der Gegenwart und Zukunft spielt die Welternährungsfrage eine erhebliche Rolle. Wesentlich voneinander abweichende Beurteilungen und mitunter entgegengesetzte Prognosen stehen sich gegenüber. Auf der einen Seite werden für die nächsten drei Jahrzehnte wegen des in den Entwicklungsländern andauernden raschen Wachstums der Bevölkerung zunehmender Nahrungsmangel, ja sich häufende Hungerkatastrophen in weiten Teilen unseres Erdballs erwartet. Von anderer Seite werden derartig düstere Prognosen als unbegründet oder zumindest weit übertrieben abgelehnt. Vertreter dieser Richtung verweisen vor allem auf die Errungenschaften der Wissenschaft und Technik, durch die die Nahrungsmittelerzeugung derart revolutioniert und erweitert werden könne, daß eine Weltkatastrophe nicht zu befürchten sei. Es wird sogar innerhalb der nächsten zehn Jahre die Bildung von Überschüssen über den Inlandsbedarf hinaus in verschiedenen bisher von Nahrungsnot bedrohten Entwicklungsländern für möglich gehalten.
Teils wird auch der Hoffnung Ausdruck gegeben, das rasche Bevölkerungswachstum werde wirtschaftsfördernde Wirkungen auslösen und damit auch zu vermehrter Produktion von Nahrungsmitteln anregen. Diese Argumentation, die sich auf historische Erfahrungen beruft, berücksichtigt jedoch vielleicht nicht genügend, daß heute andere Bedingungen als früher herrschen, daß u. a. der Aufbau moderner Volkswirtschaften an technische und organisatorische Leistungen gebunden ist, deren Bewältigung durch allzu starkes Bevölkerungswachstum erschwert, wenn nicht gar verhindert wird. Der Behandlung dieser Frage wird daher in diesem Gutachten besondere Bedeutung beigemessen.
Eine sachgerechte Beurteilung der Welternährungsproblematik ist wegen der Vielschichtigkeit der damit zusammenhängenden Fragen schwierig. Die ernährungswissenschaftliche Forschung vor allem der letzten Jahrzehnte hat das Wissen über den Bedarf an den einzelnen Nährstoffen (Kohlehydrate, Fett, Protein, ferner Vitamine, Mineral-

stoffe, Spurenelemente u. a.) und über den Nährstoffgehalt der verschiedensten Nahrungsmittel wesentlich vertieft. Sie kann heute für den menschlichen Nahrungsbedarf und seine Deckung unter den verschiedenen Gegebenheiten (Alter, Geschlecht, Gewicht, Körpergröße, Klima, Arbeitsbeanspruchung, Höhe des Einkommens, Begünstigung dieser oder jener Art der Nahrungserzeugung durch Natur- und Wirtschaftsgegebenheiten etc.) verbindliche Hinweise geben. Die ernährungswissenschaftliche Forschung gibt Aufschluß darüber, wie teuere durch billige Nahrungsmittel substituiert werden können, und sie vermag zu zeigen, welche Mangelerscheinungen und Spätfolgen eine quantitativ oder qualitativ unzureichende Ernährung mit sich bringt.

Die Beurteilung von Welternährungsproblemen ist jedoch nicht nur eine Frage der Ernährungsphysiologie. Sie erfordert auch Kenntnis der Kräfte des wirtschaftlichen, gesellschaftlichen und demographischen Wandels, der Konsum- und Ernährungsökonomie, der technischen wie auch sozioökonomischen Möglichkeiten und Bestimmungsgründe der landwirtschaftlichen Produktion, ferner der Investitions-, Finanzierungs-, Welthandels- und Transportfragen, ein Verstehen der Interdependenz von Bevölkerungswachstum, Wirtschaftsentwicklung und Nahrungsproduktion und — nicht zuletzt — der Grundlagen und der Veränderungen des menschlichen Verhaltens unter diesen oder jenen Umständen etc. Auch wenn versucht wird, dieses umfassende Wissen, das die Möglichkeiten eines einzelnen übersteigt, durch interdisziplinäre Arbeit zu erreichen, bleibt die Beurteilung der historischen und aktuellen Lage immer lückenhaft. Darüber hinaus wird die Vorausschau durch die mit jeder Prognose verbundenen Unsicherheiten stark erschwert. Dies gilt vor allem für die Entwicklungsländer, in denen das Ernährungsproblem besonders dringlich ist. Schlußfolgerungen aus den Ernährungsbilanzen der Welt oder eines Landes haben begrenzten Aussagewert.

Leitsätze des wissenschaftlichen Beirats des Bundesministeriums für wirtschaftliche Zusammenarbeit zu dem Gutachten des Unterausschusses über die Ernährungslage in Entwicklungsländern und grundsätzliche Maßnahmen zu ihrer Verbesserung

Zur Ernährungslage in den Entwicklungsländern

1. Das Wissen um die Ernährungslage in den Entwicklungsländern ist verhältnismäßig schwach fundiert. Die vorhandenen Statistiken sind noch immer lückenhaft und unzuverlässig. Infolgedessen wird nicht nur die gegenwärtige Situation sehr unterschiedlich beurteilt, auch in der Vorausschau auf die künftige Ernährungslage der rasch wachsenden Bevölkerung dieser Länder stehen Prognosen zunehmender Unterversorgung vergleichsweise optimistischen Äußerungen gegenüber.

2. Erhebungen über die Nahrungsversorgung der Entwicklungsländer lassen erkennen, daß die verfügbare Menge an Nahrungsgütern, die sich seit der Vorkriegszeit etwa verdoppelte, in der Mehrzahl der Fälle ausreichte, um den durchschnittlichen Nahrungsstandard bis in die sechziger Jahre auf dem Vorkriegsniveau zu halten. Aus den vorliegenden Daten wird deutlich, daß sich die Ernährung zwar nicht wie in den Industrieländern verbesserte, daß aber insgesamt auch keine deutliche Verschlechterung der Nahrungsversorgung pro Kopf eintrat. Das war bei der raschen Bevölkerungszunahme eine bemerkenswerte Leistung, die vornehmlich den Eigenanstrengungen der Entwicklungsländer zuzuschreiben ist. Gegen Ende der sechziger Jahre konnten diese Länder ihr Produktionsergebnis durch die verstärkte Anwendung wissenschaftlicher Erkenntnisse und technischer Neuerungen sowie durch Förderungsmaßnahmen der Entwicklungshilfe noch weiter steigern (Siehe Tabelle 1 und 2) .

3. Hinter dieser Durchschnittslage verbergen sich jedoch nicht nur erhebliche Unterschiede von Land zu Land sowie saisonale und witterungsbedingte Schwankungen, sondern auch alle Abstufungen von reicher bis zu armer Ernährung der verschiedenen Bevölkerungskreise innerhalb der einzelnen Länder. Selbst in Ländern mit durchschnittlich günstiger Nahrungsversorgung ist ein kleinerer oder größerer Teil der Bevölkerung mangel- oder unterernährt (Siehe Tabelle 3).

4. Der Ernährungsstandard eines Landes hängt weit mehr von der Höhe des Sozialprodukts und des konsumverfügbaren Einkommens pro Kopf ab als vom Umfang der landwirtschaftlichen Produktionsreserven. In der Regel setzt die Verbesserung der Ernährung eine entsprechende Steigerung der Kaufkraft der Massen durch wirtschaftliches Wachstum innerhalb und außerhalb der Landwirtschaft voraus. Die Bevölkerungsschichten in den Entwicklungsländern mit einem niedrigen Prokopfeinkommen können sich nur eine arme Ernährung leisten. Diese muß nicht immer Hunger oder Mangelernährung bedeuten. Sie kann vollwertig sein, wenn sie sich nach den Grundforderungen der Ernährungswissenschaft zusammensetzt. In Publikationen der FAO (Ernährungs- und Landwirtschaftsorganisation der Vereinten Nationen) wird es für wahrscheinlich gehalten, daß 10—15 v. H. der Weltbevölkerung, d. h. 350 Millionen bis 500 Millionen Menschen, quantitativ unterernährt sind und daß etwa die Hälfte der Weltbevölkerung qualitativen Nahrungsmangel leidet (Siehe Tabelle 3).

5. Nahrungsdefizite können permanent bestehen, können in saisonalen Zyklen vorkommen oder durch Katastrophen auftreten.

a) Permanente Nahrungsdefizite sind die häufigste Form des Nahrungsmangels. Sie können sich aus dem Mißverhältnis zwischen Bevölkerungsvermehrung und Nahrungsproduktion bzw. -angebot herleiten, sie können aus dem Rückgang der Selbstversorgung, aus vermehrter Nachfrage nach höherwertiger Nahrung und sonstigen Veränderungen in den Ernährungsgewohnheiten resultieren.

b) Saisonale Nahrungsdefizite entstehen aus einer Versorgungslücke zwischen zwei Ernteperioden.

c) Der Katastrophenfall ist Einzelergebnis äußerer Umstände.

Die Folgen von Nahrungsdefiziten sind je nach ihrem Ausmaß und ihrer Dauer verminderte Krankheitsresistenz, Hemmung der körperlichen und geistigen Entwicklung, geringe Leistungsfähigkeit und Fehlernährungskrankheiten, wie Marasmus und Kwashiorkor (1.4.). Nahrungsdefizite und deren nachteilige Folgen für die Bevölkerung können nur durch langfristige Maßnahmen der Produktionssteigerung, der Lager- und Vorratshaltung, des Ausbaus des Verteilersystems und vor allem durch die Erhöhung der Massenkaufkraft gemildert oder beseitigt werden. Umfassende Planung ist erforderlich.

6. Der durch die Erfolge der modernen Medizin und Hygiene verursachte rasche Rückgang der Sterblichkeit in den Entwicklungsländern geht ihrer wirtschaftlichen Entwicklung zeitlich voraus. Er hat das Bevölkerungswachstum in diesen Ländern so sehr beschleunigt, daß eine Verdoppelung ihres gegenwärtigen Bevölkerungsvolumens (ohne V. R. China) bis zum Ende dieses Jahrhunderts möglich ist, falls nicht die Geburtenhäufigkeit niedriger wird (Siehe Tabelle 4).

7. Im Laufe des letzten Drittels dieses Jahrhunderts werden für den erwarteten Bevölkerungszuwachs in den Entwicklungsländern (ohne V.R. China) bei nur geringer Verbesserung des gegenwärtigen Nahrungsstandards zusätzliche Nahrungsmittelmengen erforderlich, die schätzungsweise auf 400 bis 600 Mill. t Getreide oder Getreideäquivalent jährlich steigen werden. Bei heutigen Weltmarktpreisen entspricht diese Menge einem Wert von 30 bis 45 Mrd. US-$, d. h. dem Drei- bis Vierfachen der gesamten gegenwärtigen Entwicklungshilfe. Noch nie hat es eine Aufgabe solchen Ausmaßes und solcher Dringlichkeit gegeben wie die Sicherung der Ernährung in den kommenden Jahrzehnten.
Noch vor Erscheinen des Weltleitplans der FAO (Provisional Indicative World Plan for Agricultural Development, Vol. I-III) im August 1969 lag dem Wissenschaftlichen Beirat der Rohentwurf dieses Gutachtens zur Beratung vor. Es kann heute festgestellt werden, daß sich die Ergebnisse dieses Gutachtens — namentlich, was die Analyse der bisherigen Entwicklung und die Erwartungen für die Zukunft betrifft — weitgehend mit denen des Weltleitplans dekken.

8. Die Hoffnung, die Ernährungsprobleme der Entwicklungsländer würden sich nach dem historischen Vorbild der Industrieländer aus sich heraus lösen, ist wenig begründet, da die Gegebenheiten und die Problemstellung heute anders als früher sind. Einer der wesentlichsten Unterschiede ist, daß in den Industrieländern bei Beginn der Industrialisierung die Vermehrung der Arbeitsplätze der Bevölkerungszunahme parallel ging, während sie in den Entwicklungsländern der Bevölkerungszunahme in erheblichem Abstand nachfolgt. Zwar stehen den Entwicklungsländern bessere technische Methoden zur Verfügung, als sie die Industrieländer hatten, doch sind ihre demographischen und soziokulturellen Verhältnisse viel ungünstiger.

9. In einer wachsenden Zahl von Entwicklungsländern erschöpfen sich die Möglichkeiten, die Anbauflächen mit Primitivmethoden auszuweiten und zu nutzen. Der unerläßliche Produktionsanstieg kann nicht mehr allein durch die Kultivierung neuer Nutzflächen mit geringen Erträgen (horizontale Produktionsausweitung) erreicht werden. In zunehmendem Maße ist Ertragsverbesserung pro Flächeneinheit (vertikale Produktionssteigerung) erforderlich.

10. Bestrebungen, die Flächenproduktivität zu erhöhen, sind heute in den meisten Entwicklungsländern technisch und auch wirtschaftlich aussichtsreicher als in den Frühperioden der Entwicklung der heutigen Industrieländer. Die in den fortgeschrittenen Ländern entstandene Landwirtschaftswissenschaft und -technik hat zuvor unbekannte Möglichkeiten der Produktionssteigerung eröffnet. Durch ihren Einsatz konnten verschiedene Entwicklungsländer die Produktionsergebnisse neuerdings merklich verbessern. 1967 und 1968 stieg die Nahrungsmittelerzeugung in der Gesamtheit der Entwicklungsländer mehr als in den Vorjahren und mehr als die Zahl der Konsumenten. Diese Entwicklung läßt zum ersten Mal Anzeichen eines technologischen Durchbruchs erkennen.

11. Der Fortschritt in der Agrarwissenschaft und -technik bietet auch der künftigen Nahrungsmittelversorgung in den Entwicklungsländern bessere Möglichkeiten. Kompetente Agrar- und Ernährungsexperten vieler Länder sind sich darin einig, daß das in den kommenden Jahrzehnten drohende Versorgungsproblem in diesen Ländern im Prinzip lösbar ist. Der Weltbankbericht 1968 kommt zu dem Schluß: „... die pessimistischen Voraussagen im Sinne einer bevorstehenden Nahrungsmittelkrise weichen allmählich der Ansicht, daß eine (technische) Agrarrevolution bevorstehen kann". Diese Aussage wird vom Weltbankbericht 1969 und von der FAO bestätigt [2]. Da die Anwendung der neuen Produktionstechniken auch wirtschaftlich hohen Anreiz bietet, ist ein solcher vorsichtiger Optimismus durchaus berechtigt

12. Durch die technischen Errungenschaften allein sind die Hauptschwierigkeiten in der Versorgung der wachsenden Bevölkerung jedoch noch nicht beseitigt. Die in den Vordergrund tretende vertikale Produktionssteigerung ist in primitiver, geldloser Selbstversorgungswirtschaft nicht möglich. Kauf und Anwendung von modernen Produktionsmitteln verlangen mehr als sachkundige Unterweisung. Sie setzen auch voraus, daß sich die gesellschaftlichen Normen und die wirtschaftlichen Verhaltensweisen der landwirtschaftlichen Produzenten dem mit der Entwicklung fortschreitenden Wandel in der Wirtschafts- und Sozialstruktur des Landes anpassen. Kurz, viele wirtschaftliche, soziale, gesellschaftliche, institutionelle und politische Bedingungen müssen erfüllt sein, damit die technischen Möglichkeiten erfolgreich eingesetzt werden können. Dafür sind Anstrengungen nötig, die weit über den Agrar- und Ernährungssektor hinausgehen. Heute hängen Steigerung der Nahrungsmittelproduktion und Verbesserung der Ernährungslage vom Fortschritt der Gesamtwirtschaft und -gesellschaft ab. Nahrungsproduktion und -versorgung sowie wirtschaftliche Tätigkeit in den übrigen Bereichen müssen sich immer enger miteinander verflechten. Die Entwicklungspolitik muß so gestaltet werden, daß sie diesen Prozeß der Integration unterstützt.

13. Die Ernährungslage der Entwicklungsländer hängt auch eng mit der ungünstigen Bevölkerungsstruktur und der sie bedingenden hohen Bevölkerungsfruchtbarkeit zusammen. Hohe Fruchtbarkeit hat nicht nur zur Folge, daß die Bevölkerung bei sinkender Sterblichkeit beschleunigt wächst. Sie führt auch zu einer Altersgliederung mit relativ vielen Kindern und entsprechend wenigen Erwachsenen im erwerbsfähigen Alter. Da Ausbildungsstand und Kapitalausstattung der Erwerbspersonen in den Entwicklungsländern noch sehr gering sind, ist das relative Defizit an aktiven Kräften hier besonders nachteilig. Das macht es so schwer, den mit der Bevölkerung steigenden Konsumbedarf zu decken und zugleich genügend zu sparen, um den überproportional wachsenden Bildungs- und Kapitalbedarf einer fortschreitenden Wirtschaft zu befriedigen. Wünsche, die Nahrung pro Kopf zu verbessern, müssen deshalb weitgehend hinter anderen dringenden Konsumansprüchen, vor allem aber hinter der unerläßlichen Steigerung der Nettoinvestitionen für den Wirtschaftsaufbau zurücktreten. Aus dem hier entstehenden „circulus vitiosus“ gibt es kaum einen Ausweg, solange Fruchtbarkeit und Wachstumsintensität der Bevölkerung nicht wirksam sinken. Hohe natürliche Bevölkerungszunahme und nachhaltige Verbesserung der Ernährung schließen sich also weitgehend aus.

14. Solange die Geburtenraten extrem hoch bleiben, dürften selbst die größten Anstrengungen zur Steigerung der Nahrungsmittelerzeugung nicht genügen, um das Ernährungsproblem in den Entwicklungsländern grundlegend zu lösen. Wegen der Schwierigkeit, bei rascher natürlicher Bevölkerungszunahme die Kaufkraft der breiten Massen wirksam zu erhöhen, wird auch deren Ernährung entsprechend arm bleiben. Insbesondere sind dem Verzehr von tierischen Produkten enge Grenzen gesetzt. Aus allem folgt: Je niedriger das Sozialprodukt eines Landes pro Kopf, je höher die Bevölkerungsfruchtbarkeit, je größer die angestrebte Steigerung des Sozialproduktes und je stärker der Wunsch nach besserer Ernährung sind, desto wichtiger wird die Bevölkerungsplanung. Sie muß sorgfältig vorbereitet sein und die Interessen des einzelnen wie der Gesamtheit berücksichtigen. Voreilige Schritte sind ebenso gefährlich wie das Vertrauen auf eine schnelle, spontane Lösung des Bevölkerungsproblems.

15. Auch durch noch so umfangreiche Entwicklungshilfe wird es nicht möglich sein, den Nahrungsstandard der Entwicklungsländer dem der Industrieländer anzugleichen. Eine solche Zielsetzung wäre unrealistisch; jede derartige Bemühung muß scheitern. Es kommt in erster Linie darauf an, eine Ernährungsbasis zu schaffen, die der Bevölkerung Gesundheit und Leistungsfähigkeit sichert. Die Ernährung darüber hinaus zu verbessern, wird erst mit fortschreitendem Wirtschaftswachstum möglich und muß dann aus den eigenen Kräften dieser Länder erreicht werden.

16. Wo sich der Nahrungsstandard eines Landes nicht überall gleichzeitig erhöhen läßt, sind nach den entwicklungstrategischen Erfordernissen zunächst solche Gebiete oder Bevölkerungsgruppen zu bevorzugen, in denen es möglich und vordringlich ist, die Gesundheit und Leistungsfähigkeit rasch zu heben. Sie können dann später Ansporn für die übrige Bevölkerung werden, gleiche Verbesserungen anzustreben.

17. Es ist die Aufgabe der Wissenschaft, für die kaufkraftschwache Bevölkerung der Entwicklungsländer Formen einer vorwiegend

pflanzlichen, aber dennoch an Kalorien ausreichenden sowie qualitativ und besonders im Proteingehalt balancierten Ernährung zu entwickeln. Daran müssen sich alle Disziplinen der Agrarwissenschaft beteiligen, vor allem jedoch die Genetik- und Pflanzenbauwissenschaft, die mit der Züchtung hochergiebiger, an essentiellen Aminosäuren reichen Nahrungspflanzen in jüngster Zeit große Erfolge erzielte. Die Ernährungswissenschaft sowie verschiedene andere Disziplinen sind ebenfalls aufgerufen, an der Verbesserung der Ernährung in den Entwicklungsländern mitzuarbeiten. Von der Ernährungsphysiologie wird die unter diesen Umständen wichtige Frage der Wertigkeit der damit überwiegend pflanzlichen Proteinernährung positiv beurteilt, wenn hierbei den von der Wissenschaft erarbeiteten Erfordernissen Rechnung getragen wird. Es wird empfohlen, der deutschen Wissenschaft mehr Mittel zu geben, damit sie die interdisziplinäre Forschung auf diesem Gebiet erweitern und sich zugleich stärker an internationalen Forschungsvorhaben dieser Art beteiligen kann.

18. Nicht jedes Projekt zur Steigerung der Erzeugung animalischer Nahrungsgüter ist geeignet, die Ernährung der unteren Einkommensschichten in den Entwicklungsländern zu verbessern. Wenn solche Projekte den wirtschaftlichen und sozialen Erfordernissen dieser Länder nicht voll Rechnung tragen, mögen sie allenfalls die Nahrung der einkommensstärkeren Bevölkerungsschichten bereichern. Die Aufgabe, der armen Bevölkerung eine vollwertige Ernährung zu sichern, machen sie eher schwerer als leichter.

19. Nahrungsmittelhilfe, die isoliert betrieben wird oder die sich hauptsächlich auf die politischen oder wirtschaftlichen Interessen der Geberländer stützt, ist für die Entwicklungsländer wenig nützlich. Sie kann den Erfolg selbst der besten Hilfsmaßnahmen anderer Länder und internationaler Organisationen beeinträchtigen. Kooperation in der Planung und Durchführung aller Projekte auf nationaler wie auf internationaler Ebene ist wichtig.

Maßnahmen zur Verbesserung der Ernährungslage

20. Bei der Vorbereitung von Maßnahmen zur Verbesserung der Ernährungslage sind vier Grunddimensionen in Betracht zu ziehen, die wechselseitig miteinander in Beziehung stehen: Ressourcen, Wirtschaft, Technik und Gesellschaft. Aus ihren jeweiligen Verhältnissen ergibt sich im konkreten Fall, welche Maßnahmen anzuwenden sind, welche Nebenwirkungen sie haben werden und mit welchem Erfolg man rechnen kann.

21. Die Maßnahmen zur Verbesserung dei Ernährungslage in den Entwicklungsländern lassen sich in drei Gruppen zusammenfassen:

Produktions-, Verarbeitungs- und Vermarktungshilfe,
Konsumhilfe,
Nahrungsmittelhilfe.

22. Zur ersten Gruppe gehören alle Hilfsformen, die die Verbesserung der Erzeugung, die Weiterverarbeitung und die Verteilung von Nahrungsgütern bezwecken. Dabei handelt es sich großenteils um Maßnahmen, die zwar in der Landwirtschaft zum Einsatz kommen, aber integrierender Teil des gesamtwirtschaftlichen Wachstums sind. Für weitere Einzelheiten wird auf die Ausführungen im Agrarhilfegutachten verwiesen.

23. Als Konsumhilfe gelten sowohl Maßnahmen zur Hebung der Kaufkraft als auch solche, die die Ernährungsgewohnheiten der Bevölkerung verändern wollen. Im ersten Fall geht es darum, durch Förderung des allgemeinen Wirtschaftswachstums und durch die Vermehrung der Einkommensquellen vor allem der nichtlandwirtschaftlichen Bevölkerung die wirtschaftlichen Grundlagen für eine angemessene Ernährung zu schaffen. Im zweiten Fall handelt es sich um die Einführung geeigneter Ernährungsformen sowie geeigneter Methoden der Zubereitung der Speisen und der häuslichen Vorratswirtschaft, die die Einkommenslage der Bevölkerung, die Struktur der heimischen Nahrungsproduktion und die wissenschaftlichen Erfordernisse für eine vollwertige Ernährung berücksichtigen. Das setzt die Erforschung der Ernährungsweisen und Ernährungsmöglichkeiten sowie ihrer vielfachen Grundlagen voraus. Ernährungswissenschaftler und Ernährungsberater müssen hierbei eng mit Soziologen, Sozialpsychologen, Medizinern, Agrarökonomen und Wirtschaftswissenschaftlern zusammenarbeiten.

24. Nahrungsmittelhilfe wird in Form direkter Nahrungsmittellieferungen oder als Devisenhilfe zum Ankauf von Nahrungsmitteln geleistet. Wegen ihrer besonderen Problematik ist ihr ein eigenes Kapitel in diesem Gutachten gewidmet.

25. Maßnahmen zur Verbesserung der Ernährung können Haupt- oder Nebenfunktion einer Entwicklungsförderung sein. Als Hauptfunktion werden sie unmittelbar zur Verbesserung der Versorgung der Bevölkerung mit Nahrungsmitteln eingesetzt; als Nebenfunktion ist ihr Einsatz Voraussetzung dafür, daß ein schlechter Ernährungszustand der an Entwicklungsprojekten unmittelbar beteiligten Bevölkerungsgruppen den Erfolg des Projektes nicht gefährdet.

26. Alle Maßnahmen zur Verbesserung der Ernährung in den Entwicklungsländern müssen so gestaltet sein, daß sie die Eigeninitiative der Produzenten fördern. Diese Aufgabe sollte durch die allgemeine Wirtschafts- und Sozialpolitik der Länder unterstützt werden. Dazu ist die Koordinierung aller Hilfsformen und Entwicklungsprojekte nötig. Den Geberländern und den internationalen Organisationen obliegt es, ihre Tätigkeit in den Entwicklungsländern eng aufeinander abzustimmen und die Ausarbeitung und Durchführung gut ausgewogener Entwicklungsprogramme in den Empfängerländern durch Beispiel, Rat und finanzielle Hilfe zu erleichtern.

27. Die hier nur kurz skizzierten Förderungsmaßnahmen stützen sich sachlich auf die Leitsätze des ersten Teils. Die ihnen zugrunde liegenden Überlegungen, die im Hauptgutachten näher ausgeführt sind, deuten an, nach welchen Gesichtspunkten die erforderlichen Maßnahmen unter den jeweiligen Gegebenheiten der Entwicklungsländer zu wählen und zu kombinieren sind.

28. Die meisten Maßnahmen sind schon bekannt und erprobt. Teils muß aber noch nach neuen Lösungen gesucht werden. In allen Fällen kommt es darauf an, mehr Erfahrung zu sammeln und diese systematisch auszuwerten. Durch die unterschiedlichen Verhältnisse in den einzelnen Entwicklungsländern sind die Wirkungen der Maßnahmen nicht überall gleich. Nur durch die ständige Beobachtung und Prüfung laufender Projekte kann eine Grundlage für die Planung neuer Vorhaben unter wechselnden Bedingungen geschaffen werden. Die Gutachter empfehlen, daß bei der Planung, der projektbegleitenden Evaluierung und der nachträglichen Kontrolle der Projekte Experten verschiedener Disziplinen zu Rate gezogen werden.

Zur Problematik der Nahrungsmittelhilfe

29. Der Nahrungsmangel in den Entwicklungsländern kann aus Agrarüberschüssen der Industrieländer nicht nachhaltig bekämpft werden. Beide Tatbestände — Mangel dort und Überfluß hier — sind auf ihre Art Auswirkungen des Fortschritts: Die reiche Ernährung in den Industrieländern ist das Ergebnis eines langen wirtschaftlichen Wachstumsprozesses, durch den sich die Kaufkraft und die Lebenshaltung ihrer vergleichsweise mäßig wachsenden Bevölkerung kontinuierlich hob. Die Nahrungsnöte in den Entwicklungsländern dagegen resultieren weitgehend aus zeitlichen Ungleichgewichten beim „Import von Innovationen“ aus den fortgeschrittenen Ländern. Solche Ungleichgewichte wurden durch die rasche Bevölkerungszunahme gefördert, denn es wurden in erster Linie die modernen Mittel der Sterblichkeitsbekämpfung übernommen, nicht aber schon die neuen Methoden der Geburtenkontrolle genügend genutzt.

30. Große Produktionsüberschüsse an Nahrungsmitteln bildeten sich in den Industrieländern erst, seit die Selbstregulierung der Agrarmärkte über den Preis durch staatliche Abnahmegarantien, Festpreise und Subventionen zur Förderung der Landwirtschaft außer Kraft gesetzt wurde. Marktordnungen einigermaßen marktgerecht zu steuern, erweist sich als schwierig.

31. Der erst in der Nachkriegszeit entstandene Gedanke der Nahrungsmittelhilfe hat neben humanitären und außenpolitischen Motiven hauptsächlich kommerzielle und agrarpolitische Wurzeln. Er versucht, die Beseitigung von Agrarüberschüssen in den Industrieländern (daher „Surplus Disposal“) mit der Linderung der Nahrungsnot in den Entwicklungsländern („Food Aid“) zu verbinden. Diese beiden Ziele, von denen sich das eine auf die „nationale Agrarpolitik“ und das andere auf die „internationale Entwicklungshilfe“ richtet, lassen sich aber nicht nutzbringend miteinander verknüpfen. Die Agrarpolitik der Industrieländer bedarf einer in sich geschlossenen Konzeption, die sich an den besonderen Erfordernissen ihrer eigenen Wirtschaft orientiert. Die Entwicklungspolitik dagegen muß so gestaltet werden, daß sie den Fortschritt in den Empfängerländern optimal fördert.

32. Der Beirat sieht es nicht als seine Aufgabe an, auf die wirtschaftlichen Konsequenzen für die Geberländer näher einzugehen, die aus dem Einsatz von Nahrungsmittelhilfe für Zwecke ihrer nationalen Agrarpolitik resultieren. Er beschäftigt sich nur mit der Bedeutung der Nahrungsmittelhilfe für die wirtschaftliche Entwicklung der Empfängerländer. Unter diesem Gesichtspunkt ist zu unterscheiden zwischen: Nahrungsmittelhilfe als Instrument der Entwicklungsförderung (Nahrungsmittelhilfe als *Problem*) und der bestmöglichen Verwendung vorhandener Agrarüberschüsse für die Entwicklungsländer (Nahrungsmittelhilfe als *Datum*).

33. Die Geberländer sollten bei der Wahl ihrer Hilfsmaßnahmen den künftigen Bedarf an Nahrungsmitteln in den Entwicklungsländern mit berücksichtigen. Eine Vorstellung von seinem Volumen nach Menge und Kosten gibt der Punkt 7 dieser Leitsätze. Diesen Bedarf können die Industrieländer allein nicht befriedigen, denn so weit läßt sich weder ihre Produktion noch ihre Finanzkraft steigern. Wollten sie den Hauptteil des zusätzlichen Bedarfs aus ihrer Erzeugung dekken, so würden die Ausgaben für die Entwicklungshilfe gegenüber heute beträchtlich zunehmen, und zwar selbst dann, wenn außer der Nahrungsmittelhilfe keine weiteren Maßnahmen zum Ausbau von Gewerbe, Industrie, Transportwesen und Infrastruktur sowie zur Verbesserung der Bildung und Gesundheit durchgeführt würden. Sollten dagegen alle wirtschaftlichen und sozialen Bereiche im gleichen Verhältnis zur Nahrungsmittelhilfe wie bisher gefördert werden, so müßte noch ein Vielfaches mehr an finanziellen Mitteln bereitgestellt werden.

34. Die Ernährungsfrage der Entwicklungsländer muß also auch aus diesem Grund durch höhere Leistung ihrer eigenen Landwirtschaft gelöst werden. Wie schon in Punkt 12. ausgeführt, hängt eine solche Entwicklung vom Tempo des gesamtwirtschaftlichen und -gesellschaftlichen Fortschritts ab. Zu den notwendigen Voraussetzungen ertragreicher Bodennutzung gehören neben Maßnahmen der Bodenverbesserung und der Verbreitung rationeller Anbaumethoden oft auch eine sorgfältig geplante Argarreform. Hierbei kann es sich u. a. um die Aufteilung großer Besitztümer, die Zusammenlegung kleiner Stellen sowie um die Neuregelung des Pacht- und Teilbauwesens handeln, um Aufgaben also, an denen die Geberländer nicht unmittelbar mitwirken können, die aber dennoch für den Erfolg ihrer technischen und finanziellen Hilfe wichtig sind.

35. Je mehr ausländische Hilfe für Nahrungsmittellieferungen aufgewendet wird, desto weniger bleibt für den Ausbau der Landwirtschaft und der anderen Wirtschaftsbereiche. Gesamtwirtschaftliches Wachstum ist aber Hauptziel der Entwicklungsbestrebungen schlechthin. Im Interesse effizienter Entwicklungsförderung muß daher alles getan werden, um Nahrungsmittellieferungen auf dringende Notfälle zu beschränken.

36. Nahrungsmittellieferungen aus Agrarüberschüssen der Industrieländer entsprechen einer künstlich erzeugten Nachfrage nach deren Agrarprodukten. Sie verzögern notwendige Veränderungen in der Agrarstruktur der Geberländer, beeinträchtigen deren wirtschaftliches Wachstum und damit ihre Hilfsfähigkeit. Auch für die Entwicklungsländer ist solche Hilfe oft unproduktiv und fortschrittshemmend.

37. Letzteres gilt besonders für die Verwendung hochwertiger animalischer Nahrungsgüter als Nahrungsmittelhilfe. Sie verursacht erhebliche Kosten ohne entsprechende Steigerung des Nahrungseffektes. Werden diese Kosten aus dem laufenden Entwicklungshilfeetat gedeckt, so müssen andere Nahrungsmittellieferungen, vor allem aber die weit produktiveren Maßnahmen zur Förderung der Landwirtschaft, der übrigen Wirtschaft und der Bildung eingeschränkt werden.

38. Werden Nahrungsmittel von den Industrieländern über eine lange Zeit bereitgestellt, so kann das die politisch Verantwortlichen in den Entwicklungsländern veranlassen, die Förderung der heimischen Landwirtschaft zu vernachlässigen. Aus wachstumsstrategischen Erwägungen sollten die Geberländer aber bestrebt sein, die Regierungen der Entwicklungsländer zu größerer Aktivität auf diesem Gebiet anzuregen.

39. Die Nehmerländer sollten die Nahrungsmittellieferungen nach deren Beitrag zum wirtschaftlichen Wachstum bewerten. Sie sollten mehr Hilfe in Form von Produktionsmitteln und Investitionsgütern zur Förderung der inländischen Erzeugung bevorzugen, da diese nur einen Bruchteil der Devisen kostet, die für direkte Nahrungsmittellieferungen aufgewendet werden müssen. Für die Geberländer sollte gleichfalls das Prinzip des optimalen Einsatzes aller Mittel gelten, nach dem jede Ausgabe im Interesse des Steuerzahlers dort getätigt

wird, wo sie den höchsten Wachstumseffekt verspricht.

40. Um den Dringlichkeitsgrad der Nahrungsmittelhilfe gegenüber anderen Förderungsmaßnahmen zu ermitteln, muß man ihren Stellenwert in der Entwicklungspolitik kennen. Nahrungsmittelhilfe ist von der Geberseite aus gesehen ein Teil der Kapitalhilfe. Der Stellenwert der Nahrungsmittelhilfe ist um so höher, je näher ihr Nutzen an den optimalen Nutzen anderer vergleichbarer Kapitalhilfeleistungen heranreicht. Nach diesem Kriterium muß sich der Einsatz der Nahrungsmittelhilfe richten. Wo sie dagegen der Verwertung von Überschüssen in den Geberländern mehr dient als der wirtschaftlichen Entwicklung des Nehmerlandes, sollte sie unterbleiben.

41. Dieser Forderung wird am ehesten Rechnung getragen, wenn die Entwicklungsländer nicht vor die Wahl „entweder Nahrungsmittelhilfe oder gar nichts" gestellt werden, sondern wenn sie sich frei entscheiden können zwischen Nahrungsmittelhilfe oder gleichwertiger Kapitalhilfe mit höherem Nutzeffekt.

42. Es wäre wünschenswert, die Nahrungsmittelhilfe im internationalen Vergleich der Entwicklungshilfeleistungen nur nach ihrem jeweiligen Stellenwert (also bei hoher Priorität nach ihrem vollen Nominalwert und bei geringerer Priorität nach entsprechend niedrigeren Sätzen) zu bemessen. Dabei sollten die Leistungen der Nahrungsmittelhilfe für alle Geberländer einheitlich nach Weltmarktpreisen eingestuft werden.

43. Im Sinne früherer Bemerkungen wird empfohlen, die gesamte Nahrungsmittelhilfe — auch die bilaterale — international zu planen und zu koordinieren. Die zuständigen Stellen sollten die notwendigen Schritte tun, damit seitens der Vereinten Nationen eine Organisation dafür geschaffen wird.

44. Ungeachtet, ob und wann es zu solchen internationalen Vereinbarungen kommt: Die ausschließliche Orientierung der Nahrungsmittelhilfe an ihrem Stellenwert ist angesichts der bestehenden Überschußprobleme in den westlichen Industrieländern kurzfristig nicht zu erwarten. Die damit verbundenen Schwierigkeiten bei der Lösung der Ernährungsprobleme in den Entwicklungsländern müssen in der Hilfepolitik der Geberländer berücksichtigt werden.

45. Unter diesen besonderen Umständen sollten zwei Formen der Nahrungsmittelhilfe bevorzugt werden, die sich noch am ehesten für andere entwicklungspolitische Aufgaben nutzen lassen, und zwar:

— die *Programmhilfe*, bei der die empfangenen Nahrungsmittel in Landeswährung verrechnet werden und deren Gegenwertmittel der Finanzierung wirtschaftsfördernder Projekte dienen, und
— die *projektbegleitende Nahrungsmittelhilfe* zur Förderung arbeitsintensiver Einzelvorhaben in Ländern mit Nahrungsnot, bei der die Nahrungsmittellieferungen einen Teil der Lohnkosten decken.

46. Solange jedoch durch Nahrungsmittellieferungen Kapitalhilfe in großem Ausmaß fehlgeleitet wird, darf sich niemand über zu hohe Aufwendungen für die Entwicklungshilfe, über deren zu niedrige Effizienz und über die ungünstigen Rückwirkungen verzögerten Fortschritts in den Entwicklungsländern auf das Zusammenleben der Völker und den Weltfrieden beklagen.

47. Die verantwortlichen Politiker sollten sich nicht scheuen, die GATT-FOOD-AID-Convention in Frage zu stellen. Auch wenn die Prinzipien der Vergabe von Nahrungsmittelhilfe noch nicht international vereinbart sind, liegt es doch im Interesse der Sache, daß bei den Verhandlungen über die Weiterführung der GATT-FOOD-AID-Convention und bei ähnlichen Anlässen entwicklungskonforme Grundsätze zum Tragen kommen.

Tabelle 1: Durchschnittliche tägliche Pro-Kopf-Versorgung mit Kalorien, Protein insgesamt und animalischem Protein auf Kleinhandelsebene

	I Durchschnitt der Länder mit niedrigem Kalorienverbrauch			II Durchschnitt der Länder mit hohem Kalorienverbrauch			III Weltdurchschnitt		
	Vor-krg.-zeit	Nach-krg.-zeit	In neue-ster Zeit	Vor-krg.-zeit	Nach-krg.-zeit	In neue-ster Zeit	Vor-krg.-zeit	Nach-krg.-zeit	In neue-ster Zeit
Kalorien insgesamt	2110	1960	2150	2950	2860	3050	2380	2240	2420
Davon aus Getreide, Knollen-früchten und Zucker in v.H.	77	78	78	62	62	57	71	71	70
Protein insge-samt in Gramm	62	56	58	85	85	90	69	64	68
davon animalisches Protein in Gramm	10	8	9	34	37	44	18	18	20

Quelle: Third world food survey (FFHC Basic Study No. 11). Rom 1963, S. 34.

Entwurf: H. Wilbrandt, Institut für Ausländische Landwirtschaft, Göttingen, August 1969.

Tabelle 2: *Indizes der Welt-Nahrungsmittelerzeugung*
Durchschnitt 1952/56 bzw. 52/53—56/57 = 100

	Hochentwickelte Länder (Westeuropa, Osteuropa und UdSSR, Nordamerika, Ozeanien)		*Entwicklungsländer* (Latein-Amerika, Ferner Osten, Naher Osten, Afrika)	
	Produktion insgesamt	Produktion pro Kopf	Produktion insgesamt	Produktion pro Kopf
Vorkriegszeit (im allgemeinen Durchschnitt 1934/35—38/39)	76	85	76	102
1948/52	87	92	87	94
1960	120	110	121	105
Durchschnitt 1967 und 1968 (für 1968 vorläufige Zahlen)	149	127	145	104

Quellen: Für die Vorkriegszeit: The State of Food and Agriculture (FAO) 1965, S. 14 und S. 209ff.

Für die Nachkriegszeit: The State of Food and Agriculture (FAO) 1969, S. 2/3. Vorläufige Zahlen für 1968 und revidierte Zahlen für 1960—1967.

(Vorkriegszahlen auf Basis von Erntejahren, Nachkriegszahlen auf Basis von Kalenderjahren; hierdurch Vergleichbarkeit etwas beeinträchtigt; alle Zahlen ohne die V.R. China).

Die Frage, ob die Gegenüberstellung nicht etwa durch besonders gute Ernten in einer und besonders schlechte Ernten in einer anderen Vergleichsperiode verzerrt ist, wurde eingehend geprüft. Die Zunahme der Erzeugung zeigt im Durchschnitt der hochentwickelten wie auch der Entwicklungsländer keine vom Trend wesentlich abweichenden „Hochs" und „Tiefs". Die Gegenüberstellung kann daher (im Rahmen der allen Weltstatistiken anhaftenden Schwächen) als realitätsnah angesehen werden.

Entwurf: H. Wilbrandt, Institut für Ausländische Landwirtschaft, Göttingen, August 1969.

Tabelle 3: *Bevölkerung, Erwerbspersonen, Bruttosozialprodukt und Verbrauch an Nahrungsmitteln in den Ländern der Erde 1965.*

	Einheit	Länder mit einem Bruttosozialprodukt je Kopf von US-$ 1000 u. mehr	500 bis 999	200 bis 499	unter 200	Alle Länder
Zahl der Länder	—	23	21	44	57	145 a)
Bevölkerung	Mill.	533,0	510,0	405,5	1831,5	3278,9 b)
Erwerbspersonen c)	Mill.	223,4	244,3	139,7	785,7	1393,2
Erwerbspersonen in der Land- u. Forstwirtschaft d)	Mill.	26,3	82,1	76,5	552,4	737,4
Bruttosozialprodukt	Mrd.US-$	1281,9	426,1	121,1	206,7	2035,8
Bevölkerung	v. H.	16,3	15,6	12,3	55,8	100,0
Erwerbspersonen c)	v. H.	16,0	17,5	10,0	56,4	100,0
Erwerbspersonen in der Land- u. Forstwirtschaft d)	v. H.	3,6	11,1	10,4	74,9	100,0
Bruttosozialprodukt	v. H.	63,0	20,9	6,0	10,1	100,0
Erwerbspersonen c) in v. H. der Bevölkerung	v. H.	42	48	35	43	42
Erwerbspersonen in der Land- u. Forstwirtschaft d) in v. H. aller Erwerbspersonen	v. H.	12	34	55	70	53
Bruttosozialprodukt je Kopf	US-$	2405	836	299	113	621
Verfügbare Nahrungsmittel je Kopf und Tag	Kalorien	3080	2770 e)	2500	2000 f)	—
darunter tierischer Herkunft	v. H.	37	19 e)	13	6 f)	—
Eiweiß je Kopf und Tag	g	90	83 e)	66	50 f)	—

a) 129 selbständige und 16 politisch abhängige Länder. Ozeanien (ohne Australien und Neuseeland) ist als eine Gebietseinheit gezählt. — b) Das sind mehr als 99 v. H. der Weltbevölkerung. — c) Nach den neuesten verfügbaren Erwerbsquoten geschätzt. — d) Einschließlich Fischerei; nach den neuesten verfügbaren Anteilsätzen geschätzt. — e) Ohne UdSSR. — f) Ohne V.R. China.

Quelle: UN, Population and Vital Statistics Report. New York, Vol. 19 (1967), No. 2, passim. — International Labour Office, Year Book of Labour Statistics. Geneva, Iss. 27 (1967), passim. — UN, Statistical Yearbook. New York, Iss. 19 (1967), S. 498ff., 582ff.; Iss. 20 (1968), S. 500ff. — World Bank Atlas of Per Capita Product and Population. Publ. by the International Bank for Reconstruction and Development. Washington, D. C., 1966, passim.

Entwurf: H. Wander, Institut für Weltwirtschaft. Kiel, September 1969.

Tabelle 4: *Die Entwicklung der Weltbevölkerung* [a]) 1920—1980 [b]) *gegliedert nach der Höhe des durchschnittlichen Bruttosozialprodukts pro Kopf im Jahre 1965* (durchschnittliche jährliche Zunahme v. H.)

Einkommensgruppe	Zahl der Länder	1920/1950	1950/1980	1950/1960	1960/1970	1970/1980
Bruttosozialprodukt pro Kopf in 1965:						
1000 US-$ und mehr	23	0,84	1,05	1,16	0,99	1,00
500 bis 999 US-$	21	0,83	1,38	1,53	1,35	1,26
200 bis 499 US-$	44	1,83	2,76	2,62	2,77	2,88
unter 200 US-$	57	0,99	1,98	1,85	2,01	2,09
Insgesamt	145	1,01	1,84	1,76	1,83	1,91

a) Vgl. die Anmerkungen a) und b) in Tabelle 3.

b) 1920, 1950 und 1960: amtliche Schätzungen bzw. Inter- oder Extrapolationen dieser Schätzungen.
1970 und 1980: von den Vereinten Nationen aufgrund amtlicher und anderer Quellen durchgeführte Projektionen.

Quelle: World Population Prospects as Assessed in 1963. (UN Population Studies, No. 41) New York 1966, S. 140ff in Verbindung mit UN, Demographic Yearbooks, New York, Iss. 12 (1960), S. 126ff.; Iss. 17 (1965), S. 128ff.; Iss. 19 (1967), S. 124ff.

Entwurf: H. Wander — Institut für Weltwirtschaft, Kiel 1969.

Tabelle 5: Vorausschätzung der Weltbevölkerung bis zum Jahre 2000 (in Mill.)
nach Ländergruppen und verschiedenen Annahmen möglicher Zunahme

Gebiet	Bevölkerungs-stand 1960	Voraus-schätzung	1970	1980	1990	2000	1960 = 100
Entwickelte Länder							
insgesamt	976	niedrige	1070	1153	1234	1293	132
insgesamt	976	hohe	1102	1245	1402	1574	161
insgesamt	976	mittlere	1082	1194	1318	1441	148
davon: Europa und UdSSR	639	mittlere	699	757	820	880	138
Nordamerika	199	mittlere	227	262	306	354	178
sonstige entwickelte Länder a)	138	mittlere	156	175	192	207	149
Entwicklungsländer							
insgesamt	2022	niedrige	2475	2994	3549	4155	205
insgesamt	2022	hohe	2557	3306	4288	5420	268
insgesamt	2022	mittlere	2510	3136	3869	4688	232
davon: Asien und Ozeanien b)	1569	mittlere	1920	2355	2838	3343	213
Afrika	273	mittlere	346	449	587	768	281
Lateinamerika b)	180	mittlere	244	332	444	577	321
Alle Länder							
insgesamt	2998	niedrige	3545	4147	4783	5448	182
insgesamt	2998	hohe	3659	4551	5690	6994	233
insgesamt	2998	mittlere	3592	4330	5188	6130	204

a) Japan, Australien, Neuseeland, Argentinien, Chile, Uruguay, Paraguay, Falklandinseln.

b) Ohne die zur Gruppe der entwickelten Länder zählenden Staaten.

Quelle: World Population Prospects as Assessed in 1963. (UN Population Studies, No. 41) New York 1966, S. 134ff.
Entwurf: H. Wander — Institut für Weltwirtschaft, Kiel 1969.

Tabelle 6: Zahlenmodell zur Schätzung der Abhängigkeit der wachsenden Nachfrage nach teuren, vor allem animalischen Nahrungsgütern von dem Wachstum des Bruttoinlandsprodukts, der Bevölkerungszunahme, der Steigerung des konsumverfügbaren Einkommens und der Nachfrageelastizität in Entwicklungsländern innerhalb von 30 Jahren

Jahr	angenommene Bevölkerungszunahme		Wachstum des Bruttoinlandsprodukts			Für Investitionen und Verwaltungsausgaben als erforderlich angenommener Anteil der Zunahme des Bruttoinlandsprodukts	Steigerung des konsumverfügbaren Einkommens				Erwartete zusätzliche Nachfrage für teuere, vor allem animalische Nahrungsgüter pro Kopf					
				Index kumulativ			insgesamt	pro Kopf			Alternative I			Alternative II		
											Einkommenselastizität der Nachfrage	Zusätzliche Nachfrage		Einkommenselastizität der Nachfrage	Zusätzliche Nachfrage	
	%	Index-kumulativ	angenommene jährliche Zunahme %	insgesamt	pro Kopf	%	angenommene jährliche Zunahme %	Index-kumulativ	angenommene jährliche Zunahme %	Index-kumulativ		jährliche Zunahme %	Index-kumulativ		jährliche Zunahme %	Index-kumulativ
1	2	3	4	5	6	7	8	9	10	11	12	13	14	15	16	17
0 (z.B. 1970)		100		100	100			100		100			100			100
	2,5		6			2	4		1,5		0,8	1,2		0,6	0,9	
10 (z.B. 1980)		128		179	141			148		116			113			109
	2,5		6			2	4		1,5		0,7	1,05		0,5	0,75	
20 (z.B. 1990)		164		321	199			219		135			125			118
	2		6			2	4		2		0,6	1,2		0,4	0,8	
30 (z.B. 2000)		200		574	295			324		165			141			128

Also innerhalb von 30 Jahren:

1	Zuwachs der Bevölkerung	100%
2	Zuwachs des BIP insgesamt	474%
3	Zuwachs des BIP pro Kopf	195%
4	Steigerung des konsumverfügbaren Einkommens insgesamt	224%
5	Steigerung des konsumverfügbaren Einkommens pro Kopf	65%
6	Erwartete zusätzliche Gesamtnachfrage nach Nahrung (nach Formel p + n.g. = Bevölkerungszuwachs + Elastizität × Steigerung des konsumverfügbaren Einkommens pro Kopf)	132%
7	Wie 6, nur bei Durchschnittselastizität von 0,3	119%
8	Erwartete zusätzliche Pro-Kopf-Nachfrage nach teurer, vor allem animalischer Nahrung bei Alternative I	41%
9	Wie 8, nur Alternative II	28%

Anmerkung: Die Annahme eines sechsprozentigen Wachstums ist unrealistisch, solange nicht ein adäquater Anteil des Sozialprodukts wachstumswirksam investiert wird. Bei durchschnittlicher Effizienz der Investition ist die Höhe der Investitionsquote von besonderer Wichtigkeit für das Ausmaß des Wachstums.

In vielen Entwicklungsländern werden vor Beginn des dynamischen Wachstums nur fünf bis zehn v. H. des Sozialproduktes investiert. Auch wenn in einem solchen Lande — wie in der Tabelle unterstellt — ein Drittel der Wachstumsquote investiert wird, erreicht diese dann zunächst nur einen Bruchteil von sechs Prozent. Erst nach vielen Jahren wird eine Investitionsquote von fünfzehn bis zwanzig v. H. erreicht. Im allgemeinen ist diese Größenordnung der Investition Voraussetzung für ein jährlich sechsprozentiges Wachstum. Bis zur Erreichung dieser Wachstumsrate muß ein noch langsameres Ansteigen des konsumverfügbaren Einkommens pro Kopf und der Aufwendungen für teuerere Nahrung in Kauf genommen werden als in obiger Tabelle unterstellt.

Entwurf: H. Wilbrandt — Institut für Ausländische Landwirtschaft, Göttingen 1969.

Hartmut v. Lehn

Indien und China – zwei Entwicklungswege*

Einführende Bemerkungen (von Friedrich Schade)

Nixons spektakulärer Besuch in Peking hat schlagartig das Licht der Öffentlichkeit auf jenes volkreichste Land der Erde, auf China, gelenkt, das bisher als kommunistisches Land pauschal abgewertet wurde. Längst zuvor haben aber einzelne Wissenschaftler und nüchterne Politiker wenigstens ansatzweise allem Trend entgegen objektive Daten über dieses Land zu ermitteln und vorzulegen versucht. Daß gerade Indien hier pionierhaft Einsicht in uns unbekannte Strukturen eines nach dem Muster Maos kommunistischen Landes gewähren half, verwundert auf zweierlei Weise: hat sich doch Indien zum einen ebenso eifrig durch eigene Wahl und durch die Einstellung der Weltöffentlichkeit in die Position der konkurrierenden Alternative zum chinesischen Modell begeben wie es zum anderen mit Ernüchterung zur Kenntnis nehmen mußte, daß China vor allem durch die Lösung seiner Agrarfrage das Rennen machte. Indiens Wissenschaftler haben dies in Zahlen belegt, die zu interpretieren ein deutscher Diplomat wagte. Die an dem folgenden Beitrag deutlich werdende unvoreingenommene Stellung des Autors sowie der relativ frühe Zeitpunkt des inzwischen durch weitere Analysen bestätigten Textes – also vor Beginn der jüngsten, häufig modischen, Chinaeuphorie – haben uns zu seiner Dokumentation veranlaßt.
Wie aber konnte China, das „Reich der Mitte", wie es sich selbst bezeichnet, aber uns das fernste aller Reiche, jahrhundertelang verborgen bleiben? Einem „Hysterischen Antikommunismus" (M. Y. Cho) gelang es, diesen für die Entwicklung der westlichen Kultur so desolaten Zustand der Verschleierung durch eine massive, nichts als vorurteilsgeladene Propaganda gegen China bis in unsere Tage hinein zu verhärten. Werden doch nun lang tradierte falsche Vorstellungen von einer fast maßlos fremden Kultur Asien, dessen Mächtigkeit – schließlich als gelbe Gefahr rassistisch verbrämt – nie recht überschaubar wurde, mittels einer blinden antisozialistischen Diffamierungskampagne, die selbst vor der Mobilisierung aggressiver Erdzeitängste nicht zurückschreckt, in ein schiefes Feld politischer Tabus gezerrt.
Während das nach europäischen Mustern bis heute weitgehend erfolglos sich vollziehende Ringen der Dritten Welt um politische und wirtschaftliche Emanzipation das Interesse der Kolonialmächte zunehmend beanspruchte, ging der 25-jährige chinesische Kampf um Unabhängigkeit – zugleich als Bürgerkrieg ausgetragen – an dem selbstverständlichen Wissensbestand des gebildeten Europäers vorüber (S. Haffner), obwohl dieser Kampf als erster großer revolutionärer Krieg zur Befreiung des Bauern durch sie selbst wahrscheinlich zum bisher größ-

* Der Abdruck erfolgt mit freundlicher Genehmigung der VEREINTE NATIONEN, Zeitschrift für die Vereinten Nationen und ihre Sonderorganisationen, herausgegeben von der Deutschen Gesellschaft für die Vereinten Nationen Heft 2/69 und 3/69.

ten Ereignis des 20. Jahrhunderts werden (ebenda). Im Gegensatz zur UdSSR waren in China Agrarrevolution, Bürgerkrieg und politische Revolution eins – von Anfang bis Ende als Volkskrieg, als Totalguerilla geführt, der aus den Tiefen der vernachlässigten, zurückgebliebenen Landbevölkerung eine neue Ordnung heranwachsen ließ.
Schlimmeres widerfuhr bei uns der Wiedergabe des Geschehens bei Aufbau dieser neuen gesellschaftlichen Ordnung Chinas, die nach eigenen Mustern den gesellschaftlichen Reichtum mobilisieren und damit solidarisch-kollektive Sicherung des Lebensbedarfs, Arbeitsplätze, politische, soziale und wirtschaftliche Gerechtigkeit und Freiheit als reale Partizipationschance schaffen wollte. Hier brauchen nur die Stichworte Kulturrevolution und Volkskommune genannt werden. Dem weder in den Industrie- noch Entwicklungsländern hinreichend gelösten, oft durch aufgepfropfte „Entwicklungshilfe“ verschärften Widerspruch zwischen industrieller und landwirtschaftlicher Entwicklung, die sich weltweit und innergesellschaftlich politisch wie wirtschaftlich retardierend-reaktionär auswirkt, konnte China nach erfolgreicher gesellschaftlicher Umgestaltung zunächst durch eine wirtschaftlich wie sozial ausgeglichene Integration von gewerblichen und agrarischen Wachstumsbemühungen in den Volkskommunen entgehen. Ohne größeren Schaden wurde damit der Übergang von der traditionellen zur industriellen Gesellschaft gefunden. Wenn auch hier Fehler gemacht wurden, die allerdings in keiner Weise die völlig unsachgemäße Berichterstattung in den Industrieländern erklären, so gelang den Chinesen auch hier ein bisher wohl einmaliger Schritt von zugleich weltweiter Bedeutung.
Denn nach Berechnungen der FAO werden auch 1985 noch mehr als 50 % der Bevölkerung in den Entwicklungsländern aktiv im landwirtschaftlichen Sektor beschäftigt sein, im Gegensatz zu 7 % in den westlichen hochentwickelten Ländern. So stehen sich in der Tat auch weiter wenige reiche „Metropolen“ weltweiten, ausgebeuteten „Dörfern“ gegenüber, ohne daß sich bisher Chancen für eine adäquate und damit relativ friedliche Lösung des den Armen oktroyierten Gegensatzes abzeichnen. Von den bedeutenden Regionen der Dritten Welt ist es lediglich China im Gegensatz zu dem lange als zum westlichen Muster deklarierten indischen Weg gelungen, diese Ausweglosigkeit entscheidend zu durchbrechen. Nicht von ungefähr verspricht heute die indische Führung, die Agrarreform nachzuholen. Der folgende Beitrag läßt erkennen, daß diese Aufgabe nicht ohne erregende Schwierigkeiten zu bewältigen sein wird.

In den fünfziger Jahren war es im Westen Mode, Indien und China als Alternativmodelle des künftigen sozio-ökonomischen Aufbaus in der Dritten Welt anzusehen. Eine ganze Literatur wurde diesem Thema gewidmet. Sie stimmte mit wenigen Ausnahmen in einer Schlußfolgerung überein: Trotz seiner enormen Anstrengungen und ungeachtet möglicher Teilerfolge, die mit unverhältnismäßigen Kosten erkauft sein mußten, war China dazu verdammt, als Verlierer aus dem Wettlauf hervorzugehen. Denn wie hätte ein so grauenvolles System nackten Zwanges, würgend gestrafften Totalitarismus und organisierten Mangels, das nur auf knapp bemessene Zuschüsse der selbst darbenden Sowjetunion und ihrer Satelliten rechnen konnte, auf die Dauer gegen eine Gesellschaft bestehen können, die eine parlamentarische Demokratie, eine freie Unternehmerwirtschaft zumindest in Teilen ihrer Volkswirtschaft, religiöse Werte und die überkommene Sozialordnung bewahrt hatte und sich dazu noch auf die geballte Hilfe der gesamten freien Welt stützen durfte! Man nahm hin, daß Indien sein Streben nach einem sozialistischen Gesellschaftsideal proklamiert hatte, denn dieser Sozialismus sollte auf gewaltlose Weise verwirklicht, Privateigentum an Produktionsmitteln immer weniger angetastet werden, und Zwangsmittel waren zu vermeiden. Damit waren die Voraussetzungen für eine erfolgreiche Hilfeleistung des Westens geschaffen; Indien versprach als Gegenleistung, die etablierten Wirtschaftsinteressen der Geberländer unangetastet zu lassen. Was die sozialistischen Fernziele anging, so durfte man es der Zeit und den Erfahrungen überlassen, damit aufzuräumen. Indien galt als der sichere Gewinner gegenüber dem Entwicklungsrivalen China.

Heute, 10 bis 15 Jahre später, sind diese Prophezeiungen vergessen. Die Vergleiche sind verschwunden, die Prognosen weggefallen. Was wurde aus dem Wettkampf der beiden asiatischen Entwicklungs-Protagonisten?

Wenn wir zu den Prophetien von 1950/60 zurückkehren, so nicht, um über den Mißerfolg der voreiligen Prognostiker zu ironisieren, sondern um ohne Vorurteil zu prüfen, inwieweit die tatsächliche Entwicklung von dem allgemein als sicher angenommenen Trend abgewichen ist. Die folgende Gegenüberstellung wird sich daher in ihrem ersten Teil auf statistische Vergleiche beschränken. Ihr Material fußt auf verläßlichen, neutralen Quellen [1]) sowie auf Ergebnissen der indischen Wirtschaftsforschung [2]). Sie scheinen so genügend Gewähr dafür zu bieten, daß der Vergleich fair und frei von Beimischungen chinesischer Propaganda ausfällt.

I

Vier Zahlenreihen sollen auf begrenzten Sektoren und über eine begrenzte Periode den Fortschritt der beiden Volkswirtschaften vergleichen. Sie gelten dem Nationaleinkommen und der Produktion von Getreide, der Schwerindustrie und der Energie.

Tafel I zeigt das Wachstum der beiden Nationaleinkommen bei konstanten Preisen. Nach den zitierten UN-Quellen erreichte es einen Jahreszuwachs in Indien von 2,9 v. H. und in China von durchschnittlich 21,9 v. H. Dieses erstaunliche Resultat war in China hauptsächlich dem raschen Aufwachsen des Industriesektors zuzuschreiben. Demgegenüber wuchs das indische Industrieprodukt jährlich um nur 3,9 v. H. Auf dem Agrarsektor betrug der jährliche Zuwachs in China (für die Periode 1950–58) 4,5 v. H. und in Indien 3,4 v. H.

Denselben Trend finden wir beim Vergleich der Prokopfwachstumsraten wieder. In China wuchs das Prokopfnettoeinkommen zwischen 1952 und 1960 um jährlich 11,3 v. H., in Indien um 0,9 v. H. Dieselben Abstände im Wachstum finden sich auf dem Industrie- und dem Agrarsektor wieder. Sowohl die totalen wie die Prokopfwachstumsraten zeigen an, daß China eine wesentlich stärkere Dynamik entwickelte, während Indien seinen wirtschaftlichen Aufbau in einem Tempo führte, der sich etwa mit den langfristigen Wachstumsraten westlicher Industrieländer vergleichen läßt.

Wachstum des Nationaleinkommens in Indien und China bei konstanten Preisen (in indischen Rupien). Quellen s. Verna, Anm. 2, und UN-Dokumentation, Anm. 1.

	Indien		China	
Tafel 1	1952	1960	1952	1960
Nationaleinkommen total in Mrd. Rupien	83,6	99,5	161,8	354,6
Agrarsektor allein	46,0	52,5	86,1	101,6
Industriesektor allein	15,8	18,4	30,6	67,6
Prokopfeinkommen total in Rupien je Jahr	224,2	237,0	278,0	528,6
Agrarsektor allein	125,6	133,2	151,4	173,6
Industriesektor allein	43,1	46,7	53,7	108,8

Es ist zu beachten, daß in der Basis-Vergleichsperiode, 1952, das Nationaleinkommen Chinas nicht allein schon doppelt so groß wie das Indiens in absoluten Zahlen war, sondern auch schon das Prokopfeinkommen Chinas einen Vorsprung von etwa 24 v. H. auswies. 1960 war dieser Vorsprung auf 123,1 v. H. angestiegen. Diese gleichen Abstände und ihre Ausdehnung finden sich auf den beiden Teilsektoren der Wirtschaft wieder. Bemerkenswert sind hierbei nicht nur die Differenzen im Wachstumsrhythmus, sondern auch die Tatsache, daß China erst 1949 einen langen und erschöpfenden Bürgerkrieg beendete, der seine Wirtschaftsstruktur in Ruinen zurückgelassen hatte: Trotzdem hatte es dieses Land schon in drei Jahren der Konsolidierung, in denen es zudem noch den Koreakrieg ausfocht, fertiggebracht, eine klare Führung gegenüber Indien zu erreichen, das 1947 von den Briten einen intakten Wirtschaftsapparat geerbt hatte.

Mehr noch, die innere Transformierung der beiden Nationalwirtschaften von ihrer anfänglichen Rückständigkeit aus vollzog sich in auffallend

verschiedenem Tempo. 1952 hatten die beiden Länder ungefähr Kopf an Kopf an der Startlinie gestanden. Der Anteil des Industriesektors am Nationaleinkommen war für China 21 v. H. gewesen, 19,8 v. H. für Indien. 1958 hatten diese Anteile jedoch 31,9 v. H. für China und 20,1 v. H. für Indien erreicht.
In den drei Sektoren, die als besonders bezeichnende Leistungsmesser des Fortschritts bisher unterentwickelter Nationalwirtschaften gelten können – Getreideproduktion, Schwerindustrie und Energieträger –, zeigt die Entwicklung der beiden Länder analoge Züge.

Produktion von Getreide in Indien und China. Quelle s. Verna, Anm. 2.

Tafel 2	Indien: Durchschnitt 1948/49 bis 1952/53	Indien: 1959/60	China: Durchschnitt 1948/49 bis 1952/53	China: 1959/60
Weizen				
Gesamtproduktion in Mill. t	6,2	10,2	14,6	31,3
Prokopferzeugung in kg	17,0	21,0	29,0	44,0
Reis				
Gesamtproduktion in Mill. t	40,8	51,3	63,2	85,0
Prokopferzeugung in kg	95,0	112,0	106,0	122,0

Im ersten Sektor wurden Weizen und Reis als die beiden am ehesten vergleichbaren Produkte herangezogen. In beiden Fällen wuchs die absolute Produktion in China schneller als in Indien, nämlich von Reis um 44,3 v. H. und von Weizen um 89,3 v. H.. Indien erreichte während der gleichen Periode 42,1 v. H. für Reis und 44,4 v. H. für Weizen. Noch aufschlußreicher ist die Entwicklung der per-ha-Produktivität. In China stieg sie für Weizen von 2,26 to/ha[3]. In Indien stieg in der gleichen Zeit die Bodenproduktivität für Weizen von 1,34 to/ha auf 1,7 to/ha und für Reis von 3,26 to/ha auf 4,40 to/ha. All das erlaubt den Schluß, daß der chinesische Bauer trotz eiserner Reglementierung und Kollektivierung nicht nur seine Gesamtproduktion schneller erhöhte als sein indischer Kollege, sondern auch die Bodenproduktivität schneller intensivierte. Dieser Eindruck wird vertieft durch den Vergleich der Prokopfproduktionen beider Länder.

Produktion von Eisenerz, Stahl und Zement in Indien und China. Quelle s. Verna, Anm. 2.

Tafel 3	Indien 1952	Indien 1959	China 1952	China 1959
Eisenerz				
Gesamtförderung in Mill. t	9,0	16,0	19,0	26,0
Prokopfförderung in kg	10,4	17,7	30,9	33,8
Stahl				
Gesamterzeugung in Mill. t	1,5	2,5	1,7	13,4
Prokopferzeugung in kg	4,3	6,0	3,1	21,3
Zement				
Gesamterzeugung in Mill. t	3,8	6,9	3,8	12,3
Prokopferzeugung in kg	10,6	16,6	6,5	17,4

Auf dem Schwerindustriesektor wurden zum Vergleich die Erzeugungen von Eisenerz, Rohstahl und Zement herangezogen. Hier ging Indien von einer besonders günstigen Ausgangslage aus. Seine Stahlindustrie war schon 1910 begründet worden und hatte 1952 bereits erheblich an Ausdehnung gewonnen, während Chinas sehr viel kleinere und embryonale Stahlindustrie vom Bürgerkrieg stark mitgenommen war. Ähnliches gilt für die Eisenerzförderung und den Zementausstoß. Tafel 3 faßt hier die unerwartete Entwicklung zusammen.

Erzeugung von Elektroenergie in Indien und China. Quelle s. Verna, Anm. 2.

Tafel 4	Indien 1954	Indien 1960	China 1954	China 1960
Elektroenergie				
Gesamterzeugung in Mill. kw/h	9 700	20 010	11 010	58 500
Prokopferzeugung in kw/h	26,8	51,1	19,3	73,7

Auf dem Gebiet der Energieproduktion reicht die Vergleichsperiode von 1954 bis 1960. In dieser Zeitspanne entwickelte sich die indische Produktion ziemlich rapide, aber auch hier war die Ausweitung von Kapazität und Produktion in China noch erheblich größer.

II

Diese systematische Gegenüberstellung von Schlüsselzahlen könnte erheblich erweitert werden. Der Trend bliebe der gleiche: Chinas Wirtschaft hat sich zwischen 1950 und 1960 erheblich schneller ausgedehnt als die Indiens, und zwar sowohl absolut wie pro Kopf. Die Unterschiede im Wachstumsrhythmus sind so frappierend, daß man sich fragen muß, ob die Vergleiche nicht das Resultat statistischer Tricks zu Propagandazwekken sind. Es ist daher wieder zu betonen, daß dieser Überblick über die erste Dekade des asiatischen Entwicklungswettlaufs ausschließlich auf indischen Forschungarbeiten und unverdächtigen neutralen und international anerkannten Quellen fundiert. Aber man muß hinzusetzen, was Spezialisten asiatischer Entwicklungsfragen heute wissen: diese Zahlen und Fakten werden dem großen Laienpublikum im Westen nur sehr zögernd und umwunden zugänglich gemacht, weil sie zu viele lange gehegte und liebgewonnene Illusionen zerstören.

Doch das im wesentlichen quantitative Bild wäre unvollständig, wenn nicht einige qualifizierende Bemerkungen hinzutreten würden. Indien trat 1947 in seine Unabhängigkeit zwar als unterentwickeltes, aber in sich wohlorganisiertes Land mit einem kleinen, aber wohl funktionierenden Industrieapparat ein, verfügte über eine intakte Infrastruktur und übernahm einen eingefahrenen Verwaltungsapparat von hoher Qualität. Chinas gesamte Wirtschafts- und Sozialstruktur war dagegen durch die japanische Invasion und den Bürgerkrieg zerstört worden Mehr noch, Chinas Böden sind im allgemeinen wesentlich ärmer als die indischen, die ökologischen Zerstörungen waren weiter fortgeschritten, die Klimabedingungen sind feindlicher. Last not least, der Bevölkerungsdruck auf das verfügbare Agrarland war beinahe doppelt so stark wie in Indien. Während in Indien durchschnittlich 3,36 Personen auf einen Hektar Kulturland entfallen, war in China das Verhältnis 1951 5,9 Personen pro ha. Als dritter wesentlicher Faktor ist die Auslandshilfe zu nennen. Zwischen 1949 und 1957 erhielt Indien von den Mitgliedsländern der Weltbank insgesamt 1,3 Mrd. Dollar an Krediten und Geschenken, und private Quellen steuerten weitere 280 Mill. Dollar bei [4]). China hatte in der gleichen Periode Auslandskredite von nur wenig mehr als 500 Mill. Dollar erhalten, keine Geschenke, dafür aber Dienstleistungen, Patente und industrielles Know how, die von sowjetischer Seite auf rund 700 Mill. Dollar an immateriellen Transfers beziffert wurden [5]).

Damit endet das Jahrzehnt des sino-indischen Entwicklungswettlaufs, in dem beide Seiten die ihnen von der helfenden Außenseite angebotenen Rezepte befolgten und danach zu trachten schienen, sich fremden Modellen anzupassen. Das ist seither auf beiden Seiten wesentlich anders geworden. Das Jahr 1960 brachte für Delhi wie für Peking fast gleichzeitig einen Wendepunkt, seitdem heben sich die Entwicklungswege beider mehr und mehr von den bis dahin beobachteten Vorbildern ab. Besonders China ging daran, entschlossen und fast herausfordernd, ein eigenes Modell zu konzipieren, indem es den Aufbau ganz nach eigenem Muster und aus eigener Kraft zu einem der leitenden Prinzipien seiner gesamten sozio-ökonomischen Entwicklung machte. Zugleich nahm die Außenpolitik beider Länder einen wechselvolleren, dramatischeren Kurs, der sich immer wieder auf den Wirtschafts- und Sozialaufbau niederschlug. Die dabei erzielten Ergebnisse lassen sich mit rein statistischen Mitteln nicht weiter vergleichen: die chinesischen Produktionsstatistiken wurden ab 1960 nicht mehr veröffentlicht; seither verfügen wir nur mehr über sporadische Prozentual- und Teilangaben, deren Gültigkeit zudem in weiten Kreisen bestritten wird und die daher für unsere Zwecke nur bedingt brauchbar sind. Aber auch in Indien sind nicht alle Ergebnisse des 1966 abgelaufenen 3. Fünfjahresplanes bekanntgegeben worden, und wir wissen, daß die Planziele im wesentlichen nicht erreicht wurden.

III

Es läßt sich aber Interessantes über den zwischenfallsreichen und mehr und mehr spezifischen Fortgang der Aufbaubemühungen sagen, über das was heute der „chinesische Weg“ oder der „Gang auf zwei Beinen“ genannt wird, und über die analogen Entwicklungen in Indien, das mehr und mehr aus spezifisch eigenen Verhältnissen heraus gezwungen wird, einen neuen, seinen Notwendigkeiten angepaßten Weg zu gehen.
Mit dem Ende der fünfziger Jahre trat China in ein Experiment sui generis ein, seinen 2. Fünfjahresplan und den damit verbundenen „Großen Sprung“. Es handelte sich dabei um ein Experiment, das sich klar von dem bisher im wesentlichen befolgten sowjetischen Vorbild abhob und deswegen auch von der Sowjetregierung und den in China wirkenden sowjetischen Beratern scharf kritisiert wurde. Ein „wahnwitziger, planloser, vielleicht verzweifelter Versuch, sich an den eigenen Stiefelschnüren aus dem Elend zu ziehen“ [6]), wie ihn die antichinesische Propaganda darstellte, war er aber zweifellos nicht.
Es ging der chinesischen Führung vielmehr darum, die Lehren aus den Ergebnissen des ersten Planjahrfünfts zu ziehen. Dieses hatte gezeigt, daß das vorhandene Produktionspotential noch längst nicht voll ausgeschöpft war. Insbesondere verfolgte Peking folgende Ziele: Lange vor Nurkses Formulierung des Prinzips vom virtuellen Sparkapital in ungenutzter Arbeitskraft hatten die chinesischen Führer erkannt, welches im-

mense Produktionspotential ihnen in den un- oder unterbeschäftigten Menschen des Landes zur Verfügung stand. Im Nanniwan-Projekt 1936/39 hatten sie erstmals mit der Mobilisierung dieses Potentials experimentiert. Die daraus gewonnenen Lehren wurden jetzt auf die arbeitsfähige Landbevölkerung Gesamtchinas angewandt. Es ging 1. um die Mobilisierung der ungeheuren ländlichen Arbeitskräfte, damit aus Millionen unproduktiver Verbraucher produktive Erzeuger würden. 2. Um maximale Wachstumsraten zu erzielen, wurde der Konsum weiter auf das lebensnotwendige Minimum zusammengedrückt; so wurden 40 v. H. und mehr des Bruttosozialprodukts für Investitionen frei. 3. Bevorzugtes Ziel dieser Investitionen war die inzwischen schon merklich aufgeblühte Schwerindustrie; sie sollte China so schnell wie möglich mit allen wesentlichen Investitionsgütern für den Aufbau einer modernen Wirtschaft versorgen. 4. Daneben ging es um den Ausbau einer wesentlich bescheideneren Leichtindustrie; ihr Ziel war es nur, das Land mit den absolut notwendigen Verbrauchsgütern zu versorgen. 5. Um die staatlichen Investitionsfonds weitgehend zugunsten der Schwerindustrie zu entlasten, wurde ein großer Teil der leichtindustriellen Aufgaben regionalen und lokalen Instanzen übertragen, deren unvollständig ausgeschöpfte Mittel und große Menschenkraftreserven mittels einer verbesserten Organisierung zusätzliche Konsumgüterkapazität, wenn auch auf niedrigem technologischem Niveau, tragen konnten. 6. Auf dem Agrarsektor ging es um die Mobilisierung der Menschenkraftreserven zur Intensivierung des Arbeitsaufwands in der Agrarproduktion selber und darüber hinaus zur Errichtung eines weitgedehnten und doch dichten Infrastrukturnetzes, um die Verbesserung der ökologischen Bedingungen in größtem Stil und um die Vorbereitung der kommenden Mechanisierung der Landwirtschaft.
Als geeignete Organisationsform hierfür errichtete Peking die Volkskommune. Deren Umfang und Struktur zielten darauf ab, die reine Agrararbeit so zu rationalisieren, daß optimale Arbeitskraftreserven für Infrastruktur, Ameliorierungsarbeiten und den Aufbau einer Kleinindustrie, deren weite Streuung aus Verteidigungsgründen wünschenswert erschien, freigemacht werden konnten. Zur Durchführung dieses gigantischen Plans hatten die chinesischen Wirtschaftsplaner die Theorie von der „wellenförmigen Expansion“ einer sozialistischen Entwicklungswirtschaft ausgearbeitet. Nach ihr wurden in Perioden höchster Produktionsanspannung künstliche Desequilibrien im Wirtschaftsapparat geschaffen, die dann auf dem Stand der höchsten erreichten Sektoralniveaus wieder auszugleichen waren. Es handelte sich also darum, während des 2. Fünfjahresplans in drei Jahren die ursprünglichen Planziele weit zu überbieten, um dann in den restlichen zwei Jahren die dabei aufgetretenen Spannungen auszugleichen und die Produktion auf dem höchstmöglichen

Niveau zu konsolidieren, bis sie reif sein würde für die nächste „Sprungphase" und so fort [7]).

IV

Die 1958 und 1959 erzielten Resultate waren in der Tat außerordentlich. Aber schon 1960, d. h. noch vor Ende der Sprungphase geriet die Gesamtwirtschaft von der Landwirtschaft und von der industriellen Rohstoffproduktion her in so große Schwierigkeiten, daß die Sprungbewertung vorzeitig abgebrochen werden mußte und die Konsolidierungsphase in eine fühlbare Rezession umschlug. Was war geschehen? Das, was heute gern von der antichinesischen Propaganda als „verheerender Zusammenbruch des Großen Sprungs" hingestellt wird, läßt sich bei einiger Kenntnis der Sachlage auf zwei Gruppen von Ursachen reduzieren: auf Irrtümer, Fehlgriffe und das Zusammenwirken unglücklicher Umstände.

In die erste Kategorie gehören maßgeblich folgende Fehler: Chinas Planer hatten eine Reihe von außergewöhnlich günstigen Witterungsjahren seit 1950 unvorsichtigerweise für Normaljahre gehalten. Sie hatten daher einen übergroßen Anteil von Kulturböden von der Nahrungsmittelproduktion für Rohstofferzeugung abgezweigt. Weiter hatte sich ein Teil der chinesischen Arbeitskräfte, vor allem in der Landwirtschaft, deutlich überanstrengt, so daß er beim ersten starken Rückschlag nicht in der Lage war, genügend Widerstand zu leisten. Auf dem Industriesektor war es zu Überinvestitionen gekommen, die dieser Sektor nicht mehr in seiner damaligen Verfassung absorbieren konnte. Es kam zu dem von Keynes als „Zusammenbruch der marginalen Ertragsfähigkeit des Kapitals" beschriebenen Phänomen. Gleichzeitig erwies sich, daß die Rohmaterialproduktion, vor allem die Kohle- und Erzförderung, nicht mit dem enorm ansteigenden industriellen Bedarf Schritt halten konnte. Auch der Transportsektor war den neuen Anforderungen bei weitem nicht gewachsen.

All dies hätte jedoch unter normalen Umständen nicht zu einer größeren Krise führen müssen, wenn nicht andere Faktoren hinzugetreten wären. Es handelt sich vor allem um eine drei Jahre lang anhaltende Serie von schweren Unwetterkatastrophen, wie sie China in mehr als 100 Jahren nicht erlebt hatte. Vom Sommer 1959 bis Ende 1961 folgte eine meteorologische Katastrophe auf die andere, erst 1962 traten wieder bessere Verhältnisse ein. Fast gleichzeitig brach sodann die Sowjetregierung ihre Hilfeleistung für China abrupt ab, in dem Versuch, den unbequemen Verbündeten durch wirtschaftlichen Druck in die Knie zu zwingen. Die Auswirkungen dieser Entscheidung Chruschtschows für China sind wahr-

scheinlich von westlichen Beobachtern bisher unterschätzt worden. Der plötzliche Stopp der sowjetischen Zufuhren an Investitionsgütern brachte nicht nur Hunderte von Industrieprojekten zum Stillstand, sondern entzog auch der Landwirtschaft im Moment höchster Not dringend benötigte Maschinen, den Kunstdünger und die Schädlingsbekämpfungsmittel.
All dies rief eine gefährliche Krise herauf. Dennoch ist es eine weite und gefährliche Übertreibung, von einem Zusammenbruch zu sprechen. Es muß vielmehr in aller Deutlichkeit gesagt werden, daß es zu keinem Zusammenbruch kam, obwohl man angesichts der auf China einstürzenden Schwierigkeiten wohl hätte erwarten können, daß sich Kollapserscheinungen zeigen würden. Anstatt die wahren oder hypothetischen Krisensymptome aufzuzählen, die die Anti-China-Propaganda in Hongkong und auf Formosa ausgab, ist die Untersuchung nützlicher, zu welchen Krisenerscheinungen es nicht kam, obwohl sie nach jüngerer und älterer chinesischer Tradition zu erwarten gewesen wären: Es kam eindeutig nicht zu einer Hungersnot. Vielmehr gelang es der Zentralregierung, alle vorhandenen Nahrungsmittelreserven zu erfassen, einen Spitzenausgleich zwischen den einzelnen Provinzen zugunsten der Defizitzonen zu organisieren und eine wirksame Rationierung einzuführen, die alle Ansätze einer Schwarzmarktsituation sofort unterband. Das war für China, wo z. B. 1928/29 fast 20 Millionen Menschen verhungert waren, eine beispiellose Leistung. Mehr noch, es kam zu keiner der so gefürchteten Notwanderungen und Hungermärsche von Millionen hungernder Bauern in die Städte. Im Gegenteil wurden etwa 10 Millionen neuzugezogene Städter in ihre ländlichen Heimatorte zurückgeschleust, um dort das Arbeitspotential zu verstärken. Die Lebensmittelrationen gingen pro Kopf und Tag in den Notjahren nie unter 1700 bis 1900 [8]) Kalorien herunter, was in anderen asiatischen Ländern noch heute ein erstrebenswertes, aber fernes Normalziel für breite Bevölkerungsschichten darstellt. In der Industrie mußten zwar Stillegungen hingenommen werden, aber nach nur wenigen Monaten der Unterbrechung gingen die Arbeiten an dem Aufbau neuer Kapazitäten unbeirrt weiter.

V

So trat die groteske Situation ein, daß gerade in dem Moment, in dem der amerikanische China-Hasser und Starkommentator J. Alsop im China Quarterly autoritativ verkündete, daß „China sich auf einer unentrinnbaren Spirale nach unten befinde, die binnen Monaten im totalen Zusammenbruch enden müsse“, nämlich im August 1962, Chinas neue Sommerernte die Dinge entscheidend zum Besseren wendete. Die Krise war schwer und gefährlich gewesen, aber sie hatte auch heilsame Aspekte gehabt. Aber bevor wir uns ihnen zuwenden, gilt es, die Frage zu untersuchen, ob der Große Sprung wirklich in einem Fehlschlag endete.

Verglichen mit den bei seinem Beginn gesteckten Zielen waren folgende bleibende Erfolge erzielt worden: 1. Die Mobilisierung der enormen, unausgenützten Arbeitskräfte war dank der neuen Kommunenorganisation geglückt. Der Mehr-Input erreichte in den ersten Jahren schon 10 Milliarden Arbeitstage. 2. Die enorm hohen Investitionsraten, die 1959 47 v. H. des Nettosozialprodukts erreicht hatten, hatten sich nicht halten lassen, sondern sanken auf weniger als 20 v. H. ab, um dann langsam wieder anzusteigen. 3. Ohne die Schwerindustrie als bevorzugten Investitionssektor aufzugeben, hatte Peking die ihr zufließenden Mittel wesentlich reduziert. 4. Der Ausbau einer leistungsfähigen Leichtindustrie war zwar in Gang gekommen, hatte aber den Anforderungen nicht genügen können. Jedoch hatte die Kommunenorganisation gestattet, hier den Aufbau von Produktionskapazität rasch und sehr weitgehend dezentralisiert voranzutreiben. Eindeutig positive Realisierungen waren die enormen Infrastrukturarbeiten, vor allem Wasserbauten, die die bewässerte Kulturfläche binnen drei Jahren von 36 Mill. ha auf 64 Mill. ha steigerte. Es wurden pro Jahr über 10 bis zu 17 Mill. ha Neuwald angepflanzt, in der Mandschurei und Mongolei dazu zwei Waldschutzgürtel, in deren Schatten in den folgenden Jahren die Bodenerträge um durchschnittlich 50–100 v. H. anstiegen. Es wurden über 3000 mittlere und große Staudämme gebaut, die nach und nach mit Wasserkraftanlagen ausgestattet wurden. Die im Ausland viel geschmähten Volksschmelzöfen und -bergwerke brachen keineswegs zusammen, sondern veränderten lediglich rasch ihre Form und ihr technisches Niveau. 1961, als die Aktion schon totgesagt wurde, gab es in Chinas Landzonen schon mehr als 200 000 Kommunalbetriebe, davon 1300 Metallfabriken, mehr als 100 Zementfabriken, 2800 Buntmetallbetriebe, 6100 neue kleine und mittlere Bergwerke, meist im Tagebau, 11 600 Düngemittelwerke usw., alle seit 1958 entstanden, oft noch auf sehr primitiver Stufe, aber doch schon emsig wachsend; zusammen mit rund 75 Millionen Arbeitskräften. Unter diesen Umständen von einem Zusammenbruch des Großen Sprungs zu sprechen, bedeutet nur, in profunder Ignoranz der wahren chinesischen Entwicklung zu verharren [9]).

Wie nun hatte die chinesische Führung verhindert, daß der Große Sprung wirklich in einen Zusammenbruch umschlug? Heute lassen sich die entscheidenden Momente wie folgt definieren: Zunächst hatten die Zentralstellen genau so reagiert, wie Keynes es anhand der Weltwirtschaftskrise von 1929 für den privaten Investor beschrieben hatte: In Zeiten der Konjunktur Überinvestitionen, in Zeiten der Baisse Unterinvestitionen. Aber viel schneller als eine private Unternehmerwirtschaft hatten sich die Pekinger Zentralinstanzen gefangen und systematisch auch während der Krisenmonate wieder neuinvestiert, vor allem im Agrar- und Infrastruktursektor. Die großen Wasserbau- und Ameliorierungsarbeiten gingen weiter; ihnen ist zuzuschreiben, daß trotz der verheerenden Unwetter es nie zu einer Versorgungskatastrophe kam. Weiter wurden alle Tendenzen zum Regionalautarkismus im Keime unterbunden. Die materiellen Belastungen der Bauernschaft wurden verringert, ohne daß es zu einer auch nur teilweisen Wiederherstellung des Privatsektors gekommen wäre. Im Gegenteil, die sog. „private plots" wurden auf 2 bis 3 Prozent der Dorfnutzfläche beschränkt. Dabei blieb es. Andererseits aber wurde die zu starre und großförmige Organisation der Kommunen, die auf eine baldige Mechanisierung der Agrarproduktion zugeschnitten war, restrukturiert und aufgelockert. Die Landwirtschaft, die 1958/59 nur 10 v. H. der Staatsinvestitionen erhalten hatte, erhielt zwar nicht den Vorrang vor der Schwerindustrie, wurde aber wesentlich besser bedacht. Die schwerindustrielle Investitions- und Produktionspolitik wurde vorrangig auf die Bedürfnisse der Landwirtschaft mit Produktionsmitteln ausgerichtet. Auf dem Industriesektor wurde der Verbesserung der Qualität und der Verbreiterung des Sortiments Vorrang gegenüber reiner quantitativer Ausstoßsteigerung gegeben. So kam es, daß im Herbst 1962, also am Schluß des 2. Fünfjahresplanes und zugleich am Ende der sog. „Unheilsjahre" trotz allem Chinas Schwerindustrie das Sortiment von Stahlprodukten mehr als verdreifacht, das von Ölprodukten fast verdreifacht und die Produktion von Werkzeugmaschinen gegenüber 1957 um mehr als 100 Prozent gesteigert hatte. An gänzlich neuen, 1957 nicht vorhandenen Industriezweigen waren entstanden die Erzeugung von Kunstfasern, Plastik, synthetischen Fettsäuren, petrochemischen Produkten, Aluminium, Flugzeugen, Hochseeschiffen u. a. Unter diesen Umständen von einem Zusammenbruch zu sprechen, entspricht nicht den Tatsachen.

Der bloße Umstand, daß China seit 1961 Getreide einführte, bedeutet demgegenüber wenig. Zunächst ist zu bedenken, daß selbst die eingeführte Jahreshöchstmenge von 5,5 Mill. t 1962 nur etwa 3 v. H. des chinesischen Binnenkonsums an Getreide ausmachte und daß China selbst auf dem Höhepunkt der Kalamitäten nicht nur seine Auslandsschulden an den Ostblock in Agrarprodukten weiter abzahlte (und im Januar 1965 ihre Außenhandelsschuld gänzlich liquidiert hatte), sondern auch noch jährlich zwischen 1 und 2 Mill. t diverser Getreide an ihre traditionellen Klienten wie Algerien, Albanien, Ceylon, Jemen, Tansania usw. abgab.

VI

Am 1. Januar 1963 hätte der 3. Fünfjahresplan beginnen sollen. Er wurde aber für weitere drei Jahre ausgesetzt. Stattdessen verlängerte die Pekinger Regierung die 1961 proklamierte Phase der „Konsolidierung, Anpassung und Lückenfüllung" um weitere drei Jahre. Daraus schloß man im Ausland, daß Chinas Wirtschaft noch immer unheilbar krank sei. Richtiger dürfte sein, daß mit der Konsolidationsperiode eine wesentliche Umstellung zu Ende gebracht werden sollte – die Loslösung von jeglicher vitaler Abhängigkeit von Auslandszufuhren und fremder Technologie, die völlige Herstellung einer materiellen und technischen Selbstgenügsamkeit. Dieses Ziel muß als im wesentlichen erreicht gelten. In der Landwirtschaft wurden 1964 schon wieder die Rekordernten von 1958/59 erreicht. Im gleichen Jahr betrug die chinesische Kunstdüngerproduktion die dreifache von 1958, die an Landmaschinen die fünffache, das Drainage- und Pumppotential das Dreizehnfache und die rurale Energieproduktion die dreiundzwanzigfache [10]). „Wenn etwas China über die Krisenjahre hinweggerettet und in einen neuen Produktionsaufschwung geholfen hat, so waren es die Volkskommunen", setzt der französische Ökonometrist Bettelheim hinzu [11]). Auf dem Leichtindustriesektor wurden die Kommunenbetriebe zum wesentlichen Versorgungsapparat, der zudem noch den Vorteil hat, daß sein Kapitalbedarf fast ausschließlich aus lokalen Quellen gespeist wird, also den zentralen Investitionsfonds nichts kostet. Auf dem Schwerindustriesektor waren bis zum Jahre 1965 im Kommunen- und Distriktsbereich etwa 1400 Eisen- und Stahlwerke entstanden, deren Jahreskapazität 10 000 t überschritt und bis zu 500 000 t reichte, während eine Wirtschaftskarte aus dem gleichen Jahr für den Zentralsektor 59 Stahlwerke verzeichnete [12]). Dies ist nicht unwahrscheinlich, gab es doch 1958 im Raum von Groß-Schanghai nur zwei Stahl- und Walzwerke und 1965 deren schon neun. Mehr noch, China stellt heute komplette Ausrüstungen für Kleinstahlwerke von 10 000 bis 125 000 t Kapazität am laufenden Band her und baut ein solches Werk, das erste, in Westpakistan auf. Es exportiert komplette Fabrikausrüstungen nach Kambodscha, Nepal, Pakistan, Jemen und Tansania und bot 1966 erstmals Rohöl und Raffinerieprodukte zum Export an.

Die Chinesen zeigten dabei einen oft fast unglaublichen Einfallsreichtum in der Entwicklung neuer technologischer Methoden, die ihnen halfen, den Auslandsboykott an Know how und Spezialausrüstung zu überwinden. Diese Seite des chinesischen Wirtschaftsaufbaus, das „Gehen auf zwei Beinen", die „Taktik der einen Knochen benagenden Ameisen" und der „Yükungste-Geist", sind wahrscheinlich die interessantesten und originellsten Aspekte des Entwicklungsexperiments, können jedoch hier nicht geschildert werden.

Als im Oktober 1964 die erste chinesische Atombombe explodierte, war klargestellt, daß Chinas Wirtschaft die sie bedrohenden Schwierigkeiten gemeistert hatte. Denn wer nur etwas von der Technik der Nuklearaggregate versteht, weiß, daß diese eine weitverzweigte technische und industrielle Basis verlangen. Andererseits wäre es ganz verkehrt zu glauben, daß sich in China vor 1964 alle Anstrengungen nur auf diesen Sektor konzentriert hätten. Das Land hat vielmehr einen technisch-industriellen Vormarsch auf breitester Front durchgemacht, von dem andere Zeugnisse, so etwa hydraulische Großpressen, wie sie sonst nur in der UdSSR, den USA und der BRD hergestellt werden, Düsenflugzeuge, die Insulinsynthese, die Ölfermentation usw. nur deswegen nicht im Ausland bekannt wurden, weil der von den USA rings um China aufgerichtete Boykottvorhang das verhinderte.

Wer im Herbst 1964 das Land offenen Auges besuchte, sah allenthalben, daß sich Chinas Wirtschaft zu einem neuen großen Sprung rüstete. Er hat inzwischen begonnen, ohne Fanfare, also anders als der erste von 1958, aber wahrscheinlich mit noch geballterem Impetus. Die ständige japanische Wirtschaftsmission in Peking kalkulierte, daß Chinas Industrieproduktion seit 1964 jährlich wieder im Durchschnitt um 18–20 v. H. wächst, und die Agrarproduktion nach einer Reihe von Jahren abnorm hoher Zuwachsraten infolge der Aufholung der Einbrüche von 1960–62 um rund 5–7 v. H. pro Jahr[13]). In der Tat nahm der chinesische Außenhandel von 1963 bis 1966, soweit er sich mit westlichen und neutralen Ländern über Schanghai und Hongkong abwickelt, um nahezu 50 v. H. pro Jahr zu und zeigte erst wieder 1967 ein Abflachen der Kurve. Die sog. „konsolidierte Getreideproduktion“, die 1957 182 Mill. t betragen hatte, soll 1967 nach Angaben von A. L. Strongs Newsletter 300 Mill. t sicher überschritten haben (wobei man allerdings Einwände gegen die Fundiertheit dieser Quelle geltend machen kann).

Insgesamt läßt sich heute wohl folgendes über den chinesischen Entwicklungsweg sagen: Die Jahre des Unheils waren eine Bestandsprobe auf Biegen und Brechen, wurden aber mit Erfolg bezwungen. Die damals angetroffenen Schwierigkeiten zwangen zur Erfindung origineller Wege und hatten daher stimulierenden und letzten Endes heilsamen Einfluß auf die chinesische Wirtschaft. Es ist deshalb kaum eine Übertreibung, wenn Chinesen heute sagen, im Grund seien die Kalamitäten ein Segen gewesen. Die chinesische „Self-Reliance“ funktionierte. Das Land hat zu seinen außerordentlich hohen Wachstumsraten zurückgefunden, die ihm heute außer Nordkorea und Israel als einzigem Entwicklungsland versprechen, in absehbarer Zeit den Peloton der Industrienationen zu erreichen. Gleichzeitig hat sich China gänzlich vom sowjetischen Vorbild gelöst und ein Entwicklungsmodell eigener Art erarbeitet, das hochinteressante Züge aufweist. Nicht der geringste ist, daß Nordvietnam, dank der Verwendung chinesischer Praktiken und Vorbilder, nicht nur dem amerikanischen Bombenkrieg erfolgreich widerstand, sondern mitten im Konflikt seine Produktion so ausweiten konnte, daß es ihm und seinen Landsleuten im Süden möglich wurde, die USA militärisch in die Defensive und politisch zum Eingeständnis ihres Fehlschlags zu treiben – eine Entwicklung, die weltpolitisch und weltwirtschaftlich weitgehendste Konsequenzen haben muß.

VII

Indien war 1960 in seiner sozio-ökonomischen Entwicklung an einem Punkte angelangt, der in mancher Hinsicht analoge Aspekte zum chinesischen Dilemma vor dem Großen Sprung bot. Der 2. Fünf-Jahres-Plan Delhis hatte zwar erkleckliche Fortschritte gebracht, war aber hinter den meisten und wichtigsten Planzielen merklich zurückgeblieben, und es war klargeworden, daß das derzeitige Wachstumstempo, vor allem gemessen an der gleichzeitigen Bevölkerungsexpansion, nie ausreichen würde, um in menschlich faßbaren Zeiträumen das Land aus der drückenden Unterentwicklung herauszuholen. Aber mehr noch, die Plan-Maschinerie als solche bedurfte einer radikalen Überholung: Die Stahlproduktion hatte 40 v. H. des Planziels nicht erreicht, die Zementproduktion 30 v. H. nicht, statt 10 Mill. neuer Arbeitsplätze waren nur 6,5 Mill. geschaffen worden, dagegen hatten sich die Preise im Durchschnitt um 30–45 v. H. erhöht, und besonders die Konsumgüterpreise stiegen weiter jährlich um 6 Prozent. Auf dem Industriesektor machte der staatliche Sektor zwar eindrucksvolle Fortschritte, aber mehr und mehr wurden ihm langfristige Infrastrukturaufgaben mit geringer Rentabilität zugeschoben, während der Privatsektor die profitbringenden Aufgaben zugeschanzt bekam.
Noch kritischer war die Lage auf dem Agrarsektor. Die Versuche, das Los der Kleinbauern und Pächter zu erleichtern, waren bislang fruchtlos geblieben. Die Bodenpacht erreichte im Durchschnitt noch immer 40–45 Prozent. Die Versuche, die großen Landbesitze aufzuspalten, waren am Widerstand der Grundbesitzer gescheitert, die einfach die Eigentumstitel unter alle Mitglieder ihrer Familien verteilten und damit legal innerhalb der gesetzten Höchstgrenzen für Einzelgüter blieben. Dort wo die Grundrechte der Zamindaris enteignet wurden, geschah dies gegen Kompensation, die von den Kleinbauern aufzubringen war, was im Grunde nur wenig änderte; auf den Dörfern wurden die Zamindaris aus Grundherren nur Geldverleiher und Schuldenkreditore, was für die Kleinbauern auf beinahe dasselbe herauskam. Die ruralen Kredit-Kooperativen versagten hier in ihrer Aufgabe, Abhilfe zu schaffen. Ohne politische

Kontrolle, gerieten sie sofort in die Hände der auf den Dörfern führenden Notabeln, nämlich wieder der Zamindare und Großbauern, die dafür sorgten, daß die „richtigen Leute“ Kredite bekamen und die „unrichtigen“ nicht. Noch am Ende des 2. Planes waren 24 v. H. aller Bauern, nämlich nahezu 50 Millionen, völlig landlos, und selbst in Gegenden, wo eine verantwortungsbewußte Lokalverwaltung mit Nachdruck die Landreform zu betreiben versuchte, hinderten solche außerwirtschaftlichen Hindernisse wie Kastenvorurteile und der Appell an das Pflichtbewußtsein der niederen Schichten, ihre „gottgegebene Armut“ nicht zu verleugnen, die Landarbeiterschaft an der effektiven Übernahme von Neuböden [14]).

Die Zentrale in Delhi und der fortschrittliche Flügel der Kongreßpartei waren dieser kritischen Entwicklung durchaus nicht verschlossen. Auf dem Parteikongreß von Nagpur 1959 kam es zu einem massiven Vorstoß des linken Flügels des Kongresses, der energisch eine Reformulierung der Wirtschaftspolitik und besonders der Agrarpolitik bei Maximierung des Wachstums in der Produktion und hierzu Rückkehr zu einer relativ scharf sozialistischen Politik verlangte. Das Produkt dieser Debatten, die sog. Nagpur-Resolutionen, versprachen denn auch die Verbreitung des Kooperativsystems als Basis für die Landwirtschaft, die Durchsetzung der Größenbegrenzung für Güter, die Übertragung von hierdurch freiwerdenden Landreserven an die Pachayats, die für kollektive Bestellung und ökologische Infrastrukturarbeiten zu sorgen hatten. In der Industrie sollte der Staatssektor dem Privatsektor strenge Kontrollen auferlegen und dafür sorgen, daß genügend Investitionsmittel auch aus privaten Fonds nicht nur in besonders rentable, sondern vor allem volkswirtschaftlich notwendige Investitionsprojekte flossen. Als Fernziel wurde die Nationalisierung der Banken und die Beschränkung der Privatwirtschaft auf einige Reservat-Sektoren angestrebt.

Wenn die Nagpur-Resolutionen in der Folge toter Buchstabe blieben, so hatte dies folgende Gründe: 1. In der Zentralregierung war der in seine Altersjahre eintretende Nehru viel mehr ein Mann der Ideen als der Realisierungen. Nehru ließ es klar an Energie bei der Durchsetzung der Nagpur-Beschlüsse fehlen, er wandte sich anderen Fragen zu. 2. Der mächtige rechte Flügel des Kongresses lief im Verein mit der Privatwirtschaft Sturm gegen die unbequemen Resolutionen, und da auf dem flachen Land die Kongreß-Organisation praktisch in Personalunion mit der Honoratiorenschicht lebte, war von der Partei her keinerlei Impetus zur Verwirklichung zu erwarten. 3. Nehru und seine Regierung hatten sich resignierend zu der Auffassung durchgerungen, daß, wenn es nicht zu ganz umfassenden Strukturveränderungen kommen sollte, Indien seinen Ausbruch aus der Unterentwicklung nur mit Hilfe massiver Dosen von

Auslandshilfe bewerkstelligen könne, und daß zum Erhalt dieser Hilfe Konzessionen zu machen wären. Die maßgebenden fremden Geberregierungen aber wünschten nachdrücklich eine größere Rücksichtnahme auf die indische Privatwirtschaft, die in zahlreichen Fällen eng mit ausländischen Großfirmen verflochten waren, die Enthaltung von allen die Struktur infragestellenden Reformexperimenten und allgemein ein für die freie Unternehmerinitiative günstigeres Klima.

VIII

Einen Moment sah es auch so aus, als werde dieses Rezept der indischen Entwicklung kräftig auf die Beine helfen. Der 3. Fünf-Jahres-Plan begann mit wesentlich höheren Wachstumsraten und versprach, nicht nur die Planziele zu erfüllen, sondern darüber hinaus in Indien ein dynamisches Expansionsklima zu schaffen, das für den 4. Plan eine weitere kraftvolle Expansion, und dann zum größten Teil aus eigener Kraft, erhoffen ließ. Daß es hierzu nicht kam, liegt an folgenden, zum Teil sehr komplex miteinander verwobenen Faktoren: Privatwirtschaft und politische Rechte gaben sich mit der sozial-strukturellen Reformpause nicht zufrieden, sondern begannen eine großangelegte Gegenoffensive gegen Staatsplanung und Staatssektor, vor allem in der Industrie. Zu diesem Zweck wurden auch außenpolitische Argumente herangezogen, u. a. die Verweisung auf das vermeintlich gescheiterte Experiment des kommunistischen Chinas. Dies schuf eine Atmosphäre, in der Planungspolitik und Antiplan-Aktion einander Patt boten, zugleich aber auch die psychologischen Voraussetzungen für den Ausbruch des indo-chinesischen Konflikts vom Herbst 1962. Die schon totgesagten Chinesen trieben die indische Armee im Handumdrehen zu Paaren. Dennoch war das militärische Desaster eine Bagatelle im Vergleich zu den verheerenden politischen und psychologischen Auswirkungen des Konflikts. Man argwöhnte daher auch, daß die Chinesen sich bewußt zu Komplizen eines Teils der indischen Parteien gemacht hätten, um auf diese Weise jeder Reform und neuen Aufschwungsbemühungen des ihnen unliebsamen Rivalen einen Riegel vorzuschieben.
Denn das war praktisch das Fazit des unglücklichen Himalaya-Konflikts. Getragen von einer Welle von Antikommunismus und Chinesenangst, die sie heraufzuführen beigetragen hatte, deren sie aber nicht mehr Herr wurde, mußte die Zentralregierung die Verteidigungsausgaben von etwa 4 Prozent des Sozialprodukts graduell auf 16 Prozent steigern. Damit waren dem Staatssektor vorerst die Möglichkeiten genommen, sein Investitionsprogramm weiter auszubauen. Innere Reformen wurden jetzt,

besonders auf dem Agrarsektor, von der Rechten erfolgreich als „kommunistisch“ diffamiert und tabuiert. Indien mußte mehr als vorher an die Gebefreudigkeit ausländischer Leihhelfer appellieren, die ihrerseits Delhi ihre Bedingungen vorzulegen begannen. Der 3. Fünf-Jahres-Plan endete mit einem Mißerfolg; die anfangs recht hohen Wachstumsraten – in der Industrie 8,5 v. H. 1962 und 8 v. H. 1963 – sanken auf 4,6 v. H. 1965 und 2,7 v. H. 1966 ab [15]).

Die sich jetzt auftuende Krise war aber nicht nur ein Produkt falsch gelenkter Investitionsmittel und blockierter Produktionsreformen. Es tat sich nämlich jetzt der ganze immense Problemschlund auf, an dem Indien seit seiner Unabhängigkeit entlanggewandert war, ohne je wirklich durch und durch ernsthaft den Versuch gemacht zu haben, diese Kluft zu überbrücken. Die Konfrontierung mit der bitteren Realität begann, wenn man so will, im Moment der Himalaya-Krise, als die Regierung an die besitzenden Schichten Indiens appellierte, die von ihnen gehorteten Kapitalien, insbesondere Gold, für die nationale Verteidigung bereitzustellen. Das Gegenteil trat ein. Indiens Oberschichten begannen panisch, ihre Werte in Sicherheit zu bringen. 1967 schätzte man in Delhi, daß etwa 2 Mrd. Dollar indischer Privatguthaben im Ausland angelegt und dem indischen Aufbau entzogen worden seien, daß weitere 12–15 Mrd. Dollar im Lande selbst in Form von Edelmetallen in den Sparstrümpfen blieben und daß rund 6 Mrd. Dollar in Landspekulationen gesteckt wurden, nicht aber in Investitionsvorhaben, weil die indische Großbürgerschicht noch immer instinktiv Gold und Land für die sichersten, krisenfestesten Fluchtwerte hält [16]).

Mit der fortschreitenden Rehabilitierung der Privatwirtschaft und ihrer Unternehmerinitiative hätte das Land einen neuen Aufschwung durchmachen müssen. Das Gegenteil trat ein. Das Profitmotiv wirkte nicht ankurbelnd, sondern dämpfend in einer Gesellschaft, in der rund 60 v. H. der Bevölkerung über weniger als 20 Prozent des Realeinkommens verfügen und durch enorm niedrige Löhne und außerwirtschaftliche Beschränkungen wie das Kastensystem davon abgehalten wurden, je ihre Erwerbsmöglichkeiten fühlbar auszudehnen. Mehr noch, die immer größer werdende Spannweite des Einkommensfächers wirkte dämpfend auf den Opfergeist und die Arbeitsbereitschaft der breiten arbeitenden Schichten, die sich um ihren gerechten Anteil am Sozialprodukt betrogen fühlten. Indien hat in der Tat eine geringere Prognose der Einkommenssteuer als England, und die Erbschaftssteuer erreicht selbst für die höchste Vermögensgruppe nur 40 Prozent. Andererseits nehmen die lokalen Geldverleiher auf dem Land noch immer bis zu 72 Prozent Zinsen pro Jahr. Unter diesen Umständen war es nicht verwunderlich, daß in weiten Teilen des Landes die Bauernschaft die Mitarbeit an Ameliorierungsarbeiten ablehnte, daß die Pachayat-Projekte einschliefen, ja, daß ganze Dörfer mit Bestechungsgeldern die Anlage von Bewässerungssystemen auf ihrem Boden wegzukaufen suchten, weil eine solche Anlage neue Steuerauflagen bedeutet hätte, während ihre Früchte nur den Landlords und Zamindaris zugute gekommen wären [17]).

Auch die Auslandshilfe erwies sich als zweischneidiges Schwert. Zunächst erlaubte sie, die unbedingt notwendigen Strukturreformen auf die lange Bank zu schieben und jenen Anstrengungen auszuweichen, die zwar schmerzhaft gewesen wären, jedoch die Gewähr der Mobilisierung aller Kräfte geboten hätte. So wurde z. B. der Aufbau einer einheimischen Kunstdüngerproduktion ausländischen Konzessionsnehmern in Zusammenarbeit mit heimischen Privatunternehmen übertragen. Die Düngerfabriken blieben aber ungebaut, weil die Investoren sich ausrechneten, daß die Profitmarge für sie zu klein sei, und sie deshalb ihre Gelder zurückzogen. Noch krasser ist das Beispiel der amerikanischen Getreidelieferungen unter dem PL-480-Programm, das zwar kurze Zeit klar ersichtlich einen wertvollen humanitären Zweck erfüllte, dann aber zu einem Produktionsdämpfer wurde, weil marginale Bauernanwesen Getreide nicht zu kompetitiven Preisen produzieren konnten und sich deswegen von der Produktion zurückzogen. Das Ausbleiben einer progressiven Bodensteuer, die nicht als Dämpfer, sondern als Stimulans auf die Agrarproduktion einwirken würde, tut das ihrige, um die latenten Produktionskräfte festzuhalten. Eine solche Bodensteuer aber, so wurde mehrfach in politischen Gesprächen eruiert, wurde von den maßgeblichen ausländischen Kapitalgebern als nicht freundlich angesehen.

Die Krise wurde zum Debakel, als 1965 die Monsunregen nur einen Bruchteil der zu einer guten Ernte benötigten Menge erreichten. Es kam in weiten Teilen des Landes zu Mangelerscheinungen, die im nächsten Jahr, als der Monsun noch spärlicher Regen sandte, zur Hungerkatastrophe wurde, so etwa in Bihar und Teilen von Bengalen, aber auch in Orissa, Uttar Pradesh und Teilen von Rajasthan, Madras und Kerala. Für Millionen von Landbewohnern sank auf Monate die Tagesration auf weniger als 1200, ja vielfach unter 1000 Kalorien ab. Die Zahl der Hungertoten ist bis heute nicht festgestellt, aber man schätzte im Herbst 1967 in Patna, daß im Gangestal Millionen Menschen akute Opfer der Hungersnot waren. Nun tat sich die Perspektive auf die wirklichen Unterentwicklungssymptome des Landes auf: Der Monsun hatte, historisch betrachtet, in den letzten Dekaden immer mehr abgenommen, weil der atmosphärische Wasserkreislauf durch langanhaltenden Raubbau an der ökologischen Substanz gestört worden war. Man hatte jahrzehntelang die Wälder abgeholzt, so daß Indien, einst eines der waldreichsten Länder der Erde, heute nur mehr etwa eine

Walddecke von 20 v. H. seiner Gesamtfläche besitzt, während es mindestens 33 Prozent besitzen sollte, um eine gesunde Ökologie zu haben. Hand in Hand damit gehen die Lateritbildung, Versteppung, Erosion vor sich, die allein in Rajasthan jedes Jahr 700 qkm Kulturland in Wüste verwandeln. Mangelnde Bodenpflege, niedriges technologisches Niveau, Eigentumsverhältnisse und Indolenz der verelendeten Bauernmassen bewirken aber, daß nur etwa 25–30 v. H. der verfügbaren Kulturflächen wirklich bebaut werden, während der Rest mangels natürlicher Bewachsung und Wasserkonservation langsam verfällt. Schädlinge und Fäulnis fressen pro Jahr etwa die doppelte Menge der Getreideeinfuhren auf, rund 20 Mill. t, aber der indische Bauer weiß in seiner Mehrheit noch nicht, wie er dieser Plagen Herr werden kann. Es fehlen auf den indischen Dörfern dringend gebildete Fachleute, es fehlt völlig, was man in Westafrika encadrement und animation rurale nennt, d. h. ein Kaderapparat, der die Bauern organisiert, belehrt und anleitet. Dennoch gibt es in Indien 70 000 arbeitslose Ingenieure und eine noch viel höhere Zahl beschäftigungslose Techniker. Aber niemand führt sie auf die Dörfer zurück, im Gegenteil, wer Bildung erwirbt, verläßt das Dorf, um in den Städten höhere Einkommen und ein leichteres Leben zu suchen, Folge der fortschrittsfeindlichen Einkommensstaffelung, die jeden Anreiz nimmt, als Gebildeter aufs Dorf zu gehen, Folge auch einer mangelnden politischen und administrativen Strukturierung, Folge des Desinteresses der Großbauern an der Hebung des Bildungs- und Produktionsniveaus der Kleinbauern und Landarbeiter, die sonst nicht mehr die spottbilligen Arbeitskräfte bleiben, die sie sind, also genau dasselbe Kulakenproblem, das Rußland beim Beginn der Kollektivierung begegnete.

IX

All diese Probleme sind den indischen Fachleuten längst bekannt, aber mangels einer energischen politischen Initiative kam es im 3. Plan z. B. zur Aufforstung von nur 480 000 ha, und lokale Irrigationsarbeiten auf der Panchayat-Ebene unterblieben fast ganz. Hierzu gehört auch das enorme Energieproblem, das Indien zwingt, jährlich rund 100 Mill. cbm Feuerholz und etwa 80 Mill. t Kuhdünger in Dungbriketts zu verbrennen, obwohl die Waldabholzung zur Brennholzgewinnung weiter die ökologisch vitale Walddecke auffrißt und der Entzug von Dung aus der Düngerökonomie für die Unterproduktion jener 15–20 Mill. t Getreide verantwortlich ist, die Indien braucht, um seine 500 Mill. Menschen ausreichend zu ernähren. Aber obwohl das Problem in Delhi klar erkannt ist, hat die Erdölprospektion so gut wie keine Fortschritte gemacht, die

Kohleproduktion ist für den Hausverbrauch unerschwinglich teuer, und zur Anlegung von Klein- und „Volksbergwerken" auf dem Dorfniveau ist es bisher nicht gekommen, woran nicht ausschließlich der Mangel an Mineralreserven schuld ist. Der logische Ausweg, die Anpflanzung von ausgedehnten Feuerholzplantagen rund um jedes Dorf, wurde nur zögernd begangen und blieb im Ansatz stecken.

So sank Indiens Getreideproduktion von 81 Mill. t 1960/61 auf 72 Mill. t 1964/65 und 76 Mill. t 1965/66 ab; damit trat in weiten Teilen des Landes ein Ernährungschaos ein. Das Rationierungssystem wurde nie ernstlich durchgedrückt, es kam zu Spekulationshortungen und ausgedehnten Schwarzmärkten. Die Zentrale verlor den Überblick, und anstatt zwischen den Unionstaaten einen Spitzenausgleich der Reserven zu erzwingen, kam es zur Parzellierung der Versorgung mit der Errichtung von Binnenhandelsgrenzen an den Provinzgrenzen, wo bewaffnete Polizei darüber wachte, daß kein Überschußgetreide aus Erzeugerprovinzen in die Defizitstaaten exportiert wurde. Vielmehr benutzten die Provinzialregierungen die Reserven in ihrer Hand zu politischen Tauschgeschäften. Zwischen 1964 und 1968 stiegen die Nahrungsmittelpreise um rund 90 v. H., die Rohstoffpreise für die Industrie um 73 v. H., während auf All-India-Basis der pro-Kopf-Verbrauch von Getreide zwischen 1965 und 1967 um 15,5 v. H., der von Speiseölen um 37,5 v. H. und von Baumwolle um 8,8 v. H. zurückging [18]). Die Krise griff im großen Umfang auf die Industrie über, wo die Wachstumsrate auf 2,8 v. H. 1966/67 und 2,1 v. H. 1967/68 sank [19]). Das Pro-Kopf-Realeinkommen bei konstanten Preisen wuchs 1966 nur um 1,5 v. H. und 1967 um 0,8 v. H. [20]), und selbst diese Zahlen werden in weiten Kreisen als optimistisch angezweifelt.

Die Bedeutung der indischen Rezession wurde im Ausland voll verstanden, und das zur Unterstützung der indischen Entwicklung 1961 gebildete Indienkonsortium ließ Entwicklungshilfe im Rhythmus von rund einer Milliarde Dollar pro Jahr in Form von Krediten oder sogar von verlorenen Zuschüssen, diese vor allem auf dem Nahrungssektor, anlaufen. Die politischen Motive wurden dabei nicht mehr verhehlt: Es ging darum, Indien als Entwicklungsmodell vor dem Zusammenbruch zu bewahren, um nicht der kommunistischen Alternative freies Feld zu lassen. Schon kam es in Indien selbst zu alarmierenden, weil spontanen Bauernaufständen wie die Naxalbari-Zwischenfälle in Bengalen. Andere, weniger weit publizierte Herde schwelten in allen Teilen des Landes.

Nur die massive Auslandshilfe und ein partielles Schuldenmoratorium stützten die wankende indische Wirtschaft ab. Die Lebensmittelimporte, zu einem großen Teil kompensationslose Zuwendungen der großen Geberstaaten wie der USA, erreichten 6,7 Mill. t 1965, 8 Mill. t 1966,

10,4 Mill. t 1967 und werden 1968 7–8 Mill. t betragen. Die Finanz- und Kredithilfe erreichte, wie schon gesagt, ungefähr eine Milliarde Dollar pro Jahr und soll sich auf diesem Niveau vorläufig weiter halten. Dieses Volumen ist notwendig, denn im Rechnungsjahr 1966/67 kamen die indischen Exporte auf 7,8 Mrd. Rupien zu stehen, das Außenhandelsdefizit erreichte 6,23 Mrd. Rs., und dementsprechend bezifferte sich die Auslandshilfe auf 6,65 Mrd. Rs. Dies hat jetzt dahin geführt, daß etwa 30 Prozent aller gegenwärtigen und künftigen Devisenerlöse des indischen Außenhandels vom Schuldendienst für die Kreditgewährung in der Vergangenheit aufgesogen werden.

Ein außergewöhnlich guter Monsum 1967 verhalf Indien zu einer Winterernte, die vorläufig auf rund 90 Mill. t Getreide geschätzt wird, Dennoch werden nach indischen Schätzungen [21]) die ausländischen Getreidezufuhren weitergehen müssen, bis, im optimistischen Fall gegen 1975, die Selbstversorgung sichergestellt ist. Am guten Willen der Hilfsgeber ist vorläufig nicht zu zweifeln. Dennoch war die Krise noch tief genug, um den Start des 4. Fünf-Jahres-Planes zu verzögern. Man darf neugierig sein, wie sich Indiens Aufbruch in die nächste Phase des Entwicklungsvormarsches vollziehen wird.

Wenn man Indiens gegenwärtige Lage mit der Chinas in den letzten 10 Jahren vergleicht, so drängen sich die Parallelen zu jener Situation auf, in der sich der östliche Nachbar Indiens im Frühjahr 1962 nach den „Kalamitätenjahren“ befand. Mit sechs Jahren Zeitabstand durchliefen beide Länder schwere, maßgeblich von Naturkatastrophen ausgelöste Produktions- und Strukturkrisen und mußten nach deren Überwindung ihr Planungs- und Produktionssystem wesentlich umstellen. Aber von da an welcher Unterschied: China warf sich mit geballter Kraft auf ökologische Infrastrukturarbeiten, um die Natur nach und nach in den Griff zu bekommen. In Indien fehlt es an vergleichbaren Großvorhaben. China mobilisierte alle verfügbaren Arbeitskräfte. In Indien bleibt die rurale Unterbeschäftigung weiter eines der Hauptprobleme. China vollbrachte seine innere Sanierung nicht nur ohne jede Auslandshilfe, sondern zahlte daneben noch Kreditschulden ab und leistete, wenn auch in reduziertem Umfang, selbst die an kleine Klienten versprochene Hilfe. Es zahlte für seine Getreideimporte bar und reduzierte sie sofort nach Überwindung der Krise fühlbar. Indien nimmt Auslandshilfe in der Höhe von 85 v. H. seiner Gesamtexporte und mußte daneben noch über ein allgemeines Schuldenmoratorium verhandeln, kurz, es befindet sich im Stadium der „dynamisch ausgebauten Stagnation“. Die Liste dieser sehr wesentlichen „Unterschiede“ läßt sich noch beliebig verlängern.

X

All diese Vergleiche führen notwendigerweise zu einer kritischen Revision der Kriterien für den Erfolg oder Mißerfolg eines Entwicklungsexperiments überhaupt. Entwickler und Entwickelte haben schon zu viel von den leichtfertig und oberflächlich abgegebenen Urteilen über Entwicklungsstand und -fortschritt einer unterentwickelten Gesellschaft gesehen. Es hat sich gezeigt, daß die Zahl der vorhandenen Touristenhotels, der importierten Personenwagen, der vom Ausland meist aus politischen Gründen spendierten „Weißen Elefanten" ohne jeden Aussagewert für die wirkliche Entwicklungsdynamik geblieben ist. Ebenso hat sich hinreichend gezeigt, daß originalgetreu aus den Industrieländern eingeführte Stimuli und Prinzipien wie etwa die freie Unternehmerinitiative oder das Profitmotiv unter anderen Himmeln durchaus wirkungslos bleiben können. Es scheint wesentlich auf andere Axiome anzukommen. Kein geringerer als der große schwedische Soziologe Gunnar Myrdal gibt nach einer im wesentlichen auf die Untersuchung Indiens und Südostasiens gestützten 10jährigen Studie ausführlich Auskunft [22]). Wie schon andere vor ihm auf Teilsektoren, so legt Myrdal eindringlich klar, wie sehr sich die orthodoxen Entwicklungsplaner und -propheten, zumindest im Westen, in der Beurteilung der Bedingungen und Möglichkeiten geirrt haben. Was immer die industrialisierten Hilfsgeber in Asien tun können, bleibt marginal, weil die entscheidenden Dinge von den betroffenen Völkern selbst getan werden müssen. Es ist nicht der Mangel an Kapital, der die Entwicklungsnationen am Aufstieg hindert, sondern das Unvermögen, die vorhandenen Kapitalien zu mobilisieren und darüber hinaus jene Struktur-inherenten Hemmungen und Widerstände wegzuräumen, die einem Aufbruch aus eigener Kraft im Wege stehen. Solange diese fortexistieren, verpuffen auch die großzügigsten Hilfsaktionen. Die großen Hoffnungen der jungen Nationalstaaten nach erlangter Unabhängigkeit verblichen in den meisten Fällen, weil der Übergang in die nationale Freiheit nicht begleitet oder gefolgt war von einer politico-sozio-ökonomischen Revolution, die die alten Tabus wegräumte und die Massen entwicklungsbewußt machte. Länder wie Indien verdienten sich ihre Freiheit nicht durch politischen Kampf, und daher sind heute die breiten Massen nicht geschult, ihre Stimmen im Rahmen einer Formaldemokratie zur Durchdrückung von Reformen und Massenaktionen hören zu lassen. Dünne Oberschichten benutzen den Sozialapparat zur Verteidigung und Förderung ihrer Interessen und verurteilen damit weiteste latente Produktivkräfte zur Untätigkeit. Effektive Landreform erweist sich immer mehr als unverzichtbares Prärequisit eines echten Entwicklungsaufbruchs. Durch sie und ohne riesige Kapitalinvestitionen, lediglich durch sachgerechtere Organisation und Erziehung der Bauernmassen zu intensiverem, produktiverem Mitarbeiten lassen sich ganz erhebliche Produktionssteigerungen erzielen, vor allem, wenn sie gekoppelt sind mit wirksamen Schritten zur Geburtenkontrolle. Auf lange Strecken liest sich eine Darstellung wie die Myrdals wie ein unausgesprochenes Plädoyer für Chinas Weg ...

In diesem Licht müßte man sich die Frage vorlegen: Wie haben Indien und China, jedes auf seine Weise, die rurale Reform- und Restrukturierungsaufgabe angefaßt? Wie haben sie das Problem der Revolution zur Wegräumung archaischer Entwicklungshemmnisse angegangen? Welches der beiden Länder hat die enorme Aufgabe der ökologischen Substanzbewahrung und -verbesserung entschieden angepackt? Welches von ihnen hat sich an das kaum weniger dräuende Problem der Mobilisierung des lantenten Sparkapitals in Form ungenutzter Arbeitskräfte herangewagt? Welches von beiden hat die Freimachung der eigenen Mittel und Quellen maximiert und die Rolle der Auslandshilfe minimisiert? Welches von beiden hat den allen geballten Anstrengungen der Nation so abträglichen Einkommensfächer rigoros immer weiter verengt, sein Steuersystem reformiert und maximale Anteile des Sozialprodukts für Investitionen freigemacht? Welches von beiden hat andererseits dem so gefährlichen Regionalismus entgegengewirkt, Schwarzmarkt- und Spekulationserscheinungen unterdrückt und der Masse der Normalverbraucher in höheres Existenzminimum effektiv garantiert, wenn auch auf Kosten der Konsumfreiheit der Oberschichten?

Wenn man sich diese Fragen im Lichte dieser Darstellung beantwortet, kann es keinen Zweifel daran geben, daß China und Indien sich nicht mehr in derselben Kategorie von Entwicklungsländern befinden. Zur Bemessung ihrer Leistung und ihrer dabei entwickelten Dynamik genügt nicht mehr der übliche Blick auf das Lebensniveau der gehobenen Schichten. Die tiefergehende Analyse zeigt, um wieviel vor allem qualitativ, institutionell, strukturell China Indien vorausgeeilt ist. Aber auch wenn vergleichsweise Quantifikationen heute dem außenstehenden Beobachter möglich wären, müßte er zwangsläufig den deutlichen Vorsprung Chinas konstatieren. Die Chinesen wissen das, und es gibt keinen Zweifel, daß sie im gegebenen Moment nicht zögern werden, vor der gesamten Entwicklungswelt das Funktionieren und die Resultate ihres Experiments ostentativ auszubreiten. Dies um so mehr, als sie selbst laufend betonen, daß Wirtschaft für sie weder Selbstzweck noch maßgebendes Kriterium für den Erfolg einer Gesellschaftsordnung ist, sondern lediglich Handlangerin beim Bau einer neuen, gerechteren, von inneren Widersprüchen freieren Sozialstruktur. Wenn der Moment dieser Schaustellung eintritt, dann werden in Afro-Asien wahrscheinlich nicht mehr nur Vergleiche gezogen werden, sondern es wird das Stadium der pragmatischen Seitenwahl beginnen. Es wäre gut, wenn die Industrienationen sich auf diesen Zeitpunkt vorbereiten würden, und zwar mit Vorzug durch Bereitstellung eines ähnlich attraktiven Gegenmodells, das heute nicht mehr in Indien gefunden werden kann, eines Modells, das nicht nur den materiellen Leistungen der Chinesen Pari bietet, sondern – immer aus der Sicht der Entwicklungsnationen – ähnliche gesellschaftliche Errungenschaften aufweisen kann.

1 UN Yearbook of National Accounts Statistics, New York 1963; ECAFE, Economic Survey of Asia and the Far East, Bangkok 1964; UN Statistical Yearbook, New York 1964.
2 P. C. Verma: Economic Growth in India and China, Mainstream, Vol. V., No. 29. S. 31 ff., New Delhi 18. März 1967.
3 Zitiert nach The Eastern Economist, 1963 Annual, New Delhi 1964, S. 228.
4 Tata Industries, Statistical Outline of India, Delhi 1961, S. 36.
5 J. Peterson: The Great Leap-China, Bombay 1966, S. 328 ff.
6 Peterson aaO, siehe Anm. 5, S. 240 ff.
7 Bettelheim, Charriere und Marchisio: La Construction du Socialisme en Chine, Paris 1965.
8 W. K. (Pseudonym): Communist China's Agricultural Calamities, in: R. MacFarquhar: China under Mao, London 1966, S. 274.
9 Wir verweisen hier auf die beiden ausgezeichneten Darstellungen des Großen Sprungs auf dem Agrarsektor, nämlich M. Biehl: Die chinesische Volkskommune, Hamburg 1965, und C. Ullerich: Die chinesische Volkskommune, in: Geopolitik, April 1967.
10 Ullerich aaO, siehe Anm. 9, S. 97 ff.
11 Bettelheim u. a. aaO, siehe Anm. 7, S. 68.
12 China reconstructs, Peking 28. November 1965.
13 Economist of Japan, Tokio 9. Juli 1967.
14 Siehe hierzu in großem Detail K. Nair: Blossoms in the Dust, London 1961.
15 First National City Bank, Delhi, India in Figures, Delhi 1967.
16 Ronald Segal: The crisis of India, London 1968, S. 212 ff.
17 Siehe Anm. 16, aaO, S. 154 ff.
18 Far Eeastern Economic Review, Hong Kong, 4. Januar 1968.
19 The Patriot, New Delhi, 20. April 1968.
20 Link, New Delhi, 11. April 1968.
21 Siehe Anm. 20, aaO, New Delhi, 18. April 1968.
22 G. Myrdal: An Asian Drama, New York 1968.

C. Materialien

Helga Boss-Stenner

Faszination contra Abwehr – oder Information?
Bücher über China

Die Beurteilung und Interpretation des Phänomens „China" scheint bis dato Schwierigkeiten zu bereiten: Es gibt Autoren, die sehr schnell als „Maoisten" abgestempelt werden, weil sie nach Meinung ihrer Kritiker die Lage allzu positiv und euphorisch darstellen. Dann gibt es die sofort erkennbaren „Antis", die im Rahmen der ihnen geläufigen Klischees mit großer Courage daran gehen, vor der Gefährlichkeit dessen zu warnen, was in China seit der Revolution und durch sie entstanden ist und seit der Kulturrevolution in den späten sechziger Jahren erneut in das Bewußtsein einer breiteren Öffentlichkeit gerückt wurde. Autoren aus dem Zwischenbereich zwischen Euphorie und bloßer Bewunderung einerseits und manifestierter Ablehnung andererseits sind rarer oder weniger bekannt, zumindestens in der Bundesrepublik. Man könnte darin ein Symptom für unsere wachsende Unfähigkeit und mangelnde Bereitschaft sehen, sozio-kulturelle Umwandlungsprozesse anderer Völker als Teil deren historischen Entwicklungsweges anzuerkennen und Folgewirkungen für die weltpolitische Situation von daher zu interpretieren. Ein Seitenblick auf die jüngste politische Entwicklung in der BRD in Verbindung mit der Diskussion über die Ostverträge macht peinvoll sichtbar, wie schlecht wir *unsere eigene* Geschichte beherrschen.
Von den achthundert Millionen Chinesen in der Volksrepublik China sind die überwältigende Mehrheit Bauern. Der Redaktion dieses Bandes über das „Weltagrarproblem" schien es daher nicht möglich, China in dieser Betrachtung auszulassen. Aus den eingangs erwähnten Gründen hat sie darauf verzichtet, einen „Chinaexperten" um einen größeren Beitrag zu bitten. Stattdessen möchte sie den interessierten Leser in diesem dritten Teil des Bandes mit Büchern über China bekannt machen, die es ihm ermöglichen, sich selbst ein Bild über die Vorgänge und Auswirkungen des chinesischen Entwicklungsprozesses zu machen, Antworten auf die Fragen zu finden, was die chinesische Revolution, der „Maoistische Sozialismus" und die Kulturrevolution für die achthundert Millionen Chinesen bedeuten. Was ist – im Vergleich zum vorrevolutionären China – heute anders geworden? Aber auch: von welchen moralischen und sozio-kulturellen Zielvorstellungen werden diese Menschen motiviert?

Antworten auf diese und andere Fragen finden sich in den Büchern über China von drei Autoren, die wir vorstellen möchten: dem italienischen Schriftsteller Alberto Moravia und den beiden schwedischen Journalisten und Schriftstellern Olof Lagercrantz und Jan Myrdal. Diese Autoren sind längere Zeit in China gewesen, um an Ort und Stelle das „neue China" zu entdecken. Bei aller Unterschiedlichkeit in der literarischen Aufbereitung des Materials sowie subjektiver Interessen, die jeder Autor in sein Buch mit eingebracht hat, kommen die drei Autoren bei der Feststellung und Beurteilung wesentlicher Grundzüge des chinesischen Entwicklungsweges zu den gleichen Ergebnissen. Es soll hier nicht einer – ohnehin dubiosen – Objektivität das Wort geredet werden, entscheidend ist vielmehr, daß der bewußte und kontrollierte Verzicht auf Vergleichs- und Bewertungsmaßstäbe, mit denen wir unsere eigene Entwicklung zu beschreiben gewohnt sind, den Leser näher an die chinesische Wirklichkeit heranbringt als der qualvolle Versuch, diese Wirklichkeit nach westlichen Vorstellungen „zu deuten". Es ist wohl kaum ein Zufall, daß alle drei Autoren nachdrücklich vor solchen Deutungsversuchen warnen.

Alberto Moravia – Meditationen über eine Utopie [1]

Wer Romane von Alberto Moravia gelesen hat, wundert sich nicht darüber, daß er, als er während der Kulturrevolution nach China reiste, vor allem von den moralischen und sozialpsychologischen Motivationen fasziniert war, die die alten feudalen Strukturen der chinesischen Gesellschaft schließlich zu Fall gebracht und neue „Leitbilder" für ein Volk gesetzt haben, das in seiner Mehrheit aus bäuerlichen Existenzen besteht. Bereits im Einleitungsdialog wird diese Faszination erkennbar. Von einem fiktiven Gesprächspartner läßt sich der Autor die Frage stellen, was ihn in China am meisten beeindruckt habe und gibt zur Antwort: „Die Armut". Aus Rede und Gegenrede entwickelt er einen „akademischen" Disput, der die Relativität von Wertmaßstäben und Verhaltensweisen, wie sie zum Beispiel der Industriegesellschaft westlicher Prägung zugrundeliegen, aufzeigt. In China sind zur Zeit alle Menschen „arm". Kann man, so fragt Moravia, von „Armut" sprechen, wenn es keinen „Reichtum" gibt? Für diesen Zustand fehlt uns der Begriff: „Es gibt noch kein Wort, das einen Armen an und für sich bezeichnet, ohne Vergleich mit dem Reichen." Die chinesische Armut ist also eine „Armut ohne Reichtum oder genauer betrachtet, der normale Zustand des Menschen." Moravia kommt zu dem Schluß, daß durchaus eine Gesellschaftsordnung

1 *Alberto Moravia:* Die Kulturrevolution in China, Rowohlt Taschenbuchverlag, Reinbek bei Hamburg, Oktober 1971. Band Nr. 1456, 119 Seiten.

vorstellbar ist, die nicht auf „Herstellen und Verbrauchen“ um des Produzierens und Konsumierens willen basiert, die nicht „Überfluß“ schafft, indem sie dem Menschen solange neue „Bedürfnisse“ suggeriert, bis er diese für „notwendig“ hält („Die Verwandlung des Überflüssigen in das Notwendige schafft den sogenannten Konsumenten“). Gerade in der „Armut“ des chinesischen Volkes sieht Moravia die Chance für eine neue Gleichheitsutopie, die den Menschen „von einem Grundübel seiner Existenz, dem Reichtum, befreien könnte“, indem sie sich einen Maßstab für „das Notwendige“ setzt, der nicht – oder noch nicht – von „Überfluß“ abgeleitet ist. Moravia glaubt in China den Versuch zu erkennen, diese Utopie in „geschichtliche Wirklichkeit“ umzusetzen: ... „Der heutige Mensch liebt es, herzustellen und zu verbrauchen. Aber der Mensch von morgen könnte vollkommen anders sein.“

Politiker und Erzieher

Das Buch der Mao-Zitate, das fast jeder Chinese bei sich trägt, nimmt Alberto Moravia zum Ansatz seiner Deutung einer Lehre, die er „Marx im System des Konfuzius“ nennt. Mao ist ein politischer Schriftsteller wie Marx, aber er ist auch ein „typisch chinesischer“ Schriftsteller mit der Berufung zum Erzieher. Obwohl auch Moravia zugibt, daß „es wohl kaum einen modernen Denker gibt, der Konfuzius weniger ähnlich ist als Marx – jener Künder einer konservativen Weisheit, in der sich die Unbeweglichkeit und Klarheit einer feudalen Ordnung“ widerspiegelt, und dieser „Schöpfer einer revolutionären Doktrin, in der sich die Bewegung und der Tatendrang einer Welt widerspiegelt, die rasch vorwärtsschreitet“ – sieht er bei Mao Tse-tung – „vielleicht mehr in der Tonart als gedanklich – eine Durchdringung, eine Verschmelzung und wechselseitige Berichtigung dieser beiden so verschiedenartigen Denker.“ Dabei „werden die Gedanken von Marx nicht etwa grundlegend verändert, aber sie werden in kaum merkbarer Weise von ihrer dramatischen, problematischen und dialektischen Ebene – die der gesamten europäischen Kultur eigen ist – auf die erzieherische, belehrende, maßstabsetzende verlagert, die bei Konfuzius und allgemein in der chinesischen Kultur zum Ausdruck kommt.“

Keine Synthese also mit einer Lehre, sondern „Umwandlung“ derselben für eine spezifische Situation, damit sie Veränderung bewirken kann. Und bereits bewirkt hat, durch die sichtbare Tatsache „der Einförmigkeit und Nivellierung der Masse“, die die gleiche Kleidung trägt. Geschlechtsunterschiede und Persönlichkeitsunterschiede werden damit ausgelöscht. An dieser Stelle verzichtet der Autor nicht auf einen Vergleich mit der westlichen Welt. Erst aus der „Mannigfaltigkeit in wirtschaftlichen, psychologischen und kulturellen Bezügen", auf die wir Wert legen, lasse sich „die enorme Bedeutung dieser Einförmigkeit" begreifen. Sie ist gewollt und notwendig als Ausdruck der Gleichheit und diesem Ziel diente und dient auch die Kulturrevolution. Sie ist eine Revolution eben nicht mehr auf sozialer Ebene, im Bereich der gesellschaftlichen Grundstruktur, denn die hat sich bereits verändert, sie ist eine Revolution im kulturellen Bereich, also im Bereich des „Überbaus". Sie ist gerichtet gegen die Bürokraten, Politiker, Intellektuellen und Kader, die seit der großen chinesischen Revolution aus der Masse der bäuerlichen Menschen ausgebrochen sind und sich aufgrund ihrer Funktionen und Positionen nach wenigen Jahren schon wieder besser und wichtiger vorkamen als die Bauern, Handwerker und Arbeiter. Die Träger der Kulturrevolution sahen und sehen darin einen Rückfall in kapitalistisch-kleinbürgerliche Vorstellungen, den es aufzuhalten gilt. Dies ist kein soziales sondern ein moralisches Problem, das mit erzieherischen Mitteln gelöst werden muß. Aus der Verlagerung auf die moralische Ebene gewinnt die Kulturrevolution „Dauer": „Eine Revolution und ein Klassenkampf, die daraufhinzielen, den Menschen zu verändern, können dauern". Für Mao ist „Klasse" eine moralische Kategorie: „Die Verkörperung des Guten ist das Proletariat, die des Bösen das Bürgertum. Folglich ist Klassenkampf heute in China ein Kampf gegen das Böse. Mit anderen Worten: die Klasse existiert nicht nur außerhalb des Menschen, als sein Milieu, sondern auch in ihm" – als eine Versuchung, gegen die er ständig ankämpfen muß. Hier liegt ein wesentlicher Unterschied zwischen Maoisten und „revisionistischen" Kommunisten; „Mao", so formuliert es Moravia, „will dem bäuerlichen China, dem menschlich intakten, unverdorbenen, naiven und jungfräulichen Land, zum großen Schritt aus der handwerklichen und ländlichen Gesellschaft in die technologische Gesellschaft verhelfen, ohne die bisher scheinbar unvermeidliche kleinbürgerliche Phase des Kommunismus zu durchlaufen." Oder mit anderen Worten: „Die Utopie der Kulturrevolution möchte, daß in eine in der Zukunft geschaute wissenschaftliche Gesellschaft der Bauer mit einer intakten Menschlichkeit gelangt und nicht der herabgewürdigte, subalterne, in Vorurteile verstrickte Kleinbürger."

Ohne Frage mutet der Romancier Alberto Moravia dem Leser seines Buches über China eine Menge zu, vor allem auch Distance zu sich selbst und damit die Bereitschaft, die neue Situation in China als Konsequenz einer Entwicklung verstehen zu lernen. Deshalb ist das Buch eine gute Ergänzung zu den Büchern der beiden schwedischen Schriftsteller Lagercrantz und Myrdal.

Olof Lagercrantz – Mehr als ein „Report" [2]

Im Vergleich dazu sind allerdings die Berichte von Olof Lagercrantz nüchterner, aber darum nicht weniger engagiert. Auch er ist ein Literat, er hat Gedichte und Prosa geschrieben, aber er ist vor allem auch ein passionierter Journalist und Reporter. Als einer der ersten europäischen Journalisten erhielt er nach der Kulturrevolution im Herbst 1970 eine Einladung nach China. Über diese Reise hat er in der größten schwedischen Tageszeitung, „Dagen Nyheter", fünfzehn Artikel veröffentlicht, die der Suhrkamp-Verlag danach als Taschenbuch herausbrachte. Auch Lagercrantz geht von der Grundthese aus, daß China heute nur der beurteilen kann, der es nicht mit dem Westen vergleicht, sondern mit dem China vor der Revolution: „Mit unserem Hochmut und unseren Vorurteilen nach China zu kommen, ist unangebracht – bescheiden zuzuhören scheint mir eher am Platz zu sein." Er stimmt mit Moravia überein, daß der Maoismus dem chinesischen Wesen entspricht, daß er vor allem kulturelle Werte aufgreift und neu interpretiert, die in China zu allen Zeiten von Bedeutung waren. Etwa „das Glück der Masse: Trost in dem Gedanken, daß es viele sind, Kraft in der Gemeinschaft finden, das ist in China Tradition." Sie hat die chinesische Revolution getragen und trotz aller Rückschläge immer wieder beflügelt. Um noch einmal einen Vergleich mit der westlichen Welt anzustellen, so liegt „der entscheidende Unterschied darin, daß der Mensch in concreto so ungeheuer viel mehr bedeutet als bei uns." Die Menschen also sind das große Vermögen Chinas. Wenn, so meint Lagercrantz, nicht Mao diesen Gedanken durch viele Jahre hindurch propagiert hätte – dann hätte es ein anderer getan. Die Kulturrevolution wird auch von diesem Autor als „ein Sprung nach vorn auf Gleichberechtigung hin" interpretiert. Gleichberechtigung jedoch nicht nur im Sinne der Überwindung von Klassengegensätzen, sondern gleichzeitig auch „zur Überwindung der wachsenden Kluft zwischen Theorie und Praxis – einem der größten Probleme unserer Zivilisation". In China versucht man diese Kluft zu überwinden, indem man eine Gemeinschaft zwischen Kopf- und Handarbeitern schafft. Zu dem Einwand, eine moderne Gesellschaft brauche in erster Linie Experten, meint Lagercrantz, man sei sich auch in China dieses Problems bewußt und suche deshalb nach einem Mittelweg: „Das Experiment China vollzieht sich in strenger Regie, aber es ist, nach dem, was ich dort erfahren konnte, kein toter Laboratoriumsversuch, sondern es geschieht unter Menschen, die die Möglichkeit haben, selbst daran teilzunehmen und den Prozeß während der Entwicklung zu beeinflussen und zu verändern." In

2 *Olof Lagercrantz:* China-Report. Suhrkamp Verlag, Frankfurt am Main, 1971, 133 Seiten.

China herrscht eine „demokratische Diktatur des Volkes“ und der Unterschied zwischen der UdSSR und China besteht darin, daß Mao Tsetung der bedeutendste unter den marxistischen Denkern gewesen sei, die den Schwerpunkt der Revolution von den Arbeitern auf die Bauern verlagert haben. Sie waren in China die überwältigende Mehrheit der Bevölkerung und Mao hat sich darum mit ihnen verbündet. Die „Geschichte der Revolution“ hat Mao recht gegeben. Im Auf und Ab des chinesischen Bürgerkrieges wurde der Kommunismus in den Städten fast völlig vernichtet, während er auf dem Lande ständig zunahm. Gleich Moravia spricht Lagercrantz von Mao als einem „Staatsmann und Erzieher“, realistisch und erfahren und von einem lebendigen Mitgefühl für das chinesische Volk erfüllt. Diese Bindung rechtfertigt auch das Kulthafte an Maos Lehre und Person, das „religiöse“ Element in der Kommunikation zwischen dem Lehrer und einem Volk von Schülern, dem Lagercrantz auch über den Tod von Mao hinaus Dauer zubilligt.
In seinem bemerkenswerten Schlußwort (Artikel 15) rückt Lagercrantz China in das Blickfeld der Weltpolitik und zieht den Schluß, daß „in China bestimmte Dinge, die wir schätzen, nicht existieren. Aber es hat sie dort auch nie gegeben.“ Darum also, „will man China irgendwie vergleichen, muß man es zunächst mit dem vergleichen, was es einst war. Tut man das, *muß* man für das jetzige Regime Stellung nehmen und darauf hoffen, daß es in Frieden weiter arbeiten kann.“

Jan Myrdal – Chinesische Bauern erzählen [3]

Man könnte sich vorstellen, daß der eine oder andere mit diesem letzten Zitat von Olof Lagercrantz übereinstimmt, nachdem er die Berichte der Einwohner des Dorfes Liu Ling gelesen hat, die Jan Myrdal zu einem Buch zusammengestellt hat. Jan Myrdal, der Sohn von Alva und Gunnar Myrdal, hat gemeinsam mit seiner Frau, der Kunstmalerin und Fotografin Gun Kessle, 1962 in der Volkskommune von Liu Ling mehrere Wochen „unbeaufsichtigt“ verbringen können und mithilfe zweier Dolmetscherinnen aufgeschrieben, was die Dorfbewohner aus ihrem Leben vor und während der Revolution erzählt haben. In Liu Ling wohnen fünfzig Familien. Es ist ein kleines Dorf, „auf keiner Karte vermerkt“, aber es liegt in der Provinz Shensi im Norden von China, in der 1935 der „Lange Marsch“ der Roten Armee endete und die Rückeroberung Chinas begann. Die Dorfbewohner waren also von den Ereignissen unmittelbar betroffen und Jan Myrdal läßt Alte und Junge, Männer und

3 *Jan Myrdal:* Bericht aus einem chinesischen Dorf. Deutscher Taschenbuchverlag, München 1969. 370 Seiten.

Frauen, ihre ganz persönlichen Erlebnisse und Eindrücke schildern. Man erfährt, wie sie vor der Revolution gelebt haben und wie sich im Verlaufe der Revolutionsbewegung ihr Leben allmählich grundlegend veränderte. Revolution, Rote Armee, der Vorsitzende Mao, das bedeutete zunächst Umsturz einer alten Ordnung. Es war, zumal für die Älteren, nicht einfach, sich von fast „ewiger" Abhängigkeit von feudalen Grundbesitzern frei zu machen, deren Land diese Bauern und ihre Familien für einen Hungerlohn zu bewirtschaften hatten. An Naturkatastrophen und Hungersnöte gewöhnt, waren ihnen Begriffe wie „Vorsorge" fremd, zumal in der bergigen, kargen Lößlandschaft keine großen Ernten zu erwarten waren. Man erlebt nun aus den Berichten dieser Bauern die ersten Anfänge einer neuen Ordnung, die sie sich selbst schufen. Sie begannen, sich in „Arbeitsgemeinschaften" zusammenzuschließen und den größten Teil der Parzellen gemeinsam zu bewirtschaften. Sie konnten sich allmählich davon überzeugen, daß die gemeinschaftliche Arbeit dem einzelnen mehr einbrachte als die individuelle Bewirtschaftung der Parzellen, an der einige ältere Bauern zunächst festgehalten hatten. Aus den Arbeitsgemeinschaften entstand später eine Genossenschaft, die nach dem Sieg der Roten Armee reibungslos und ohne nennenswerte Änderungen in eine Kommune umgewandelt wurde.

Da in diesen Berichten die vorrevolutionären Verhältnisse eingehend beschrieben werden, kann man das Ausmaß der Veränderungen ermessen, das die Revolution für diese Menschen bedeutet hat. Jan Myrdal hat mit der Akribie des Soziologen den Berichten der Dorfbewohner auch Daten und Aufstellungen beigefügt: Über die Bevölkerungs- und Familienstruktur der Bewohner von Liu Ling, über die Preise für wichtige Nahrungsgüter, über die „Besitzverhältnisse" zu Beginn der Revolution, über die bebaute Fläche, über die Anzahl der Höhlen, in denen diese Bauern wegen der klimatischen Verhältnisse leben usw. Es ist sehr spannend zu vergleichen, wie sich auch die persönlichen „Besitzverhältnisse" dieser Bauern allmählich verbessert haben. Als Jan Myrdal seinen Bericht schrieb, gab es Handkarren, Fahrräder, Schweine und bereits schon elektrisches Licht für die Familien in Liu Ling. Man kann diesen „Fortschritt" ermessen, weil man inzwischen weiß, wie es vorher war. Und darin liegt wohl die Bedeutung dieser Berichte. Die Bauern in Liu Ling identifizierten sich schon früh mit der Revolution: „Die Revolution ist für die Armen. Deshalb müssen die Armen ihre Revolution auch selber in die Hand nehmen." Dieser Satz des Alt-Sekretärs Li Yü-Hua, der die erste Selbsthilfeorganisation der Bauern in Liu Ling begründete, zeigt die Übereinstimmung zwischen dem revolutionären Führer und den Geführten, die letztlich überhaupt nur einen sozialen und individuellen Befreiungsprozeß dieses Ausmaßes in Gang setzen konnte.

Ist der „Bericht aus einem chinesischen Dorf“ für sich schon spannend und lehrreich, so gewinnt er durch das zweite Buch von Jan Myrdal: „Die Revolution geht weiter“ [4] zusätzliche Bedeutung. Sieben Jahre später, also im Jahr 1969 reiste das Ehepaar Myrdal noch einmal nach Liu Ling. Der Unterschied der Berichte ist frappierend: Sie sind nun bereits viel selbstbewußter, in diesen sieben Jahren haben viele Dorfbewohner lesen und schreiben gelernt, die junge Generation geht zur Schule, sie haben in allen Bereichen große Fortschritte gemacht. Auch in diesem Buch findet der Leser Tabellen und Daten, die den Vergleich erleichtern. Aber auch die Themen Kulturrevolution, Selbstkritik und der wachsende Einfluß des großen Lehrers Mao auf das Verhalten der Menschen kommen ausführlich zur Darstellung. Das Buch enthält viel „Hoffnung“ und beide Bücher zusammen enthalten eine Menge, mit dem sich der Leser deshalb zu identifizieren vermag, weil es „so menschlich“ ist.

Es ist schwierig, für die hier vorgestellten Bücher eine Rang- oder Reihenfolge zu empfehlen. Sie ergänzen sich in so hervorragender Weise, daß sie als „Komplex“ ganz sicher dazu beitragen können, wo nötig falsche Vorstellungen von dem Phänomen China zu revidieren.

Lesen Sie Mao!

Jedoch, und das soll mit den Worten von Jan Myrdal hier noch angefügt werden: „Man kann unmöglich verstehen, was heutzutage in China vor sich geht, ohne Mao Tse-tung gelesen zu haben.“ Myrdal empfiehlt die „Worte des Vorsitzenden Mao Tse-tung“ sowie „Chairman Mao on continuing the revolution under the dictatorship of the proletariat“ als Einführung. Allerdings denkt Myrdal nur an solche Ausgaben, die Mao selbst autorisiert hat und nicht an „eigene“ Interpretationen anderer Autoren, die vergessen, daß Mao noch lebt. Interessant ist auch „Die Theorie des Guerilla-Krieges“ [5] mit einer Einführung von Sebastian Haffner. Dieses Buch lehrt einmal mehr, daß bestimmte politische Praktiken nicht in jeder gesellschaftlichen und politischen Situation anwendbar sind. Man fragt sich, warum sich westliche „Anarchisten“ diese Einsicht nicht zu eigen machen. Die Frage steht jedoch im Raum, ob das sozialistische Modell Maos in andere Länder der Dritten Welt übertragbar ist, auf die es eine große Anziehung ausübt. Eine Antwort auf diese Frage versuchen drei französische Wissenschaftler: Charles Bettelheim, Hélène Marchisio und Jacques Charrière in ihrem Buch zum

4 Jan Myrdal: China: Die Revolution geht weiter (mit Fotos von Gun Kessle). Nymphenburger Verlagshandlung, München 1971, 197 Seiten.

5 *Mao Tse-tung:* Theorie des Guerilla-Krieges oder Strategie der Dritten Welt, Rowohlt Taschenbuchverlag, Reinbek bei Hamburg, 1966, 204 Seiten.

Thema „Aufbau des Sozialismus in China“ [6]. Aus Beiträgen über die chinesische Planwirtschaft, Planung und Leitung von Produktionseinheiten, das Entlohnungssystem in den Volkskommunen und über Preispolitik und Profit kristallisierten sich die spezifischen Merkmale des sozialistischen Aufbaus in China heraus: Die Tatsache z. B., daß in China das gemeinsam erwirtschaftete Sozialprodukt der Kommune nach eingehender Beratung der Mitglieder aufgeteilt wird (s. dazu auch Jan Myrdal) und die Mitglieder im wesentlichen selbst darüber bestimmen, welche Investitionen wo und in welcher Höhe vorgenommen werden sollen; daß das ökonomische Gefälle zwischen einzelnen Kommunen durch gegenseitige Unterstützung ausgeglichen wird. Diese Beispiele zeigen, daß China im Vergleich zu anderen sozialistischen Ländern die Schwerpunkte zwischen zentraler Planung und dezentralisierten Entscheidungszentren anders setzt. Das System scheint hier einem selbst für unsere Verhältnisse erstaunlichen Engagement und Willen zur Mitverantwortung der Staatsbürger vollauf Rechnung zu tragen. In ihrer wissenschaftlichen Analyse kommen die drei Autoren zu der Erkenntnis, daß es kein „Modell“ des sozialistischen Aufbaus gibt, „das wirklich von einem Land auf ein anderes übertragbar wäre. Jedes wirksame Modell ist das Ergebnis eines historischen Prozesses, und da es keine zwei Länder gibt, die die gleiche Geschichte oder die gleichen Probleme zu lösen hätten, gibt es auch keine zwei Länder, die mit Erfolg dasselbe Modell übernehmen könnten.“ Jeder Versuch eines sozialistischen Aufbaus sei jedoch eine Quelle „äußerst kostbarer Lehren für alle anderen Länder, die ebenfalls den sozialistischen Weg gewählt haben“, und zwar nicht nur für solche auf der vorindustriellen Stufe. Es gehe darum, sowohl alle negativen wie positiven Erfahrungswerte mit „größter Offenheit und Klarheit“ zu betrachten, um andere Länder vor unnötigen Irrwegen zu bewahren. Diese Forderung, so meinen wir, gilt heute für jedes Gesellschaftssystem und darum auch für die westlichen Industrieländer, wenn sie den Völkern in der Dritten Welt erfolgreich auf ihrem Entwicklungsweg helfen wollen.

Nach dem Besuch von Gerhard Schröder in der Volksrepublik China scheint plötzlich eine „Informationsflut“ über uns hereinzubrechen. Sollte das Thema „China“ bei uns in „Mode“ kommen, erscheint es um so dringender, nach Quellen zu suchen, die nicht nur durch den Filter unseres eigenen Weltbildes gegangen sind.

6 *C. Bettelheim, H. Marchisio, J. Charrière:* Der Aufbau des Sozialismus in China. Trikont Verlag München, 1969. 174 Seiten.

Hans-Jürgen Puhle

Grundherren und Bauern im Spannungsfeld zwischen Revolution und Faschismus

Anmerkungen zum Werk von Barrington Moore

Kaum ein Werk hat in den letzten Jahren gleicherweise die vergleichende Sozialgeschichte wie auch eine wesentlich an Strukturen interessierte vergleichende politische Geschichte so sehr zu neuen und weiterführenden Fragestellungen angeregt wie das zuerst 1966 veröffentlichte Buch von

Barrington Moore: Soziale Ursprünge von Diktatur und Demokratie. Die Rolle der Grundbesitzer und Bauern bei der Entstehung der modernen Welt [1]).

Der an der Harvard Universität lehrende Soziologe und Historiker, der zuvor vor allem durch seine Publikationen zur neueren russischen Geschichte hervorgetreten war, hat in diesem Buch den ersten grundlegenden (und sich nicht nur in methodischen Deklamationen ergehenden, sondern weitgehend auch konsequent durchgehaltenen) Versuch unternommen, die sehr unterschiedlichen Wege der Modernisierung und Revolutionierung exemplarisch ausgewählter Länder Europas, Nordamerikas und Asiens seit Beginn der Neuzeit im historischen Vergleich zu systematisieren und unter besonderer Berücksichtigung der Wechselbeziehungen zwischen Grundbesitzern und Bauern im Rahmen bestimmter gesamtgesellschaftlicher Konstellationen zu interpretieren.

Das Forschungsinteresse

Moores Absicht ist es, „in ganz groben Pinselstrichen" das Gesamtgelände der „drei historischen Hauptrouten von der vorindustriellen in die moderne Welt" nachzuzeichnen: erstens den Weg der „bürgerlichen" Revolution unter gleicherweise kapitalistischen wie demokratischen Vorzeichen, dessen Erscheinungsformen in den drei wichtigsten Ländern (England, Frankreich, USA) allerdings erheblich voneinander abweichen; zweitens den gleichfalls kapitalistischen, aber nicht demokratisch-revolutionären, sondern eher reaktionären Weg einer Revolution von oben, der im Faschismus endete; und drittens den Weg der kommunistischen Bauernrevolution. Dabei leitet den Autor die These, daß „die unterschiedlichen Reaktionsweisen der grundbesitzenden Oberklassen und der Bauern auf die Herausforderung der kommerziellen Landwirtschaft entscheidenden Einfluß darauf (hatten), zu welchem politischen Resultat die Entwicklung jeweils führte". In der anspruchsvollen Form einer sozialhistorischen Synopse, die im wesentlichen auf den einschlägigen Monographien und publizierten Quellen basiert, wird das jeweilige politische Potential der Grundaristokratie und der Bauern auf seine ökonomischen und sozialen Wurzeln hin untersucht und werden die unterschiedlichen Voraussetzungen, Implikationen und Folgen der Organisationsdichte und Koalitionsfähigkeit dieser Gruppen, ihrer gesamtpolitischen Konstellationen und ihrer Reaktionen (1) auf den Einbezug des Agrarsektors in einen großräumigen, an kapitalistischen Prinzipien orientierten Markt und (2) auf den in verschiedenem Tempo fortschreitenden Urbanisierungs- und Industrialisierungsprozeß geprüft.

Die historisch-konkreten Bedingungen dafür, wieso in einem bestimmten Land zu einer bestimmten Zeit die grundbesitzenden Oberklassen einerseits entweder mithalfen, die bürgerliche Revolution zu machen (z. B. in England) oder sie durch die Revolution vernichtet wurden (z. B. in Frankreich), und wieso andererseits die Bauern sich entweder (und jeweils in verschiedenen Allianzen mit anderen Gruppen) zwecks Revolutionierung oder auch als Bremse der Revolution (wie in der zweiten Phase der französischen Revolution) eigenständig organisieren konnten oder sich nicht organisierten (z. B. in England und Deutschland), führen dabei ebenso wie die Fragen nach den Hintergründen der verschiedenen politischen Entwicklungen: entweder zu Demokratie und Parlamentarismus in revolutionierten Gesellschaften oder zu bürokratisch-autoritären „Faschismen" ohne eigentliche Revolution geradewegs hinein in das weite Feld einer wesentlichen Problematik der neuzeitlichen Sozialgeschichte: der Bedingtheit der politischen Entwicklung im Industrialisierungs- und Modernisierungsprozeß durch die schon vorfindlichen traditionalen und vorindustriellen Sozialstrukturen.

Moores Verdienst ist es, die zentrale Funktion von Grundbesitzern und Bauern für diesen Zusammenhang neu entdeckt und den Versuch einer – zuweilen allerdings rudimentär und brüchig bleibenden, aber andererseits auch nicht dogmatischen – ersten Systematisierung unternommen zu haben.

Der erste Teil der Studie ist der Untersuchung der revolutionären Ursprünge der kapitalistischen Demokratie in England, Frankreich und den USA gewidmet, im zweiten Teil wird versucht, drei verschieden gerichtete Entwicklungsprozesse asiatischer Länder (China, Japan, Indien) in typologischer Hinsicht zu analysieren; ein dritter Teil ist den sehr wichtigen theoretischen Implikationen und Projektionen vorbehalten.

Während in *England* schon seit der zweiten Hälfte des 17. Jhts. der Weg einer von der am Wollhandel partizipierenden landbesitzenden gentry entscheidend mitgetragenen kapitalistischen Revolutionierung und Modernisierung beschritten wurde und die Verschiebungen im Gefüge der herrschenden Klassen nach der „revolutionären" Durchsetzung der Parlamentsherrschaft in politischer Hinsicht vor allem eine „gradualistische" Evolution flexibler parlamentarischer (und von sozialen Inhalten weitgehend nicht unmittelbar determinierter) Institutionen bewirkten, war andererseits das Bauerntum durch die Praxis der Einhegungen zum größten Teil vernichtet worden [2]. Die traditionelle Agrargesellschaft war so in verhältnismäßig friedlicher Weise aufgelöst und in Einzelbereichen an die Erfordernisse des Handelskapitalismus und der beginnenden Industrialisierung angepaßt worden.

In *Frankreich* hatte dagegen das größere Beharrungsvermögen feudaler Abhängigkeiten und vorkapitalistischer Strukturen im Zusammenhang mit den großen regionalen Differenzen dazu geführt, daß die stärkere Kommerzialisierung der Landwirtschaft schon unter dem ancien régime in sozialer Hinsicht nicht homogenisierend und integrativ, sondern eher als Katalysator wirkte: Zwar waren manche größeren Bauern zu kleinen Grundbesitzern geworden und verhielten sich immer mehr adlige Landbesitzer (hobereaux) wie Bourgeois; die drückenden Privilegien der Grundherrschaft und die durch das Koalitionsverhalten der Bürokratie (auf dessen Bedeutung Moore durchweg viel zu wenig eingeht) und die relative Durchlässigkeit der Standesbarrieren noch geförderte Stärkung der bürgerlichen Grundherren hatten jedoch zusammen mit der Vergrößerung und Radikalisierung der unterbäuerlichen Schichten zu einer politischen Polarisierung geführt, die nur mehr durch revolutionäre Gewalt aufzulösen war [3]. Der Widerstand der Bauern gegen das ancien régime war mitentscheidend für die Auslösung der Revolution, und die Beseitigung der grundbesitzenden Aristokratie durch die Revolution war nach Moore der wichtigste Grund für die Vermeidung einer in der Allianz von Adel und Bürgertum angelegten „faschistischen" Entwicklung in Frankreich. Die Aktionseinheit der antikapitalistischen Unterströmungen in Stadt und Land (sansculottes und ärmere Bauern), die das soziale Fundament der Jakobinerherrschaft bildete, fand jedoch in dem Moment ihr Ende, als die wohlhabenden Bauern sich gegen die Höchstpreispolitik der Revolution wandten: Da sich die ärmeren Bauern nicht gegen die wohlhabenderen mobilisieren ließen (wohl aber umgekehrt), wurde das Bauerntum in Frankreich insgesamt zur Bremse der Revolution (und später zum Träger bonapartistischer Herrschaft, die Moore

nicht mehr untersucht); die Revolution selbst blieb, auch angesichts der noch bis ins 20. Jht. hinein überwiegenden agrarischen Strukturen des nur langsam industrialisierenden kapitalistischen Systems, unvollendet.
Die letzte kapitalistische Revolution, die zur Durchsetzung einer spezifischen Form „bürgerlicher" Demokratie führte, ist für Moore der *amerikanische Bürgerkrieg*, in dem die u. a. in der Zoll- und Ansiedlungspolitik manifestierte ökonomische Bindung der kommerzialisierten Farmwirtschaft des amerikanischen Westens an den nordöstlichen Industriekapitalismus sich politisch bewährte und die Allianz des Nordens mit den Plantagen-„Junkern" des Südens, die klassische reaktionäre Lösung, die Moore „faschistisch" nennen würde, gegen Arbeiter, Neger und Farmer vorerst verhindert wurde.
Das Scheitern der (diesmal nicht antikapitalistischen, sondern prononciert industriekapitalistischen) radikalen Republikaner, die den südlichen Großbesitz aufteilen und politisch reglementieren wollten, die Einführung des sharecropping-Systems statt Lohnarbeit und die Kompromisse von 1876 führten jedoch am Ende der *reconstruction* dazu, daß der Sieg des Nordens unvollständig blieb: die herrschenden Klassen waren zwar eindeutig in zwei Hälften auseinandergebrochen, aber vernichtet war keine. Die Farmer des Westens blieben vorerst ebenso wie die Arbeiter und Mittelschichten des Nordens und die Neger des Südens von der Herrschaft ausgeschlossen, eine Konstellation, die die weitere Entwicklung des amerikanischen Industriekapitalismus (und, wie man hinzufügen könnte, auch der gegen ihn gerichteten periodischen Protestbewegungen) entscheidend mitbestimmt hat.

Beispiele aus Asien

Moores asiatische Fallstudien beziehen sich auf die Hintergründe eines kommunistischen, eines, wie er meint, faschistischen und eines verhältnismäßig demokratischen Weges der Modernisierung, wobei im letzten Fall (Indien) der „Preis friedlicher Entwicklung" offenkundig das Fehlen struktureller sozialer Veränderung und das kontinuierliche Andauern des traditionellen Massenelends ist. Dieser Fall, in Verbindung vor allem mit dem deutschen Beispiel, aber auch mit Blick auf Westeuropa und Rußland, bestätigt eine von Moores Grundthesen: daß es falsch ist, von vornherein anzunehmen, daß die menschlichen Kosten der Modernisierung und Entwicklung auf jeden Fall auf dem evolutionären Weg geringer seien als im Falle gewaltsamer Revolution.
Während in *China*, einem Land ohne die Tradition privilegierter sozialer Stände und ohne kommerzialisierte Landwirtschaft, die Herrschaft (wenn überhaupt) jahrhundertelang in loser Korrelation von Bürokratie,

Grundbesitz und Korruption durch eine agrarbürokratische Oberschicht ausgeübt wurde, die, ähnlich wie in Rußland, die Entwicklung eines selbständigen Bürgertums verhinderte und für die große Zahl der Bauern und die kleine, politisch abhängige Mittelklasse, kaum eine Funktion hatte, und mithin bis zur japanischen Invasion zu Beginn der 30er Jahre des 20. Jhs. und bis zu Maos Aufruf gegen die Kuomintang niemand die Bauern zu mobilisieren vermochte, war die *japanische* Ausgangskonstellation eine andere:

Hier wurden kontinuierlich die politischen und sozialen Institutionen an kapitalistische Prinzipien angepaßt, ohne daß es zu so erheblichen Friktionen kam wie in England oder Deutschland: Einerseits hatte die Ausweitung des Handels und der Märkte bereits im letzten Viertel des 19. Jhs. einen großen Teil der traditionellen Grundaristokratie vom Lande abgezogen und in bürgerlich-kapitalistische Beschäftigungen absorbiert; das Land wurde überwiegend verpachtet. Die Kommerzialisierung von Grund und Boden, Mechanisierung und die großen Produktionssteigerungen in den fünfzig Jahren vor dem ersten Weltkrieg stärkten den Einfluß der modern wirtschaftenden, oft aus der Bauernschaft hervorgegangenen Großpächter, die andererseits aus Gründen profitabler Wirtschaftsweise dafür sorgten, daß die traditionellen Dorfstrukturen und die Bauerngesellschaft erhalten, Industrie- und Agrarsektor also relativ isoliert voneinander blieben. Unter einem (dem preußischen vergleichbaren) Herrschaftskartell, bestehend aus traditioneller aristokratischer Führungsschicht, Militär und Bürokratie entstand mithin weder ein liberales Bürgertum, noch ein politisch aktives Bauerntum. Revolution von unten blieb aus, Ansätze zu bürgerlich-westlicher Demokratisierung scheiterten bis weit ins 20. Jh., und Modernisierung mußte autoritär von oben initiiert werden, bis hin zur Etablierung dessen, was Moore 1940 als „japanischen Faschismus“ ansetzt.

Als Entwicklungshindernisse für *Indien* werden vor allem regionale und soziale Zersplitterung, die Verhinderung kontinuierlicher Kapitalbildung, die Brüchigkeit aufgepfropfter westlicher Institutionen und der unproduktive Mythos der Dorfidylle konstatiert.

Neue Perspektiven

In seinem außergewöhnlich anregenden und fruchtbaren Versuch, die Ergebnisse der Fallstudien und seine Arbeitshypothesen theoretisch aufzuarbeiten und zu systematisieren, bleibt Moore aller verführerischen Dogmatik fern: Bei der Behandlung des „demokratischen Wegs“ betont er die historische Einmaligkeit der englischen Konstellation ebenso wie die Spezifikationen des europäischen Feudalismus und die enge Verflochtenheit verschiedener Bedingungen miteinander. Seine Fragen nach den „Variablen“:

— den Beziehungen der grundbesitzenden Oberklasse zu Monarchie und Agrarbürokratie,
— den Reaktionen auf die Erfordernisse der Produktion für den Markt,
— den Beziehungen zum städtischen Bürgertum und
— den Rückwirkungen auf das Verhältnis zwischen Grundbesitzern und Bauern

haben eher den Charakter von Kontrollfragen als von Ergebnissen. Seine Anmerkungen zum Thema: „Revolution von oben und Faschismus“, zum kapitalistischen und reaktionären Weg, verweisen mit Recht auf die relative Stärke spätfeudaler und vorkapitalistischer Relikte in den Gesellschaftsstrukturen Preußens und Japans, das Fehlen parlamentarischer Verantwortlichkeiten und progressiver politischer Trägergruppen mangels bürgerlicher Revolution und die sozialen Bedingungen arbeitsrepressiver Agrarsysteme, bleiben jedoch insgesamt ebenso aphoristisch und in anregender Weise an der Oberfläche wie das Bestreben, den dritten Weg der (nichtkapitalistischen) Bauernrevolution anhand der Faktoren auf den Begriff zu bringen, die die Variationen des revolutionären Potentials bedingen, z. B.:

— die Art der Bindung zwischen Bauern und Grundherren,
— Besitz- und Klassenunterschiede innerhalb der Bauernschaft und
— Grad und Bedingungen der Solidarität der Bauernschaft etc.

Moores Argumente gegen das Parsonianische Axiom, daß soziale Trägheit und Kontinuität keiner Erklärung bedürften, sind ebenso überzeugend wie diejenigen gegen die intellektuelle Voreingenommenheit der Geschichtsschreibung gegen revolutionäre Gewalt und sein Plädoyer für vergleichendes Abwägen. Seine Studie eröffnet darüber hinaus wie kaum ein anderes Werk der neueren Sozialgeschichte ganze Ebenen neuer Perspektiven und formuliert eine Fülle von Fragen, zu deren Beantwortung die Sozialwissenschaften noch lange Zeit brauchen dürften. Die Frage nach den näheren Charakteristika der Voraussetzungen und Bedingungen einer unabweisbar notwendigen revolutionären Gewaltanwendung ist dabei (weil sie objektiv nicht zu beantworten ist) nicht einmal die wichtigste.

Fragwürdigkeiten, offene Fragen und Anregungen

Abgesehen von manchen Schwächen und Mißverständnissen in den Einzeldarstellungen, wie sie bei einem so anspruchsvollen vergleichenden Werk unvermeidbar sind [4]), bleiben einige gravierende Punkte im besten Sinne des Wortes fragwürdig. Kritik und Ergänzungen lassen sich vielleicht am besten in drei Stufen formulieren, zunächst allgemein zur Anlage der Vergleiche und Strukturierung der Begriffe und Arbeitshypothesen, zweitens im Hinblick auf ihre Bedeutung für die Forschungen zur Agrargeschichte und Agrarpolitik, und außerdem im Hinblick auf das, was noch zu tun bleibt.

Zunächst besteht der Eindruck, daß hier aufgrund eines sehr formalen Modernisierungsbegriffs zumindest in zwei Fällen funktional und inhaltlich Unvergleichbares verglichen worden ist: Wenn China und Indien auch möglicherweise als Prototypen am Ende erfolgreicher revolutionärer bzw. erfolgloser nichtrevolutionärer Modernisierungsbemühungen in der Gegenwart interessant sein mögen, so hat doch die Brauchbarkeit der Analyse des Verhältnisses von Grundbesitzern und Bauern in beiden Systemen und von deren jeweiligen Hintergründen für den Vergleich außerordentlich enge Grenzen, da es sich in beiden Fällen um die Entwicklungsproblematik vorkapitalistischer und vorindustrieller Agrargesellschaften handelt, deren Bezugsrahmen daher nicht einmal mit dem Japans ohne weiteres zu vergleichen ist. Beide Fälle gehören im Grunde in die Diskussion der alternativen Entwicklungsstrategien für die sog. „dritte Welt", in der außerdem die Voraussetzungen der nationalen Integration und des Aufbaus der Staatsmacht als Initiator von Entwicklungsdiktatur eine Rolle spielen; ihre Probleme sind allenfalls von ferne denen Altpreußens vor 1806 und, insb. im Fall China, denen Rußlands bis zum Beginn der Stalinschen Industrialisierungspolitik vergleichbar.

Für strukturelle Aussagen über den Faschismus als konservative Modernisierung und „Revolution von oben" als Folge eben des Fehlens einer Revolution von unten ist dagegen die Behandlung des japanischen Beispiels ohne intensive Vergleiche mit Deutschland und Italien (das nur ornamental am Rande erwähnt wird) nicht tragfähig genug. Da Moore – wahrscheinlich zu Unrecht – gemeint hat, der vorliegenden Literatur über Rußland und Deutschland nicht mehr viel Neues hinzufügen zu können, und infolgedessen auf eine ausführlichere Behandlung beider Länder verzichtet hat, ergibt sich – abgesehen von den Schwierigkeiten interkultureller Vergleiche überhaupt – zusätzlich ein gravierendes Mißverhältnis zwischen seinen analytischen Kategorien und seinen jeweils drei Fallstudien aus der westlichen Zivilisation und aus dem asiatischen Bereich: Lediglich für die bürgerlich-kapitalistische Revolution wird durch die im

ganzen gründlichen und tiefschürfenden Dokumentationen der Entwicklungslinien in England, Frankreich und den USA in ausreichendem Maße Material vorgelegt, das strukturelle Vergleiche, Differenzierungen, Periodisierung und Kontrast erlaubt. Die Probleme, die auch hier bleiben: in der Vergleichbarkeit der US-Farmer oder der sharecroppers mit europäischen „Bauern“ und in den speziellen Funktionen der Immigration und der lange Zeit hindurch beweglichen *frontier*; oder im französischen Fall die m. E. noch ungenügende Berücksichtigung des Weiterdauerns präkapitalistischer Strukturen und der Wachstums- und Entwicklungsdivergenzen aufgrund des langsameren Industrialisierungstempos im 19. und 20. Jh., diese Probleme sind dabei fast noch zweitrangig.
Für den Weg der nicht-kapitalistischen Bauernrevolution steht dagegen nur China, in vieler Hinsicht ein Sonderfall. Und Indien ist kategorial ohnehin nicht recht einzuordnen.
Für die nichtrevolutionäre, bürgerlich-kapitalistische (und tendenziell faschistische) Entwicklung steht demgegenüber als Exempel nur Japan, obwohl in diesem Falle gerade das deutsche Beispiel für den Vergleich wesentlich produktiver gewesen wäre, nicht nur wegen der methodisch einfacheren Möglichkeiten der Kontrastierung zu den drei westlichen Ländern und der größeren Vergleichbarkeit des Entwicklungs-, Urbanisierungs- und Industrialisierungsstands und -tempos besonders gegenüber England und den USA, sondern auch aufgrund der Tatsache, daß die Entwicklung des städtischen Kapitalismus in West- und Mitteleuropa entscheidende Rückwirkungen auf das Land hatte und dessen herkömmliche soziale Strukturen stärker veränderte als in Japan (oder auch in Skandinavien). Zudem hätte das deutsche Beispiel noch schlagender als das japanische Moores These bestärken können, daß für die Etablierung eines faschistischen Systems in der Tat solche Konstellationselemente wie: das Fehlen einer bürgerlichen Revolution, das Überdauern spätfeudaler und vorkapitalistischer sowie agrarbürokratischer Strukturen in Gesellschaft und Politik und die Fortgeltung arbeitsrepressiver Agrarverfassungen einen hohen Stellenwert haben [5]). Eine nähere Analyse der deutschen Zustände hätte Moore vermutlich auch zu einer Präzisierung seines sehr weiten und eher assoziativen Faschismus-Begriffs veranlassen können, unter den sich nahezu jedes unrevolutionierte, autoritäre System, sofern es nur von ferne kapitalistische Entwicklung nicht hindert, bis hin zur chinesischen Kuomintang, subsumieren läßt.
Wenn Moores Beispiele auch nicht immer im einzelnen seine Thesen belegen und überprüfbar machen, so stellen seine analytischen Arbeitshypothesen und aus dem Vergleich gewonnenen modellhaften Abstraktionen doch sehr wertvolle Anregungen für die Sozialwissenschaften dar, nicht nur für die vergleichende Soziologie und Politikwissenschaft, die allge-

meine politische Geschichte und die Sozialgeschichte in der Tradition von Rodbertus, Marx, Max Weber, Hintze und Gerschenkron, sondern auch für die Erforschung der Faktoren sozialen Wandels, von Entwicklung und Revolution, der Faschismustheorie und für eine strukturell verstandene Agrargeschichte und -soziologie. Moores Kategorien und seine aus dem gesamtgesellschaftlichen Kontext destillierte Begriffs-Trias zur Erklärung verschiedener Wege in die moderne Welt sind wesentlich schärfer und leistungsfähiger als etwa das noch vorherrschende terminologische Durcheinander um Phänomene wie „populism“ und „peasantism“ in vergleichender Hinsicht [6]). Die konkrete Ausfüllung, Korrelation und Modifikation der Mooreschen Arbeitstypen im Einzelfall ist allerdings weitgehend erst noch zu leisten. Niemand, der in Zukunft versuchen will, z. B. die oft unverständlich scheinende Aktionseinheit kleiner und großer Bauern zu erklären oder Bauernbewegungen und großagrarische Gruppen in ihren respektiven Bezugsrahmen vergleichend zu ordnen und auf ihren ökonomischen, politischen und sozialen Stellenwert zu prüfen, wird an Moores Standardwerk vorbeikommen.

Das gilt vor allen Dingen auch für die Umkehrung der Mooreschen Fragestellung: Moores Thema ist vor allem die Bedeutung der agrarischen Entwicklungstendenzen und der Verhältnisse von Grundbesitzern und Bauern für die politische und gesellschaftliche Gesamtentwicklung. Vergleichende Untersuchungen zur Rolle großagrarischer und bäuerlicher Bewegungen im Zeichen fortschreitender Industrialisierung, im 19. und 20. Jht., die zu einem besseren Verständnis der Gegenwart dringend notwendig sind, werden vor allen Dingen auch umgekehrt die Bedeutung der wirtschaftlichen, sozialen und politischen Gesamtentwicklung in einem System für die spezifisch agrarischen Sektoren analysieren müssen. Zu den zahlreichen wichtigen Problemen der neueren Agrargeschichte und -politik, die einer solchen Fragestellung nicht werden ausweichen können, gehört die Untersuchung der Hintergründe der in manchen Fällen gegebenen, in manchen Fällen nicht gegebenen Solidarität zwischen großen und kleinen landwirtschaftlichen Besitzern ebenso wie die Differenzierungen zwischen „rechten“ und „linken“ Agrarbewegungen, autoritären Großbesitz-Verbänden wie dem Landbund in Deutschland vor 1933 oder der FNSEA in Frankreich und stärker demokratischen Bauernbewegungen (wie z. B. in Skandinavien, Ostmitteleuropa und Südosteuropa). Ebenso verlangt die Frage danach, wieso es z. B. in West- und Südwesteuropa (Frankreich, Italien, Spanien, Portugal) bislang keine von der Basis her operierenden, dauerhaften und einheitlichen Bauernorganisationen gegeben hat, obwohl zahlreiche Bedingungen dafür eigentlich günstig wären, nach einer Klärung im vergleichenden Rahmen mit ausdrücklicher Berücksichtigung der gesamtgesellschaftlichen

Konstellationen. Das gilt ferner für ein abgewogenes Verständnis der gleichzeitig progressiven und konservativen Doppelentwicklung im ländlichen populism der USA (z. B. auch zurzeit noch deutlich wahrnehmbar in den Programmen der demokratischen Präsidentschaftsbewerber McGovern und Wallace) oder für die Beleuchtung der Gründe nationaler Anpassungsdifferenzen innerhalb des EWG-Agrarmarkts seit 1958.
Die sektorale agrargeschichtliche und agrarsoziologische Diskussion kann nur noch dann wirklich fruchtbar sein, wenn sie gewissermaßen struktur- und sozialgeschichtlich aufgeladen wird. Barrington Moore hat hier einen bemerkenswerten Neuanfang gesetzt, und die Arbeit, die noch zu tun bleibt, ist dank seiner großen Leistung in mancher Hinsicht einfacher geworden.

1 Suhrkamp Verlag, Frankfurt/M. 1969. Die im ganzen treffsichere und genaue Übersetzung wurde besorgt von Gert H. Müller. Amerikanische Erstveröffentlichung: Social Origins of Dictatorship and Democracy. Lord and Peasant in the Making of the Modern World, Boston 1966.

2 Die im ganzen überzogene und zuweilen vorsätzlich mißverstehende Kritik von *Stanley Rothmann*, Barrington Moore and the Dialectics of Revolution: An Essay Review, in: American Political Science Review LXIV, March 1970, 61—82, bes. 67—70 trifft in diesem Zusammenhang nur einen unerheblichen, graduellen Bewertungsunterschied.

3 Zur Korrektur mancher Einzelheiten vgl.: *E. Weis*, Der französische Adel im 18. Jh., in: *R. Vierhaus* (hrsg.), Der Adel vor der Revolution, Göttingen 1971, 29—40 und *A. Cobban*, The Social Interpretation of the French Revolution, Cambridge 1968, bes. 81 ff.

4 Vgl. dazu die Detailkritik von *S. Rothman*, a.a.O., 61—82, 83—85, 182—3 und *D. Lowenthal*, in: History and Theory 7, 1968, 257—278.

5 Vgl. dazu: *H. J. Puhle*, Von der Agrarkrise zum Präfaschismus. Thesen zum Stellenwert der agrarischen Interessenverbände in der deutschen Politik am Ende des 19. Jhts., Wiesbaden 1972, 46—60.

6 Vgl. z. B. den Sammelband von *G. Ionescu* — *E. Gellner* (hrsg.), Populism. Its Meanings and National Characteristics, London 1969.

Sicco Mansholt

Ein Brief zum Überdenken der europäischen Gesamtwirtschaftspolitik

Zu Anfang dieses Jahres hat *Sicco Mansholt* noch in seiner Eigenschaft als „Agrarminister" der Europäischen Gemeinschaft dem damaligen Präsidenten der Kommission, Franco Maria Malfatti, einen Brief geschrieben, den wir mit seiner freundlichen Genehmigung nachfolgend abdrucken. Die Forderung von Mansholt, von der Ideologie des maximalen Wirtschaftswachstums abzugehen, halten wir deshalb für wichtig, weil auf diese Weise auch Ursachen für die Spannung zwischen Agrarentwicklung und gesamtgesellschaftlicher Entwicklung abgebaut werden könnten. Die Realisierung der Forderung, die Wirtschaftspolitik der Zukunft am Bruttosozialnutzen zu orientieren, um für spätere Generationen eine lebenswerte Umwelt und ausreichende Rohstoffquellen zu bewahren, würde der Landwirtschaft endlich eine adäquatere sozialkulturelle Funktion in der Gesamtgesellschaft verschaffen.

Herr Präsident,

Es erscheint mir erwünscht, daß sich unsere Kommission im letzten Jahr ihrer Amtszeit insbesondere mit der künftigen Wirtschaftspolitik befaßt. Wahrscheinlich werden wir nicht in der Lage sein, dem Ministerrat konkrete Vorschläge zu unterbreiten, doch können wir eine Reihe von Leitgedanken entwickeln, auf der dann eine neue Politik aufbauen könnte.
Ich bin der Ansicht, daß die Kommission aufgrund der ihr übertragenen Aufgabe das einzige Gremium ist, das in völliger Unabhängigkeit Vorschläge machen kann.

Gestatten Sie mir, daß ich zunächst einige Fakten nenne:

1. Es zeigt sich immer deutlicher, daß die Regierungen nicht mehr in der Lage sind, ein stabiles Wachstum ihrer Volkswirtschaften sicherzustellen. Es handelt sich dabei nicht um ein spezifisch europäisches Phänomen, denn es ist in allen Industrieländern (Vereinigte Staaten, Japan) zu beobachten, die mit einer galoppierenden Inflation bei zunehmender Arbeitslosigkeit zu kämpfen haben.
2. Das Währungsgleichgewicht ist noch nicht wiederhergestellt. Allenfalls kann man von einem Aufschub sprechen; schon sind aber alle

Voraussetzungen für eine neue Krise vereint. Die internationalen Fonds und anderen ähnlichen Einrichtungen vermögen bestenfalls gegen die Symptome anzugehen, nicht aber zu einer dauerhaften Stabilität beizutragen.

Das sind einige unserer aktuellen Probleme, doch weit folgenschwerer sind die Fragen, die sich uns in absehbarer Zeit stellen werden und die sich immer deutlicher abzeichnen. Wenn ich von „uns" spreche, so meine ich dabei nicht nur Europa, sondern die ganze Menschheit.
Diese Probleme hängen mit den folgenden, die Zukunft der Menschheit bestimmenden Faktoren zusammen:

— Bevölkerungsentwicklung in der Welt,
— Nahrungsmittelproduktion,
— Industrialisierung,
— Umweltverschmutzung,
— Nutzung der natürlichen Hilfsquellen.

Ich beschränke mich vor allem deshalb auf diese Punkte, weil sie dem Bericht des System Dynamic Group vom Massachusetts Institute of Technology, Cambridge, Massachusetts (Juli 1971) zugrundeliegen.
Erweitert werden könnte dieser Kreis noch durch folgende Aspekte:

— Sinn der menschlichen Arbeit,
— Einführung einer echten Demokratie,
— Chancengleichheit für alle,
— Beziehungen zu den Entwicklungsländern.

Von rechtlicher Warte aus könnte man bestreiten, ob der letztgenannte Aspekt in die Zuständigkeit der Kommission fällt. Persönlich kümmert mich der juristische Aspekt wenig, da wir als politisches Organ unsere Stellungnahme abzugeben haben, die wahrscheinlich die Form eines „Testaments" annehmen wird, um die öffentliche Meinung zu alarmieren und den neuen Organen der Zehnergemeinschaft Handlungsrichtlinien zu hinterlassen.
Der Bericht des MIT wird in Kürze veröffentlicht.
Obwohl noch nicht bekannt ist, inwieweit die Berechnungen exakt sind, ist der allgemeine Tenor dieses Berichts so offenkundig, daß bereits er als Grundlage für unsere Diskussionen und Untersuchungen dienen kann.
Die Überlegungen, die ich Ihnen hiermit unterbreite, fußen auf den Schlußfolgerungen des Berichts und betreffen folgendes Thema:
Was können wir und was müssen wir als „Europa" tun, um zu verhindern, daß sich die Maschine heiß läuft?
Die Probleme sind von so grundlegender Bedeutung, so vielschichtig und

so eng miteinander verwoben, daß man sich folgende Fragen vorlegen kann:
Ist überhaupt etwas zu tun?
Kann Europa eingreifen? Geht diese Frage nicht vielmehr die ganze Welt an?
Wenngleich sich die Probleme zunächst auf weltweiter Ebene stellen, so ist es meines Erachtens unerläßlich, daß „Europa" alles in *seinen Kräften* Stehende tut, um auf den Gebieten, in denen es seinen Einfluß geltend machen kann, einen heilsamen Prozeß in Gang zu bringen.
Es liegt auf der Hand, daß unsere Politik von Grund auf neu durchdacht werden muß. Im Augenblick möchte ich noch nicht auf die Frage eingehen, mit welchen *Mitteln* diese Politik der Öffentlichkeit nahegebracht und anschließend verwirklicht werden kann. Das ist im übrigen eher eine Aufgabe der politischen Parteien als der Kommission.
Es wäre illusorisch, mit der Möglichkeit rascher Ergebnisse auf „weltweiter" Ebene zu rechnen. Die Vereinten Nationen schleppen sich von einer Krise in die andere und bieten ein Bild des Chaos und der Ohnmacht.
Dagegen ist das Europa der Zehn im Begriff, ein echter Faktor des Einflusses in der Welt zu werden, und in den kommenden Jahren wird es im Zuge seiner institutionellen Stärkung in der Lage sein, eine wirksame Politik zu betreiben. In jedem Fall ist es die Pflicht der Kommission, schon jetzt auf diese Notwendigkeit hinzuweisen.
Wenn Europa eine klar umrissene Politik verfolgt, wird es eher imstande sein, auch die übrige Welt und namentlich die Vereinigten Staaten und Japan zu einer solchen Politik zu bewegen.
Wenn sich Europa nicht zu einer klaren Politik durchringt, sondern sich von den Ereignissen treiben läßt und auf eigene Initiativen verzichtet, ist die Sache verloren, denn nach meiner Überzeugung *haben die Vereinigten Staaten nicht die notwendige politische Kraft, um die Welt der Lösung dieses großen Problems entgegenzuführen.* Die Vereinigten Staaten haben den Gipfelpunkt ihrer Entwicklung überschritten, und es wird uns außerordentlich schwerfallen, sie vor dem vollständigen Zusammenbruch zu bewahren.
Schlußfolgerung: Europa hat eine Mission zu erfüllen!
Das Schlüsselproblem ist die Bevölkerungsentwicklung in der Welt. Vor allem in den Entwicklungsländern nimmt der natürliche Bevölkerungszuwachs beängstigende Ausmaße an, aber auch die westlichen Industrieländer werden nicht um eine Geburtenkontrolle herumkommen. Wenn nichts unternommen wird, wird sich die Weltbevölkerung in dreißig Jahren praktisch verdoppeln und von dreieinhalb auf sieben Milliarden Erdenbürger im Jahr 2000 anwachsen. In den Industrienationen des

Westens ist der Rohstoff- und Energieverbrauch pro Kopf der Bevölkerung etwa 25mal höher als im Mittel der Entwicklungsländer.
Selbst wenn wir erreichen könnten, daß die der Erhaltung des Bevölkerungsstandes dienende Familie, die sogenannte „Ersatzfamilie“ in dreißig Jahren zur Norm wird, würde die Bevölkerung dennoch auf etwa sechs Milliarden anwachsen. Das ist u. a. dadurch zu erklären, daß in den Entwicklungsländern rund 45 % der Bevölkerung jünger als fünfzehn Jahre ist. Eine Bevölkerung von sechs Milliarden würde wahrscheinlich noch die Möglichkeiten dessen, was als ein vertretbares Versorgungsniveau bezeichnet werden kann, übersteigen. In jedem Fall ist es im höchsten Grade erwünscht, daß es auf die Dauer gelingt, die Bevölkerungszahl der Welt zu stabilisieren.
Uns obliegt es dabei, die *wirtschaftlichen* Faktoren aufzuzeigen, die zu einer Geburtenbeschränkung beitragen können. Als Aktionsmittel könnten sich hier die Steuerpolitik und die Streichung der Zulagen für kinderreiche Familien anbieten. Wir müßten in der Lage sein, hierfür konkrete Vorschläge zu unterbreiten.
Von der Annahme einer gleichbleibenden Weltbevölkerung ausgehend, dürfte es zumindest theoretisch möglich sein, ein gewisses Gleichgewicht im Wachstum der verschiedenen Faktoren herbeizuführen, die für das Überleben der Menschheit erforderlich sind (Run V des MIT).
In diesem Fall müssen jedoch *sämtliche der nachstehenden Voraussetzungen* erfüllt sein:

1. Vorrang für die Nahrungsmittelproduktion durch Investitionen, die auch den als „nicht rentabel“ geltenden Agrarerzeugnissen zugute kommen;
2. starke *Drosselung des Pro-Kopf-Verbrauchs von materiellen Gütern* bei gleichzeitiger Erhöhung des Angebots an immateriellen Gütern (Sozialvorsorge, geistige Entfaltung, Gestaltung der Freizeit und der Erholung usw.);
3. beträchtliche Verlängerung der *Lebensdauer aller Ausrüstungsgüter durch Ausschaltung von Verschwendung* und weitgehende Einstellung der Erzeugung unwichtiger Güter;
4. Kampf gegen *Umweltverschmutzung und gegen die Erschöpfung der Rohstoffquellen* durch Neuausrichtung der Investitionen auf die Wiedereingliederung in den natürlicheen Kreislauf (recycling) und Umwelt erhaltende Maßnahmen, was zwangsläufig nur Nachfrageverlagerung und damit zu einer Produktionsverlagerung führen wird.

Da die Hypothese einer stationär bleibenden Weltbevölkerung im Augenblick übertrieben optimistisch sein dürfte, stellt sich die Frage, ob wir nicht zu wesentlich drastischeren (politischen) Maßnahmen greifen müßten. Hier stellt sich jedoch die bohrende Frage, ob eine solche Aktion im Rahmen unserer heutigen Gesellschaftsordnung möglich ist und ob beispielsweise das gegenwärtige Produktionssystem auf Unternehmensebene beibehalten werden kann. Diese Frage stellen heißt meines Erachtens sie *verneinen.* Eine *adäquatere* Lösung läßt sich jedoch schwer finden.

Da Formen wie der Staatssozialismus und ähnliche Systeme keine Lösung bieten, müßten wir vielleicht nach stark differenzierten Produktionsformen mit weitgehend zentralisierter Planung und stark dezentralisierter Erzeugung suchen.

Theoretisch stellt sich das Problem wie folgt:

Um zu einem stabilen Gleichgewicht zu gelangen, müßte die Weltbevölkerung noch stärker schrumpfen. Meadows hat errechnet, daß bei einer Weltbevölkerung von 500 Millionen bis 1 Milliarde (bei sehr niedrigem Standard) das Gleichgewicht runde 500 Jahre lang halten würde. Dies kann uns aber wohl kaum als Ausgangspunkt dienen. Wir müssen *unser derzeitiges Ziel* nach einem näher gelegenen Termin ausrichten und überlegen, mit welchen Maßnahmen wir dieses Ziel unter Zugrundelegung der Hypothese einer *stationär bleibenden* Weltbevölkerung verwirklichen können.

Es liegt auf der Hand, daß die Gesellschaft von morgen zumindest auf materiellem Gebiet *nicht wachstumsorientiert* sein kann.

Die *erste Maßnahme* bestünde darin, unsere Wirtschaftsordnung nicht mehr auf das Streben nach maximalem Wachstum, das heißt auf Maximierung des Bruttosozialprodukts auszurichten. Dieses Kriterium sollte durch einen Begriff wie *„Brutto-Gemeinwohl"* ersetzt werden (wobei noch zu klären wäre, ob dieses „Gemeinwohl" quantifizierbar ist). Ich erinnere in diesem Zusammenhang an den von Tinbergen verwendeten Begriff des *„Bruttovolkswohls"*. Es sollte geprüft werden, auf welche Weise wir zur Errichtung eines Wirtschaftssystems beitragen könnten, das nicht mehr auf dem Kriterium des maximalen Pro-Kopf-Wachstums fußt. Zu diesem Zweck werden wir uns mit den Problemen der Planungswirtschaft, der Steuerpolitik, der Rohstoffverteilung und auch der Verteilung bestimmter lebenswichtiger Endprodukte auseinanderzusetzen haben.

Als Beitrag zu diesen Überlegungen und als Beispiel dafür, was eine solche Politik konkret umfassen könnte, möchte ich Ihnen einige Anregungen für eine *europäische Politik* unterbreiten.

(Vgl. Runs V – VI – VII – VIII – IX – X und (Run 9: Landwirtschaft)).

Ich will dabei nur zwei Aspekte des Problems herausgreifen:

1. eine strenge *Planwirtschaft*, die jedem ein Existenzminimum sichern würde;
2. ein umweltschonendes Produktionssystem und der Aufbau einer Wirtschaft der Wiedereingliederung in den natürlichen Kreislauf (recycling).

Das zweite Ziel wird eine deutliche Verminderung des materiellen Lebensstandards des einzelnen und eine Beschränkung der freien Verfügung über die Güter mit sich bringen. Wenn wir die Forderungen nach elementarster Gleichheit erfüllen wollen, muß unsere Wirtschaftsordnung so konzipiert sein, daß sie allen gleiche Chancen einräumt. In diesem Fall wird uns nichts anderes übrig bleiben, als die Verteilung der benötigten Rohstoffe und Investitionsgüter zwischen privater und öffentlicher Hand zu organisieren. Gleichzeitig müßte die Planung so gesteuert werden, daß bei einem möglichst geringen Rohstoff- und Energieverbrauch der Bedarf an lebensnotwendigen Gütern und Dienstleistungen gedeckt werden kann. Als Ausgleich für den verringerten materiellen Wohlstand müßte der Staat außerdem mehr für die geistige und kulturelle Entfaltung des einzelnen tun und die hierfür erforderlichen Veränderungen einleiten.

Meines Erachtens sollte die Kommission

a) die Ausarbeitung eines *europäischen Zentralplans* (oder europäischen Wirtschaftsplans) vorschlagen. In diesem Plan würde das Streben nach dem größtmöglichen Bruttosozialprodukt zugunsten dieses Strebens nach dem größtmöglichen „Bruttogemeinwohl“ aufgegeben werden.
   Auch wenn eine stärkere staatliche Förderung der geistigen Entfaltung in Wirklichkeit eine Erhöhung des Bruttosozialprodukts erfordern würde, müssen wir einräumen, daß wir ganz einfach nicht mehr die Mittel dazu haben, da es unser Hauptziel sein wird, das ökologische Gleichgewicht zu erhalten und den künftigen Generationen ausreichende Energiequellen zu belassen.
   Dieser europäische Wirtschaftsplan, der in die Form einer Richtlinie gekleidet werden könnte, müßte bei der Aufstellung der nationalen Wirtschaftspläne berücksichtigt werden.
b) die Ausarbeitung eines Fünfjahresplans für die Entwicklung eines neuen „sauberen Produktionssystems“ auf der Grundlage eines geschlossenen Wirtschaftskreislaufs (Produktionssystems CR – clean and recycling) vorschlagen.

Dabei wäre zu prüfen, in welchem Maße diese strengen Bestimmungen durch steuer- und tarifpolitische Förderungsmaßnahmen und gegebenenfalls durch Rohstoffkontingentierung abgesichert werden müßten.

Ich könnte mir vorstellen, daß die Kommission für folgende Sachgebiete konkrete Vorschläge unterbreiten könnte:

1. Einführung eines auf europäischer Ebene kontrollierten Systems von Produktionsbescheinigungen (CR-Bescheinigungen);
2. Änderung des Mehrwertsteuersystems zwecks Förderung von Erzeugnissen mit CR-Bescheinigungen und stärkere Belastung der klassischen Erzeugnisse (der Steuersatzunterschied würde dem Unterschied zwischen den Produktionskosten zuzüglich eines „Straftarifs" für Erzeugnisse ohne CR-Bescheinigungen entsprechen);
3. Förderung der *Langlebigkeit* von Verbrauchsgütern.
   Die Folge davon könnten beträchtliche Rohstoffeinsparungen sein. Zusätzlich zu den Produktionsregelungen wären Steuermaßnahmen vorzusehen, durch die der Verbrauch in Richtung auf Wirtschaftlichkeit und Dauerhaftigkeit gesteuert wird. Beispiel: Hohe Besteuerung von Kraftfahrzeugen in den ersten fünf Jahren und niedrigere Besteuerung in den folgenden fünf Jahren, danach völlige Steuerfreiheit. Denkbar wäre auch ein Produktionsverbot für nicht lebenswichtige Güter oder eine sehr hohe Besteuerung solcher Erzeugnisse. Gegenwärtig jedenfalls betreiben wir eine sinnlose Verschwendung.
4. Ein *europäisches Verteilungssystem* für Rohstoffe und bestimmte Enderzeugnisse erscheint unerläßlich, um
   a) den für die öffentliche Hand bestimmten Gütern den Vorrang zu sichern,
   b) Verschwendung zu vermeiden,
   c) allen gleiche Chancen zu sichern, da eine Wirtschaft des knappen Warenangebots die Verteilung der existenzwichtigen Güter voraussetzt.
5. *Forschung*
   Die Probleme der „sauberen" Produktion auf der Grundlage der Wiedereingliederung in den natürlichen Kreislauf sind ein noch weitgehend unerforschtes Gebiet. Bisher war die Forschung praktisch „wachstumsorientiert". Hier ist ein Umdenken auf Kategorien des „Gemeinnutzens" und des „Gemeinwohls" notwendig. Eine naheliegende Lösung bestünde darin, dem ständig wiederkehrenden Drama des Euratom-Forschungshaushalts ein Ende zu setzen und dieses Budget in ein Forschungsprogramm einzubringen, das ausschließlich auf die oben beschriebenen Ziele ausgerichtet ist. Die wissenschaftliche Forschung steht nämlich vor einer großen Zahl ungelöster technischer und biologischer Fragen. Es wäre sinnvoll, hierzu die erforderliche

Wirtschaftsforschung hinzuziehen, um bei der neuen Wirtschaftspolitik den Auswirkungen der Anwendung der neuen Methoden (europäischer Zentralplan) Rechnung tragen zu können. Die technische Forschung wird zu häufig in einer Weise betrieben, daß man ihre wirtschaftlichen und damit ihre sozialen Folgen einfach ignoriert.
Meiner Ansicht nach müßte sich das Forschungsprogramm auf folgende Punkte konzentrieren:

— Umweltschutz
— ökologisches und biologisches Gleichgewicht
— Produktion im geschlossenen Kreislauf
— wirtschaftliche Folgen.

Ein auf den vorgenannten Punkten fußendes Programm kann in der neuen Zehnergemeinschaft durchgeführt werden.
Wir bilden einen Gemeinsamen Markt ohne Binnenschranken, der aber gegenüber den Drittländern abgesichert ist. Deshalb ist es wünschenswert, eine weitgehend integrierte Wirtschaft und damit auch Steuerpolitik zu betreiben.
Es liegt auf der Hand, daß die Durchführung eines solchen Programms mit beträchtlichen Kostensteigerungen verbunden ist und des Schutzes gegen äußere Einflüsse bedarf. Das könnte nach folgendem Schema erreicht werden:
Umformung des derzeitigen Außentarifs in einen Tarif, der den *Schutz der CR-Erzeugnisse* zum Inhalt hat. Selbstverständlich müßten die zur Zeit geltenden GATT-Regeln geändert werden, die in jedem Fall überholt sind und im Hinblick auf die Bildung des Europas der Zehn überarbeitet werden müssen.
In Aussicht genommen werden könnte:
ein Nullzollsatz für Waren, die mit einer beglaubigten CR-Bescheinigung versehen sind,
ein Zollsatz x für Waren, die nach klassischen Methoden hergestellt werden (x = Unterschied der Produktionskosten zwischen CR-Gütern und den klassischen Gütern zuzüglich eines „Straftarifs").
Eine solche Regelung würde die Herstellung von CR-Produkten wesentlich fördern. Würden sich beispielsweise Europa und die Vereinigten Staaten über einen derartigen Tarif einigen, so wäre die übrige Welt wohl oder übel gezwungen, diesem Beispiel zu folgen.
Hierbei werden besondere Vorschriften zugunsten der Entwicklungsländer getroffen werden müssen. Es müssen Hilfen vorgesehen werden, die es ihnen ermöglichen, „saubere" Produktionen (Herstellung von CR-Erzeugnissen) ins Leben zu rufen. Ihr bisher zu langsames Wachstum könnte so in eine rasche Expansion umschlagen, und es liegt im unmit-

telbaren Interesse der reichen Länder, daß die ärmeren Länder *so bald wie möglich* die CR-Produktion übernehmen. So könnte die Gründung eines Fonds zur Förderung der CR-Produktion in den Entwicklungsländern vorgesehen werden, der Investitionen in den Ländern unterstützen würde, die sich für die CR-Produktion entschieden haben.

Abschließend möchte ich Ihnen einige Überlegungen zur Landwirtschaft unterbreiten.

Das natürliche Gleichgewicht wird bei der Erzeugung von Ernährungsgütern eine wachsende Rolle spielen. Obwohl die Nahrungsmittelproduktion kräftig gesteigert werden muß, stößt man hierbei doch sehr schnell an eine zweifache Grenze:

a) beschränkte Fläche an Kulturland (3,5 Milliarden ha), für deren Bewirtschaftung nicht verschmutztes Süßwasser in hinreichenden Mengen vorhanden ist (in diesem Zusammenhang sei erwähnt, daß man nicht auf eine Meerwasserentsalzung großen Stils zählen darf, weil diese ungeheure Energiemengen verschlingen und das thermische Gleichgewicht beeinträchtigen würde);
b) Störung des ökologischen Gleichgewichts insbesondere durch den Einsatz von Pestiziden und Insektiziden, die für die Massenproduktion unerläßlich sind.

Auf diesem Gebiet könnte die Europäische Gemeinschaft mit gutem Beispiel vorangehen,

a) indem
   1. sie nur schnell abbaubare chemische Erzeugnisse zuläßt, die auf die Dauer keine Umweltschädigung hervorrufen (zum Beispiel kein DDT);
   2. nur solche Stoffe zugelassen werden, die nachweislich nicht gesundheitsschädlich sind.
b) Umformung der Qualitätskriterien: sie müssen stärker auf die nutritiven und geschmacklichen Qualitäten als auf das äußere Aussehen der Erzeugnisse orientiert werden.
c) Maßnahmen zur Förderung der Produktion im geschlossenen Kreislauf, um die Zerstörung wertvoller natürlicher Produktionsgrundlagen zu verhindern. (Unter anderem sei auf die Wiederherstellung des natürlichen Gleichgewichts bei der Insekten- und Vogelwelt sowie auf den Schutz des allgemeinen ökologischen Gleichgewichts hingewiesen.)

Für den Außenschutz könnten CR-Tarife vorgesehen werden, während CR-Bescheinigungen in der Landwirtschaft auch Anspruch auf steuerliche Erleichterungen und eine besondere Preispolitik geben könnten.

Ich habe damit nur einige Beispiele für eine Politik aufzeigen, nicht aber ein globales Schema entwerfen wollen.
Ich halte es für in hohem Maße erwünscht, daß wir uns in diesem letzten Jahr mit diesen Fragen auseinandersetzen, damit wir dem Rat ausgereifte Vorschläge unterbreiten können.

Julius Otto Müller

Kooperation und Integration bei der landwirtschaftlichen Produktion*

Mit kooperativen Aktivitäten assoziiert man im Agrarsektor nach mehr als hundertjähriger Erfahrung vorwiegend genossenschaftliche Dienstleistungen an Kleinbetriebe: die solidarische Organisation der Kapitalbildung, des Absatz- und Bezugsgeschäftes, der Verarbeitung, vielleicht auch der Fachbildung und Beratung.

Unumstritten sind auch im Agrarsektor die sozialen Vorteile der „klassischen" Kooperationsfunktionen, vor allem die Ablösung aus der wirtschaftlichen Abhängigkeit kleiner Agrarproduzenten von der Macht des Kapitals. Das ländliche Genossenschaftswesen ist aber „für die Steigerung der Erträge und die Verbesserung der landwirtschaftlichen Produktionsmethoden im allgemeinen ohne größere Wirkung geblieben". Zusätzliche produktionsfördernde Funktionen sind erforderlich, die sich wirtschaftlich stärker auswirken als die klassischen Dienstleistungsfunktionen, wenn kooperative Aktivitäten weiterhin zu den – allzuoft nur im ideologischen Fernblick zitierten – Instrumenten der wirtschaftlichen Entwicklung zählen und zur Erfüllung des weltweit erhobenen Anspruchs nach höherer Arbeitsproduktivität und Marktleistung beitragen sollen.

Schiller konzentriert sich darum auf die Formen der Kooperation und Integration im Produktionsbereich, also auf die betriebsinternen Arbeitsvorgänge, während die der Produktion vor- und nachgelagerten Bereiche ausgeklammert bleiben.

Kooperation ist nach *Schiller* „die freiwillige Zusammenarbeit selbständig handelnder Wirtschaftssubjekte zur Koordination von bestimmten Wirtschaftsmaßnahmen, wobei ein gewisser Spielraum der individuellen Entscheidungsbefugnis oder ... Mitbestimmung erhalten bleibt". Integration wird als der „Prozeß des Zusammenfügens bisher selbständiger Betriebe oder Betriebselemente zu einer neuen Gemeinsamkeit" verstanden. Diese über den engeren Genossenschaftsbegriff hinausgehende Definition bezieht nicht nur die klassischen Genossenschaften (darunter auch die

* *Schiller, Otto: Kooperation und Integration im landwirtschaftlichen Produktionsbereich. Eine internationale Übersicht als Beitrag zur Frage der neuen Unternehmensformen in der Landwirtschaft.* DLG-Verlag, Frankfurt a. M. 1970, 220 S. DM 32,00.
Der Abdruck erfolgt mit freundlicher Genehmigung des DLG-Verlags und der Zeitschrift für Ausländische Landwirtschaft. Heft 3, Juli/Sept. 1971.

landwirtschaftliche Produktionsgenossenschaft) mit ein, sie bildet auch den Rahmen für neuere gemeinschaftliche Unternehmensformen, wie die genossenschaftliche Produktionsförderung sowie Betriebszusammenschlüsse und überbetriebliche Zusammenarbeit außerhalb der genossenschaftlichen Rechtsform. In diesem Sinne öffnen Kooperation und Integration neue institutionelle Möglichkeiten des gemeinschaftlichen Handelns, vor allem von kleinen Agrarproduzenten.

Im Vordergrund der Untersuchung stehen die Unternehmensformen der teil- und vollintegrierten Produktionsgenossenschaft (gemeinschaftliche Agrarproduktion auf genossenschaftlicher Basis) und der Produktionsförderungsgenossenschaft (genossenschaftliche Förderung einzelner Produktionsvorgänge unter Beibehaltung der individuellen Mitgliederbetriebe; in einigen südasiatischen Ländern bekannt geworden als „individual farming on cooperative lines"). Betriebszusammenschlüsse und überbetriebliche Zusammenarbeit als neue Kooperationsformen im Produktionsbereich außerhalb der Genossenschaften – vor allem in mitteleuropäischen Ländern – werden mangels wissenschaftlicher Erforschung leider noch vorwiegend theoretisch behandelt.

Das Material ist aus den drei Ländergruppen der östlichen, westlichen und der Dritten Welt großenteils in eigener Forschungsarbeit des Verfassers und seiner Mitarbeiter zusammengetragen. Die so entstandene internationale Synopsis von Kooperationsformen im Produktionsbereich dürfte – nach Wissen des Rezensenten – die erste systematische Auswertung von Gemeinschaftsformen im landwirtschaftlichen Produktionsbereich sein. So ist diese Studie auch ausdrücklich „für Lehrzwecke und als Leitfaden für die praktische Arbeit in Entwicklungsländern bestimmt".

Die Arbeit gliedert sich in einen allgemeinen, wissenschaftlichen und verfahrenstechnischen und einen speziellen, exemplarischen Teil. Der wissenschaftlich interessierte Leser findet neben einer gründlichen Begriffsbestimmung zunächst eine schematische Eingliederung der erzeugungsbezogenen Kooperationsgebilde in das System agrarischer Unternehmensformen.

Die im allgemeinen Teil dargelegten Konzepte für Kooperation und Integration und die daraus abgeleiteten Unternehmensformen im Produktionsbereich werden im engen Zusammenhang ihrer ökonomischen Leistungsfähigkeit durch Nutzung der wirtschaftlichen Vorteile des Großbetriebs und moderner Produktionstechniken diskutiert. Daraus folgt ihre aktuelle Bedeutung für die wirtschaftliche Entwicklung in Industrie- und Entwicklungsländern. Denn es erweist sich als möglich, Konzepte der Kooperation und Integration in Relation zu den jeweiligen natürlichen, agrarstrukturellen und wirtschaftlichen Vorbedingungen, andererseits aber auch zu den gesellschaftlichen und politischen Gegeben-

heiten zu gestalten. Das wird insbesondere an ägyptischen und indischen Beispielen anschaulich.
Wo eine wirtschaftliche Integration bis zur Kollektivierung gesellschaftlich unerwünscht ist, können Kleinbetriebe durch produktionsfördernde Maßnahmen in Gemeinschaft oder Teilintegration in ihrer Selbständigkeit erhalten und dennoch wirtschaftlich effizienter gemacht werden.
Die genannten produktionswirtschaftlichen Vorteile sind freilich nicht schlechthin das Ergebnis des kooperativen Zusammenschlusses an sich. Der Autor verweist darum wiederholt auf die Voraussetzungen und Probleme des richtigen Funktionierens der diversen Kooperationsformen: die Gestaltung der Betriebsorganisation, der Zusammenarbeit, der menschlichen Beziehungen. Dabei werden für die Förderungspolitik bedeutende Modalitäten zur Lösung von Fragen der „optimalen" wirtschaftlichen und sozialen Dimensionierung in Relation zum Grad der Integration, zur Diversifikation, Spezialisierung und Arbeitsteilung aufgezeigt. Für eine Regelung von Problemen des Bodeneigentums, der Entlohnung und Ertragsverteilung werden in der Praxis gangbare Wege gewiesen. Einen hohen förderungsrelevanten Wert haben die Überlegungen des Autors zur bevölkerungs- und entwicklungspolitischen Bedeutung von Kooperationsgebilden. Besonderen Hinweis verdienen die über das Werk verstreuten, sonst in der Literatur äußerst seltenen gründungsstrategischen Anmerkungen. Die Lektüre des somit gerade auch für die Planung von Kooperationsvorhaben anregenden Buches vermittelt aus der Fülle der internationalen Erfahrungen eine Reihe von offenbar für Gemeinschaftsunternehmungen allgemein gültigen Erkenntnissen:
Keine der auf Kooperation und Integration beruhenden Unternehmensformen kann zu ihrem dauerhaften wirtschaftlichen Erfolg die klassischen Genossenschaftsprinzipien der Freiwilligkeit und Solidarität, also auch den kooperativen Geist, entbehren. Desgleichen ist die Arbeitsorganisation in kleineren überschaubaren Gruppen mit relativ dezentralisierter Entscheidungskraft unabdingbare Voraussetzung zu ihrem erfolgreichen Wirken. Das betrifft ausdrücklich auch die Organisation von zahlenmäßig größeren Produktionseinheiten. Der einzelne innerhalb überschaubarer Gruppen sollte seine möglichst eigenverantwortlich geleistete Arbeit als Eigenleistung wiedererkennen können. Es sollte ihm die individuelle Beziehung zum Boden erhalten oder ermöglicht werden. Durch Berücksichtigung dieser Erkenntnisse lassen sich offensichtlich die gefürchteten Desintegrationserscheinungen vermeiden. Das gilt für so unterschiedliche kooperative und parakooperative Sozialgebilde wie die russischen und rot-chinesischen Kollektive, die mexikanischen Ejidos, indische Dorfgenossenschaften ebenso wie für die kapitalistischen Betriebsgemeinschaften in Mitteleuropa.

Aber weder aus dem internationalen Vergleich der Konzepte noch aus den Beispielen lassen sich Rezepte der Kooperation und Integration für spezifische Fälle im agrarischen Produktionsbereich von Industrie- und Entwicklungsländern ableiten. Wahrscheinlich hat es der Autor darum auch unterlassen, im Anschluß an den exemplarischen Teil eine zusammenfassende konzentrierte Antwort zu geben auf die einleitend gestellte Frage, „welche Lehren für die praktische Arbeit in den Entwicklungsländern aus den Erfahrungen hergeleitet werden können, die man ... mit den verschiedenen Gemeinschaftsformen im landwirtschaftlichen Produktionsbereich gemacht hat." Dafür werden die sowohl im allgemeinen wie speziellen Teil angeführten Beispiele wiederholt auf die Situation in Entwicklungsländern bezogen, wenn sie nicht diesen bereits entnommen sind. Der Praktiker ist damit aufgefordert, selbständig zur Entwicklung geeigneter lokaler Modelle zu finden.

Der Autor spricht viele Probleme der Kooperation offen aus, die selbst in der Fachliteratur gerne aus Gründen der politischen Rücksichtnahme verschwiegen werden, verhehlt keine Ursache für das Scheitern kooperativer Bemühungen, setzt der kooperativen Entwicklungspolitik rationale Grenzen und ist weise, wenn er sich nicht zur Formulierung von zu viel versprechenden Modellen für ein genossenschaftliches Utopia in der Dritten Welt verleiten läßt.

Es ist für Genossenschaftler der älteren Generation nicht eben üblich und daher bemerkenswert, daß sich der Verfasser dank seiner international geschätzten Erfahrung als Wissenschaftler und Praktiker auf dem Gebiet der Kooperation gerade den unkonventionellen, neuen Organisationsformen der Gemeinwirtschaft, auch denen mit nichtgenossenschaftlicher Rechtsform, zuwendet und dabei die wertvollen Erfahrungen der nicht auf Freiwilligkeit gründenden Para-Kooperativen in kommunistisch regierten Ländern in seine Beratungen und Empfehlungen mit einbezieht.

Unter den im exemplarischen Teil angeführten Beispielen sind die aus Indien, Pakistan und Rußland entnommenen besonders lehrreich, nicht zuletzt, weil sie auf umfangreichen persönlichen Erfahrungen des Verfassers beruhen. Man wünscht sich indessen eine weniger ungleichgewichtige Behandlung der besprochenen Beispiele. Für neue Kooperationsformen ohne genossenschaftliche Rechtsform (Betriebsgemeinschaften in Frankreich) gibt es noch wenig überzeugende Beispiele, solange sich vor allem Großbetriebe auf verwandtschaftlicher Basis zusammenschließen. Die Ursachen der Auflösungserscheinungen solcher Kooperationsformen werden dem Leser nicht bekannt gemacht.

Das Buch hat vermeidbare Längen, und der deutsche Leser wird sich auch aus sprachlichen Gründen in die englische Ausgabe mit höherem Genuß vertiefen. *Schillers* Arbeit ist ein origineller und äußerst fruchtbarer Beitrag zur Entwicklung einer international bedeutsamen „economy of scale“ im Agrarsektor auf der Grundlage gerade der kleinen, in Zukunft wirtschaftlich problematischen Betriebe. Die ferner ins Französische, Italienische, Portugiesische und Spanische erfolgte Übersetzung dieses Werkes erscheint somit nicht nur gerechtfertigt, sondern geradezu notwendig. Durch seine wissenschaftliche Lebensarbeit hat *Schiller* die wirtschaftliche, soziale und politische Tauglichkeit der hier dargelegten kooperativen Unternehmensformen nachgewiesen. Vor allem aber hat er damit unzähligen Kleinbauern in der Welt realistische Ansätze für die Gestaltung einer hoffnungsvollen Zukunft aufgezeigt. Der Arbeit ist eine umfangreiche, aber unvollkommene Bibliographie beigefügt.

Karl Grobe

Literaturhinweise

Die nachfolgende Darstellung gibt einen Überblick über weitere Bücher zum Thema „Volksrepublik China", die in Deutschland greifbar sind.
Den immer noch umfassendsten Einblick in das China vor der Kulturrevolution gibt

1. *Edgar Snow: Gast am anderen Ufer, Kindler Verlag München 1964, 852 Seiten.*

Snow, der als erster westlicher Korrespondent Mao Tse-tungs revolutionäre Basis in Yenan 1936 besuchte und darüber ein ausführliches Buch veröffentlichte („Roter Stern über China", deutsch erst 1970 im März-Verlag erschienen), hat China oft bereist. Seit seinem ersten Besuch war er der KP-Führung freundschaftlich verbunden, ohne selbst Kommunist zu sein, und ihm standen mehr Vergleichsmöglichkeiten offen als allen anderen ausländischen Beobachtern. Sein Werk enthält im ersten Teil denn auch die Konfrontation mit anderen Beobachtungen, die 25 Jahre zurücklagen, Gespräche mit Tschou En-lai und Mao Tse-tung und journalistische Berichte über das neue China, das er 1961 und 1962 sah. In den Kapiteln über den sozialistischen Aufbau (Kapitel 3), die demokratische Diktatur (4) und den langen Marsch in die Zukunft (7) stellt Snow dar, wie China aus eigenen Kräften versucht, seine Wirtschaft zu entwickeln. Eine Passage enthält eine Übersicht über die „800 Mann", die Anfang der sechziger Jahre das bevölkerungsstärkste Land der Erde beherrscht haben; der Leser kann den Schluß ziehen, daß da bereits Ansätze zur Herausbildung einer neuen Klasse beschrieben werden, obwohl Snow das nicht selbst sagt. Die Revolution, das geht aus dem Kontext hervor, kam in jenen Jahren langsam voran; der Schritt der Industrie und des wirtschaftlichen Aufbaus bestimmte das Marschtempo der Volksrepublik. In der Fülle der Details, in der Sachlichkeit des Urteils und in der Ausgewogenheit dieser Darstellung liegt das Hauptverdienst des Buches, das einen von der Entwicklung inzwischen überholten Zustand genau beschreibt.
Klassenspaltung, eine gewisse bürokratische Verzerrung und Verzicht auf die Revolution sind indes die Hauptvorwürfe, die seit 1964 oder 1965 von den Gegnern des neuen Establishments vorgebracht worden sind. Den theoretischen Hintergrund dieser Kampagne, die zum „Sturm aufs Hauptquartier" (Mao) und zum Kampf für neue revolutionäre Gleichheit, wenn auch unter den Bedingungen der Armut, führte, stellt bisher am umfassendsten ein Schweizer Autor dar:

2. *Giovanni Blumer: Die chinesische Kulturrevolution 1965/67. Europäische Verlagsanstalt, Reihe Dritte Welt, 1968, 402 Seiten.*

Blumer hat 1965 in Peking gelebt. Daß es sich nicht um Machtkampf innerhalb der Parteiführung handelte und auch nicht nur um Reaktion auf die sowjetische Chinapolitik, zeigte er als erster und bislang noch am umfassendsten. Die Massen – und das Wort muß hier zum Nennwert genommen werden – wurden mobilisiert; den Privilegierten galt der Kampf, Spezialistentum wurde als Quelle neuer Klassenspaltung begriffen; die Gruppe um Mao Tse-tung rief Studenten, Arbeiter und zuletzt die von Lin Piao zur Partisanen-(d. h. Volks-)Armee umfunktionierten Streitkräfte auf den Plan, um die Macht des Parteiapparats zu brechen. Zum erstenmal in der Geschichte der neuzeitlichen Revolutionen entledigte sich die Revolution ihrer eigenen Geschöpfe. Sie wollte Verzerrung, Rückentwicklung verhindern, Gleichheit schon jetzt schaffen, den Kommunismus unter den Bedingungen der Armut bereits vorwegnehmen, um ihn als konkrete Utopie zu retten für die Zeit, in der die Utopie selbst Wirklichkeit werden kann. Sie wollte den Massen Selbstvertrauen („Vertrauen in die eigene Kraft", Mao) geben und ihnen zugleich ein revolutionäres Erlebnis vermitteln, das ihnen weitere Revolutionen als nicht mehr Ungewöhnliches bewußt macht. Wie sehr China an der Zukunft orientiert ist, hat kein anderer Autor genauer beschrieben; Blumers Buch ist ein wichtiger Schlüssel zum Verständnis der Kulturrevolution.

Den konkreten Verlauf und die einzelnen Phasen hat nachgezeichnet:

3. *Adrian Hsia: Die chinesische Kulturrevolution. Sammlung Luchterhand 1971, 326 S.*

Hsia reicht eine Unmenge an Details nach, die die Auswirkungen der Kulturrevolution auf praktisch allen politischen, wirtschaftlichen und gesellschaftlichen Gebieten zeigen. In der Interpretation bleibt Hsia indessen vorsichtig. Wichtig ist sein Buch wegen der Detailinformationen.

Die offiziellen Dokumente zu der Entwicklung seit 1965 sind an vielen Stellen gesammelt und zugänglich gemacht worden. Hier sollen nur erwähnt werden:

4. *Wichtige Dokumente der Großen Proletarischen Kulturrevolution. Verlag für fremdsprachige Literatur, Peking 1970, 375 Seiten, und*

5. *Mao Tse-tung: Der Große Strategische Plan. Dokumente zur Kulturrevolution, eingeleitet und herausgegeben von Joachim Schickel. Edition Voltaire, 1969, 589 S.*

Im übrigen sind alle Texte, Parteidokumente und oftmals außerordentlich interessante Einzelbeiträge, die in diesen beiden Sammelwerken erschienen, von der „Peking-Rundschau" veröffentlicht worden. Schickels Einleitung („Revolution, selbstkritisch permanent") verlangt dem Leser einiges ab, enthält indes interessante Gedanken. Zu kurz kommt eindeutig die wirtschaftspolitische Seite – Grundlage der Gesellschaftspolitik, doch hat Schickel das später in seinem Reportagebuch nachgeholt:

6. *Joachim Schickel: Die Mobilisierung der Massen. Chinas ununterbrochene Revolution, Bericht und Analyse. List Verlag München 1971, 205 Seiten.*

Ein Rezensent hat Schickel (in der „Zeit") vorgeworfen, er sei ein sehr guter Lyriker und für einen Lyriker sei dies auch noch ein ganz gutes politisches Buch. Das ist boshaft überspitzt, enthält dennoch ein Körnchen Wahrheit: Schickels Schreibstil mag vielen allzu literarisch erscheinen. An Momentaufnahmen der chinesischen Wirklichkeit dieses Jahrzehnts enthält es viel, Lebensumstände werden klarer: Leben in Armut bedeutet einen gewaltigen Fortschritt gegenüber Leben am Rande des Hungertodes, und Armut, die von allen geteilt wird, ist erträglicher als Armut, die den Luxus einiger weniger ermöglicht. Konkretes über den wirtschaftlichen Aufbau Chinas kann man mittlerweile an vielen Stellen nachlesen; seit Jahresbeginn 1970 ist sogar die sonst auf diesem Gebiet zurückhaltende Pekinger Publizistik mitteilsam geworden. Indessen vermittelt sie – über Radio Peking, Peking-Rundschau usw. – immer noch keine Gesamtübersichten, sondern Details, bei denen der Außenstehende nicht beurteilen kann, wie signifikant sie sind. Einiges haben kompetente Autoren im Westen zusammengetragen – hinzuweisen wäre auf:

7. *Max Biehl: Die chinesische Volkskommune im „Großen Sprung" und danach. Verlag Weltarchiv Hamburg 1965, 270 S.;*

8. *Jürgen Domes: Von der Volkskommune zur Krise in China, Staatspolitische Schriftenreihe 1964, Boldt-Druck Boppard, 87 S.;*

9. *Jan Deleyne: Die chinesische Wirtschaftsrevolution, rororo aktuell 1972, 182 S.;*

10. *Bettelheim/Marchisio/Charrière: Der Aufbau des Sozialismus in China. trikont München 1969, 174 S.;*

11. *Wolfgang Bartke: Die Wirtschaftshilfe der Volksrepublik China. Mitteilungen des Instituts für Asienkunde Hamburg, 1972, 251 S.*

Biehl hat sich redlich bemüht, alles verfügbare Material über die Volkskommunen zusammenzutragen und auszuwerten. An Materialfülle ist sein Werk bisher auch unübertroffen. Doch zugleich wollte er aktuell sein. Seine letzten Unterlagen datieren nun aber aus einer Periode, in der im „Kampf der zwei Linien" die Mao-Fraktion in die Minderheit geraten war und die KP-Fraktion um Liu Schao-tschi allzu forsche revolutionäre Experimente bremsen wollte. Nach dieser Konstellation, deren wahre Bedeutung damals (und bis 1966) im Westen unbekannt war, mußte Biehl annehmen, die Volkskommunen seien aufgegeben worden. Auch Jürgen Domes ist von dieser These ausgegangen. Ihm, dem Berliner „Freiheit-der-Wissenschaft"-Mann, paßte das gut ins Konzept; ein Verzicht auf die Kommunen hätte seine Interpretation Chinas bestätigt. Für ihn ist der Fraktionskampf von 1962 nichts weiter als ein „Kurswechsel" einer einheitlichen Partei, und Einflüsse „der Basis" auf „die Spitze" nimmt er kaum wahr. Auf seine Schrift wird nur hingewiesen, weil sie Beispiel für eine bestimmte westliche Denkweise ist. Die beiden anderen genannten Titel – Bettelheim u. a. und Deleyne – gehören hingegen zu den grundlegenden Werken. Daß die Autoren China freundlich gesonnen sind, hindert sie nicht an Detailkritik. Deutlicher als bisher – kein Wunder angesichts der neueren Erkenntnisse, obwohl Bettelheim bereits vor der Kulturrevolution schrieb und erst spät das ins Deutsche übersetzt wurde, was seinen französischen Lesern längst vorlag – wird bei ihnen auch, in welchem Umfang die Kommunen und die neue Gesellschaftsordnung nach der Kulturrevolution das Leben in China verändert haben (siehe dazu den Bericht von H. Boss-Stenner).

Die Kommunen sind mehr als nur Zusammenfassungen von landwirtschaftlichen Genossenschaften. Sie sind weitgehend autarke – selbstversorgende – Wirtschaftsorganismen geworden. Sie produzieren ihre eigenen landwirtschaftlichen Geräte, ihren Kunstdünger und ihr Saatgut. Sie lehren ihre Mitglieder an den oft belächelten Hinterhof-Hochöfen die Grundbegriffe der Metallbearbeitung und der Eisen- und Stahlerzeugung. Sie bauen ihre eigene Miliz auf, übernehmen eine

große Zahl von staatlichen Funktionen und unterliegen einer gewissen Form demokratischer Kontrolle; die Parteikader geben zwar den Ton an, aber nicht als Diktatoren, sondern als Diskutierer, die überzeugen müssen. Die Kommunen nehmen damit einen Aspekt der Zukunftsgesellschaft voraus: den der Gleichheit. Zudem sollen sie strategisch an Chinas Verteidigung mitwirken: Ihre Miliz ist auch potentielle Partisanenarmee, und da jede Kommune sich mit dem Notwendigen selbst versorgen kann, muß ein Gegner, der China erobern will, wirklich jedes Dorf besetzen – unmöglich; denn China hat 800 Millionen Einwohner.
Dazu kommt – wie Deleyne besonders herausarbeitet – die Dezentralisierung der Industrie. Ballungsräume werden aufgelöst, Stadt und Land sollen zusammenwachsen durch gleichmäßige Entwicklung. China will dabei nicht technologischer Spitzenreiter sein: es wendet die technischen Mittel an, die seinem Entwicklungsstand entsprechen. Genau dieses Ensemble von Einzelmaßnahmen gibt das neue China und sein Entwicklungsmodell ab; ein Modell, das funktioniert und erst durch die Kulturrevolution möglich geworden ist.
In diesem Sinne leistet China auch Entwicklungshilfe, und zwar mehr als die UdSSR und die anderen COMECON-Staaten zusammen. Details dazu liefert Bartke; seine Interpretation bleibt lückenhaft.
Im Blickpunkt der deutschen Leser steht allerdings Bestseller-Autor Klaus Mehnert. Ihm ist mit

Klaus Mehnert: China nach dem Sturm. Stuttgart 1971, 351 S.

ein Verkaufserfolg gelungen, der voraussehbar war. Der journalistische Teil, die Reportage, ist lesbar und gut gelungen.
Über die Interpretation sieht man besser hinweg, sie klebt an westlichen Denkkategorien und gibt eben nicht jenes „China von innen“, nach dem seit Schickels Aufruf (im „Monat“ vom April 1965) progressive deutsche Sinologen verlangen. Ähnliches gilt für Mehnerts andere China-Bücher der letzten Jahre („Maos zweite Revolution“, 1966, und „Peking und die neue Linke“, 1969, die wie „China nach dem Sturm“ in der Deutschen Verlagsanstalt erschienen sind): Interessante Materialien legt Mehnert immer vor, der Kommentar blieb jedoch hinter dem Anspruch zurück.
Doch erst die Kenntnis des empirischen Materials, für dessen Aufarbeitung die erwähnten Autoren – stellvertretend für viele – stehen, ermöglicht einen gewissen Einblick. Die Bücher von Snow, Blumer, Schickel, Deleyne und Bettelheim u. a. kommen offenbar der Realität am nächsten.

Die FAO sagt „ja“ zu einer integrierten ländlichen Entwicklung

Mit der finanziellen Unterstützung der Schwedischen Internationalen Entwicklungsbehörde (SIDA) fand vom 21. bis 27. Juni 1971 in Rom ein Symposion[1] zu diesem Thema statt, das die dezidierte Hinwendung der landwirtschaftlichen Entwicklungshilfe der UNO durch die FAO zu einer integrierten ländlichen Entwicklung verdeutlicht.

Das Interesse an Institutionen, die sich mit der landwirtschaftlichen Entwicklung befassen, ist in den zwei vergangenen Jahrzehnten ständig gestiegen. Ihr Ziel ist es, vor einer Modernisierung der traditionellen Landwirtschaft eine Anzahl flankierender Maßnahmen, Dienstleistungen, Einrichtungen, Voraussetzungen und Anreize zu schaffen und zugänglich zu machen. Erst dann werden Kleinbauern bereit und aufgeschlossen sein, sich der modernen Technologie zu bedienen und traditionelle Gewohnheiten und Einstellungen abzulegen. Aus diesem Grunde werden vermutlich Aufwendungen für solche Maßnahmen wie Schulung und Bereitstellung von Krediten weniger Erfolge zeitigen als erwartet, wenn nicht z. B. gleichzeitig auch das Verkaufssystem verbessert wird und Düngemittel sowie andere wichtige Güter zur Steigerung der Bodenleistung den Bauern zugänglich gemacht werden. Vom Gesamtkonzept her betrachtet muß es für jedes landwirtschaftliche Gebiet einen minimalen institutionellen Rahmen von Komplementär-Funktionen geben, den die Regierung in Zusammenarbeit mit Bürgern der Region, mit lokalen Genossenschaften und der privaten Wirtschaft schaffen helfen muß. Diese Einrichtungen und Dienstleistungen könnten unter anderem einschließen:

a) Eine Stelle oder Stellen, die den Bauern und ihren Familien dabei helfen, mit der modernen Landwirtschaft und dem modernen ländlichen Leben vertraut zu werden und sie zu schulen, d. h. also landwirtschaftliche Schulungskurse und Programme für Landfrauen und Landjugend;
b) Institutionen, die für Kredite, Ersparnisse und andere Bankdienste, für Zulieferungen, Lagerhaltung, Marketing und Weiterverarbeitung zuständig sind;
c) Institutionen, die bei der Organisation von Selbsthilfegruppen der Bauern helfen, damit die Bauern „Stimme“ erhalten und gleichzeitig bei der Mobilisierung der Bauern helfen, damit sich diese an der landwirtschaftlichen Entwicklung beteiligen;
d) andere spezielle Behörden, z. B. für die Gesundheit der Tiere, Wasserregulierung und -nutzung, Boden- und Wassererhaltung, Pflanzenschutz usw.;
e) wo Landreform dringend ist: Katasteraufsicht, Landregistrierung, Beschleunigung und Unterstützung bei der Bodenreform usw.

1 Auszug aus „Agricultural Institutions for Integrated Rural Development“, in: Monthly Bulletin of Agricultural Economics and Statistics, FAO, Rom, Volume 20, September 1971.

Diese Dienste und andere, nach den Umständen erforderliche, die zu koordinieren und den Notwendigkeiten anzupassen sind, müssen als Minimum-Voraussetzung für den Fortschritt in der Landwirtschaft angesehen werden. Mehr noch, es ist wesentlich, daß sie auf der lokalen Ebene gut funktionieren – was weitgehende Dezentralisierung der Entscheidungen bedeutet und in den meisten Ländern auch eine gewisse Stärkung durch zentrale Hilfe „von oben“.

Eines der vorgelegten Arbeitspapiere, das sich mit dem Minimum eines komplementären institutionellen Rahmens beschäftigte, verlangt nachdrücklich, daß eine organisatorische und administrative Struktur gefunden werden muß, die alle Teilbereiche so miteinander verbindet, daß die Verfügbarkeit auf der Farmebene gesichert ist. Wenn alle diese Institutionen nur einem einzigen Ministerium oder einer Behörde zugeordnet werden, wird die Aufgabe weitgehend erleichtert. Ist die administrative Verantwortung für die verschiedenen wesentlichen Institutionen jedoch aufgeteilt, so muß ein effektiver Koordinierungs-Mechanismus entwickelt werden. Auf der Ebene der Landgemeinden kann das Minimum an einem komplementär institutionellen Rahmen am besten durch ein landwirtschaftliches Entwicklungszentrum erreicht werden, wo alle amtlichen, quasi-amtlichen oder Bauern-Selbsthilfe-Organisationen direkt mit den Bauern zusammenarbeiten. Solch ein Zentrum wird normalerweise in einer ländlichen Markt-Stadt, die leicht von den Bauern erreicht werden kann, eingerichtet werden.

Die Einführung zu Tagungsordnungspunkt „Notwendiger Geltungsbereich der Institutionen und Dienstleistungen“ stand dem etwas entgegen und gründete sich auf ein Manuskript von S. Barraclough. Es wurde die Ansicht formuliert, daß integrierte Entwicklungsvorhaben, die auf begrenzten Projektgebieten basieren, zwar ihre Ziele voll erreichen können, aber dennoch keine Verbesserung der Bedingungen für die Mehrzahl der ländlichen Einwohner bringen. Seine These war, daß Gebietsprojekte keine Chance hätten, wenn nicht die übergeordneten politischen Entscheidungen dafür günstig sind. Angesichts langbestehender Interessen könne dies nur durch einen radikalen Wechsel der Regierung geschehen und Auswirkungen auf das flache Land könnten auch nur bei einer gleichzeitigen strukturellen Veränderung erzielt werden. Die direkte Leitung der beratenden Dienste, Kredit- und Marketing-Institutionen usw. durch Organisationen der Kleinbauern wäre notwendig, um sicherzugehen, daß diese Dienste in deren Sinne gehandhabt werden.

Die mit dem Thema befaßte Arbeitsgruppe stellte abschließend fest, daß es keine Standardantworten auf die Fragen der ländlichen Entwicklungsstrategie gäbe. Spezifische Antworten müssen gefunden werden, um den Erfordernissen und Situationen in jedem Lande Rechnung zu tragen. Integrierte ländliche Entwicklung kann in manchen Ländern durch einen graduellen evolutionären Prozeß erreicht werden, der sich auf die bestehenden Institutionen stützt. In anderen Ländern können radikalere und revolutionäre Veränderungen erforderlich sein, bevor integrierte ländliche Entwicklung effektiv in Angriff genommen werden kann.

Die folgenden Kriterien geben einen recht guten Maßstab für die erste Beurteilung darüber ab, ob in einem Gebiet Möglichkeiten für wirksame Maßnahmen vorhanden sind:

a) Natürliche und geographische Bedingungen;
b) allgemeine Infrastruktur, Dienstleistungen und Einrichtungen, die die landwirtschaftliche Entwicklung anregen könnten;
c) administrative Einheit und Institutionen, die das Management vereinfachen;

d) die Bevölkerung, ihre Fähigkeiten, ihr Interesse und ihre Einstellung zu einem zusammenhängenden und intensiven Entwicklungsprogramm;
e) günstige Stellen für Demonstrationszwecke innerhalb der Region.

Was die Größe des Gebiets betrifft, so herrscht Übereinstimmung, daß sie variabel sein sollte. Sie sollte abhängig sein von Faktoren wie (a) der Zahl der Teilnehmer und Nutznießer, die wirksam von einem Beamten betreut werden kann; (b) die Entfernung der Dorf- und Siedlungsgruppen von der Operationsbasis des Projekts; (c) die Entfernung vom Marktzentrum zu Fuß oder mit dem Wagen; (d) die Größe der Gebiete für Infrastrukturmaßnahmen wie Bewässerungsprojekte, Landgewinnung, Bodenerhaltung, Aufforstung; (e) Bevölkerungsdichte und Zahl der Bauern.

Nach Ansicht der FAO gibt es ein gewisses Minimum an komplementären Diensten, die koordiniert zur Verfügung stehen müssen – in dem Symposion wurden sie beratende und technische Dienstleistungen genannt. Es müssen kommerzielle Dienstleistungen, wie Versorgung, Kreditgewährung, Marketing vorhanden sein, sowie wesentliche Infrastrukturhilfen und zur gegebenen Zeit Unterstützung bei den Organisationsbestrebungen der Bauern und bei der bäuerlichen Ausbildung. Es mag Zeiten geben, wo bestimmte soziale Nöte den Erfolg eines Projekts in Frage stellen. Soziale Hilfen gehören zu dem Minimalpaket, sie können durch die Regierung, durch halbamtliche, genossenschaftliche oder private Organisationen – oder von allen vier – bereitgestellt werden. Besonders betont wurde die Notwendigkeit, bei intensiven landwirtschaftlichen Entwicklungsprogrammen eine Organisationsstruktur aufzubauen, die nahe genug bei der bäuerlichen Gemeinschaft liegt und damit die Menschen in dem Projektgebiet leicht erreichen und von ihnen erreicht werden kann. Nach dem Entwurf sollte es das „lokale landwirtschaftliche Entwicklungszentrum“ sein, wobei von der Voraussetzung ausgegangen wird, daß in vielen Fällen intensive integrierte Programme von den bestehenden Verwaltungszentren nicht bewältigt und kontrolliert werden können. In dem Arbeitspapier wird mit besonderem Nachdruck die Notwendigkeit einer starken Koordination der Regierungsdienste erwähnt. Es ist eine starke Führung erforderlich, die sicherstellt, daß all die anderen Entwicklungsstellen – halbamtliche, genossenschaftliche und private – zusammenarbeiten können, um zum Erfolg beizutragen. Ein ständiger Abbau von Bürokratie sollte in jedem solchen Plan vorgesehen sein.

Erhöhte landwirtschaftliche Produktion ist kein Selbstzweck; das Prinzip der sozialen Gerechtigkeit für die Mehrheit der ländlichen Bevölkerung ist gleich wichtig. Die ungleiche Aufteilung der Gewinne aus verbesserter Technologie und die daraus folgende Ausweitung des Grabens zwischen den größeren Landbesitzern und der Masse der Bauern sollten mit Hilfe von sorgfältig geplanten Maßnahmen verringert werden. Die umfassende ökonomische und soziale Politik jeder Regierung sollte deshalb Bedingungen schaffen, wo große und kleine Bauern gleichermaßen an der landwirtschaftlichen Entwicklung teilhaben und davon profitieren können. Um sowohl Möglichkeiten als auch Anreize für eine aktive Teilnahme am Entwicklungsprozeß zu bieten, müssen alle notwendigen Schritte unternommen werden, um dynamische ländliche Institutionen aufzubauen. Dazu gehören Zusammenschlüsse von Bauerngruppen, die so weit wie möglich wichtige traditionelle Werte der ländlichen Gesellschaft pflegen. Von den Genossenschaften und anderen Organisationen der Bauern wird nicht nur erwartet, daß sie ökonomische Funktionen erfüllen, sondern sie sollen auch zur Zelle der Repräsentation des Volkes in amtlichen und quasi-amtlichen Körperschaften werden, wie Handelskammern und Planungsbehörden, wo sie als Ge-

gengewicht zu privilegierten Interessen wirken können. Die Vereinigung von verschiedenen Institutionen auf der Entscheidungsebene würde das Engagement des Volkes vergrößern und die Teilnahme fördern.

Gleichzeitig zeigte sich das Symposion durchaus realistisch hinsichtlich der praktischen Wirkung von genossenschaftlichen und amtlichen Dienstleistungen in den Entwicklungsländern mit all ihren Problemen der Einflußnahme und Korruption. Sorgfältig ausgewählte ökonomische Anreize könnten die Haltung der Menschen irgendeinem Programm der landwirtschaftlichen Entwicklungsprogramme gegenüber nachhaltig beeinflussen. Eine günstige Preis- und Steuerpolitik sowie gute Bezahlung des Stabes (sowohl des regierungsamtlichen wie des nichtamtlichen) und Anerkennung der geleisteten Arbeit wäre ebenfalls wesentlich. Auch soziale Anreize in Gestalt von öffentlicher Anerkennung wären eine wirksame Maßnahme.

Die Mobilisierung der öffentlichen Meinung nach der Ingangsetzung landwirtschaftlicher Entwicklungsprogramme wäre von noch größerer Wichtigkeit. Hier ein paar Möglichkeiten, deren Anwendung von der jeweiligen Situation abhängig wäre:

a) kleine Gruppen von Menschen, die an besonderen produktionsorientierten Programmen teilnehmen und davon profitieren;
b) freiwillige Organisationen der Bevölkerung, die als Anreger und „Katalysatoren" wirken;
c) Demonstrationen der neuen Technologie draußen auf dem Feld mit Unterstützung des Rundfunks. (Möglichkeit der Rückkoppelung und des Kommunikationsaustausches sollte vorgesehen sein.)
d) Programme der Erwachsenenbildung, mit besonderem Nachdruck auf Sachliteratur.

Wie unterscheiden sich Organisation und Leitung solcher Projekte von anderen wichtigen Unternehmungen? Der Unterschied liegt mehr im Grad der organisatorischen Vielfalt als im Inhalt. Integration bedeutet, daß für gemeinsame Aktionen eine Reihe von regierungsamtlichen, halbamtlichen, privaten und genossenschaftlichen Organisationen, die normalerweise alle unabhängig voneinander arbeiten, zusammengebracht werden müssen. Die Aufgabe in der Praxis heißt, wie kann diese Integration erreicht werden, so daß jede der teilnehmenden Stellen davon überzeugt ist, daß ihre eigenen spezifischen Interessen nicht unterhöhlt, sondern möglichst noch gefördert werden, während gleichzeitig auch in Richtung auf gemeinsame und umfassendere Zielsetzungen Fortschritte gemacht werden.

Biographische Anmerkungen

Dr. phil. Hans-Jürgen Puhle

Professor – Historisches Seminar der Westfälischen Wilhelms-Universität, Münster.
Verfasser von:

„Agrarische Interessenpolitik und preussischer Konservatismus im Wilhelminischen Reich" (Verlag für Literatur und Zeitgeschichte, Hannover)

Dr. Dr. Otto Schiller

verstorben 1970.
Bis dahin ord. Professor, Direktor des Instituts für International vergleichende Agrarpolitik und Agrarsoziologie am Südasieninstitut der Universität Heidelberg.

Dr. Hans Wilbrandt

Professor em. für ausländische Landwirtschaft an der Universität Göttingen. Bis 1970 Direktor des Instituts für ausländische Landwirtschaft an der Universität Göttingen.

Publikationen der Wirtschaftspolitischen Gesellschaft zur Agrarfrage

1. *Gesamtbände zur Agrarfrage*

OW Nr. 43	1956	„Agrarpolitik“ – Gesamtwirtschaftspolitische, soziale, technologische, bildungspolitische und internationale Aspekte der Agrarfrage –
OW Nr. 60	1959	„Agrarentwicklung“ – Agrarsysteme im Wandel der Weltpolitik unter entwicklungspolitischem Aspekt –
OW Nr. 77	1962	„Das Weltagrarproblem“ – Probleme des Strukturwandels der Landwirtschaft in hochindustrialisierten Volkswirtschaften und in Entwicklungsländern –
OW Nr. 88	1965	„Weltagrarpolitik – Fundament der Entwicklungspolitik“ – Notwendigkeiten, Bedingungen, Chancen und Hindernisse einer internationalen Lösung der Agrarfrage –

2. *Einzelbeiträge zur Agrarfrage in:*

OW Nr. 59	1959	„Initiativen zum Weltfrieden“ Sicco L. Mansholt: Die Agrarpolitik der EWG und unsere Verantwortlichkeit für die Entwicklungsländer
OW Nr. 63/64	1959	„Bildungsraum Wirtschaft“ U. v. Pufendorf: Die Lösung des Agrarproblems als gesellschaftspädagogische Aufgabe

OW Nr. 78	1962	„Infrastrukturen" Ludwig Y. Oppenheimer: Agrarische Elemente der Entwicklungspolitik Hans Wilbrandt: Die Rolle der Landwirtschaft in der wirtschaftlichen Entwicklung Afrikas
OW Nr. 79	1963	„Europäische Gesellschaft" U. v. Pufendorf: Veränderte Dimensionen auch im agrarpolitischen Denken
OW Nr. 87	1965	„Politische Ökonomie" U. v. Pufendorf: Nationalstaatliche Agrarpolitik vor der Liquidation
OW Nr. 90	1965	„Strategie sozialökonomischen Wandels" Hans Wilbrandt: Grundfragen landwirtschaftlicher Entwicklung in der Übergangsperiode zur modernen Wirtschaft Otto Schiller: Das genossenschaftliche Prinzip in der Landreform der Entwicklungsländer
Sonderschrift der Wipog 1971		„Wirtschaft – Politik – Gesellschaft" U. v. Pufendorf: Die Rolle der Landwirtschaft in der künftigen Entwicklung der menschlichen Gesellschaft Hans Wilbrandt: Drängende Fragen zur Agrarpolitik in Europa Alfred Mozer: Landwirtschaft im Umbruch

3. *Redaktionelle Beiträge der Wipog*

Landwirtschaft und Industrie (Beilage zur FAZ anläßlich der DLG-Ausstellung Juni 1950)

Der Weg zur übernationalen Wirtschaft
Weltwirtschaft – nicht nur Agrar-Union
(Wirtschaftspolitische Beilage zur FAZ, Juli 1951)

Made in the USA
Las Vegas, NV
11 November 2024

11544560R00125